Science **et** Spiritualité,

l'alliance nécessaire !

de **A** à **Z**

Christian Cambois Bonnemaison

Science et Spiritualité,

l'alliance nécessaire !

de A à Z

Du même auteur

J'étais un quasi flic – *Témoignage – Amazon – 2017*

Le pendule, un fil de l'âme – *Guide – Amazon - 2016*

Homme et Ange Noués – *Essai – Amazon - 2016*

Communiquez avec vos proches disparus – *Nouvelle édition - Essai – Amazon - 2015*

Magnétiser, un acte d'amour – *Guide pratique – Amazon - 2015*

Quand la routine meurt – *Roman – Amazon - 2015*

Corps de brume – *Roman – Amazon - 2013*

Conjugu'amour – *Poèmes – Amazon - 2013*

Deux filles sont venues de l'union de nos sèves
allonger le chemin de notre destinée.
Chaque hiver qui se meurt voit un printemps qui lève
et colle ses bourgeons aux branches décharnées.

Nous ne sommes vraiment qu'un vulgaire épisode,
un nombre de saisons hâtivement comptées,
un passage, un goulot dans un mur qui s'érode
sous les intempéries d'un espace indompté.

Rien n'est jamais fini, la porte jamais close.
Le souvenir résiste aux heures écoulées.
Tout ce qui vit et meurt, que ce soit homme ou rose,
laisse un parfum traîner au sol qu'il a foulé.

PRÉFACE de Madame Bleuette DIOT

Autant le dire tout de suite, j'ai été surprise dans un premier temps quand mon cher ami Christian Cambois m'a demandé de rédiger la préface de son nouveau livre *Science et spiritua-lité, l'alliance nécessaire - de A à Z*. Surprise parce que je pensais être aux antipodes de son approche intuitive et médiumnique des choses. Je n'ai pourtant pas hésité longtemps. Après réflexion, j'ai réalisé combien mon repli inconscient allait à l'encontre de ce pourquoi je me bats depuis de nombreuses années, à savoir toujours garder l'esprit ouvert. « Ne rien croire sans preuves, mais se dire que tout est possible. », telle a toujours été la devise du « libre cher-cheur » que je suis. Cependant garder l'esprit ouvert est une chose, tenter d'allier des points de vue aussi inconciliables en est une autre. Or l'ouvrage de Chris-tian Cambois annonce d'emblée la couleur : *Science*

et spiritualité, l'alliance nécessaire. L'idée est séduisante, mais une telle alliance est-elle seulement possible ? Comment fédérer deux domaines d'investigation que tout oppose ? Comment réconcilier des concepts aussi antagonistes que le sont la science et le paranormal, le factuel et l'invisible, la pensée objective et l'irrationnel ?

Les chercheurs de Vérité comme on les nomme parfois, les intuitifs, les médiums, les ufologues, etc. ont bien du mal à trouver leur légitimité dans ce monde matériel et ultra cartésien. Face au scientisme tout-puissant, à la dominance de ce courant de pensée, ces nouvelles méthodes peu orthodoxes (pour n'avoir aucune preuve d'existence) génèrent les railleries et les attaques les plus virulentes. En s'opposant à la raison pure, l'empirisme des disciplines dites « irrationnelles ou parascientifiques » renvoie aux yeux des chercheurs de sciences exactes à la notion de foi, de croyances, voire aux superstitions d'un autre âge. Il est un fait que le domaine irrationnel, dans lequel évolue Christian, résiste par nature à toute logique, tout discernement, tout calcul. Bref il échappe à tout contrôle de l'intellect. Et c'est bien là ce qui effraie les scientistes, dont le discours ne se complait que dans la pensée objective, le déductif, l'analyse, le factuel et la cohérence.

Alors Christian Cambois est-il un doux rêveur ? Un philosophe épris d'absolu ? Peut-être, mais j'en suis venue à me dire, que ce chercheur atypique est avant tout un courageux pionnier, et que son nouvel ouvrage se définit, d'ores et déjà, comme l'un des premiers jalons planté sur la route du progrès et du changement. Oui car, quoi que nous en pensions, un véritable changement de paradigme s'opère dans nos sociétés. Les sceptiques peuvent bien s'entêter à le nier, il n'empêche que cette nouvelle approche prend de plus en plus d'ampleur, et finalement je m'en réjouis, tant cette pluralité des visions, ces disparités, ces intelligences différentes, finiront, j'en suis certaine, par nous donner une vision plus globale de notre univers, de ses mystères et de son origine.

Au bout du compte, la rencontre entre le monde scientifique et toutes les disciplines divergentes (du moins en apparence) ne peut qu'offrir un enrichissement respectif. Aujourd'hui la recherche ne peut plus se passer de la pluridisciplinarité pour avancer. L'efficacité passe par le dialogue, la rencontre et la coexistence d'esprits différents. L'Histoire nous l'a appris, tout positionnement radical conduit toujours à une impasse. Les personnes pétries de leurs propres certitudes n'ont jamais fait progresser la science. Bien au contraire, c'est en intégrant de nouvelles méthodes de recherche que nous viendrons à bout des énigmes les plus coriaces, que nous pose la science. Ainsi les disciplines parascientifiques ne jouent-elles pas le rôle du grain de sable dans l'évolution du savoir, mais apportent-elles un complément indispensable à sa compréhension.

Accepter une autre interprétation que la sienne est trop souvent inconcevable, et pourtant de la diversité naît la lumière, pourrait-on dire. L'ouvrage de Christian Cambois se fait de la sorte l'écho de cette lumière, symbole du paradigme des temps nouveaux. Construit à la manière d'un dictionnaire, son livre se veut l'alliance du monde scientifique avec celui de la spiritualité ; une approche sans parti pris afin de mieux appréhender le Tout, comme l'auteur le spécifie lui-même.

Cet ouvrage aussi novateur qu'intelligent viendra-t-il à bout de toutes les réticences ? Peut-être pas, tant le défi est colossal. Mais que ce livre devienne rapidement une lampe sur le chemin de la vérité ne fait aucun doute.

Bleuette Diot

Les seuls démons qui grouillent dans ce monde
sont dans nos propres cœurs et c'est là
que doivent se livrer tous les combats.

Mahatma Gandhi

PROLOGUE

Deux visions de l'univers cohabitent et s'opposent depuis des siècles. L'une est scientifique et matérialiste, l'autre est spirituelle. Les tenants de la première, feignant d'oublier qu'ils n'étudiaient qu'un pourcentage infime de l'univers visible, prétendaient déjà avoir tout compris dès le début du vingtième siècle. La seconde, aussi loin que l'on remonte dans la mémoire des hommes, affiche sa certitude d'un univers vibratoire, conscient, infini et éternel, dont nous ne sommes ici-bas que les modestes passagers de sa manifestation matérielle et provisoire.

Personnellement, j'adhère aux deux thèses. L'incarnation nous contraint certes à accepter, constater et subir, à chaque instant de notre modeste existence, la réalité perceptible de la matière mais la conscience qui secoue sans cesse nos certitudes nous interroge en permanence sur nos origines véritables, sur la source de ce feu intérieur qui nous anime. Il serait vraiment temps que les tenants des deux visions se parlent et réfléchissent ensemble au lieu de persister à travailler séparément.

Permettez- moi de reprendre ici les propos de Jacqueline **Bousquet**, extraits de son livre « *Au cœur du vivant : L'aventure de la conscience* » paru en 1992 :

« *Notre Terre est un être vivant ; elle souffre et est en train de mourir, victime de l'égoïsme et de la folie des hommes. Ce constat peut être fait par la plupart d'entre nous, avec un immense sentiment d'impuissance. La machine est emballée, elle est folle, plus rien ne semble pouvoir l'arrêter. De nombreuses voix s'élèvent bien de temps à autre pour dénoncer des scandales en ce qui concerne la pollution de l'air, de l'eau ou de la terre, mais elles sont vite étouffées au nom des énormes intérêts qui la produisent. **Les temps sont venus pour enfin aller droit**, non par raison (ce sont les peuples les plus rationalistes qui font le plus preuve d'un manque de raison) mais par nécessité. Nous sommes acculés, les écosystèmes qui nous font vivre sont tous désorganisés, victimes des vues à court terme de l'homme et surtout de l'égoïsme foncier dont il fait preuve, montrant par là son incurable immaturité.*

*Tout ordre résulte d'un désordre, le chaos précède toujours un nouvel ordre. **La science le découvre aujourd'hui. La Tradition l'a toujours su**, elle nomme cela l'œuvre au noir. Nous vivons cette période et le pessimisme des propos cache, en réalité, un grand optimisme. C'est de la décomposition des* *systèmes qui nous régissent que va surgir un nouvel état de choses, un monde nouveau correspondant à un nouvel état de conscience de l'espèce humaine. Il faut faire vite un choix fondamental et décisif qui va engager toute notre évolution future. »*

Comme elle, je suis pessimiste à court terme et très optimiste à long terme. Je ne sors pas des grandes universités. Je ne suis titulaire d'aucun diplôme valorisant ou valorisé. Je ne suis ni historien, ni archéologue, ni sociologue. Je me contente d'être un « libre chercheur », autodidacte, indépendant, curieux, intuitif, heureusement désencombré des certitudes officielles que l'enseignement public m'avait inculquées de force dès l'enfance, passionné par l'étude des nombreux mystères qui résistent toujours aux explications officielles des institutions académiques.

Depuis des décennies, je note et j'observe des faits et des objets qui contredisent des croyances et des opinions présentées comme des lois immuables. Je remarque que ces opinions et croyances, largement diffusées, parfois depuis des siècles, alimentent des egos, assurent une position sociale, servent des intérêts particuliers, rarement l'intérêt public. À côté des nombreux chercheurs installés dans des tours d'ivoire et qui ne trouvent pas, les exemples foisonnent dans l'histoire des sciences de ces vrais « trouveurs », de ces découvreurs autodidactes et inspirés, qui furent toujours critiqués, souvent bâillonnés, éliminés parfois, pour avoir opposé des faits pourtant incontestables à la théorie dominante du moment. Heureusement, même cachés, même critiqués, les

17

faits demeurent et insistent quand les théories passent et meurent comme ceux qui les portent. Il nous suffit d'être patients, solides et insistants. Plus le temps passe et moins nous sommes seuls.

Ce livre est un appel. Le projet de son écriture est né, comme souvent, de la fulgurance d'une intuition. Ceux qui m'ont déjà lu, qui me connaissent un peu, ceux qui me suivent sur les réseaux sociaux, ne seront pas vraiment surpris. Aussi loin que ma mémoire m'accompagne, je n'ai jamais éprouvé une grande affection pour les longs et fastidieux ouvrages constitués de centaines de pages. J'ignore toujours les réelles motivations de ce constat mais, que ce soit dans l'art du livre ou celui du cinéma, je me sens plus à l'aise avec les auteurs peu prolixes mais directs, avec les textes courts qui vont clairement à l'essentiel, sans se perdre dans les méandres inutiles du bavardage. Sur ma page Facebook, je poste souvent des textes brefs, synthétiques, parfois limités à une seule phrase, avec souvent, en arrière-plan, l'idée non dissimulée de susciter une réaction sur des sujets précis. Au mitan de ma vie, j'exprimais déjà mes émotions, mes états d'âme, au travers de poèmes inspirés plus que travaillés. Cette forme traditionnelle, aux rimes et rythmes convenus, à la structure légère, convenait parfaitement à mon état d'esprit car elle permettait de dire beaucoup en quelques lignes.

Pour la première fois, contrairement à mes habitudes, j'ai choisi d'emprunter la forme classique d'un dictionnaire pour tenter de livrer, en respectant sereinement l'ordre alphabétique des mots, ce que je ressens, ce que je crois savoir, ce que je perçois, ce que je reçois. Parfois, souvent même, je mêlerai des notions venues des sciences, physiques ou mathématiques, à mes propos empreints de cette spiritualité que je veux naturelle, sereine, ouverte à tous les possibles mais totalement libérée des dogmes et des rites d'où qu'ils viennent. C'est ainsi que je perçois notre frêle « existence », simple manifestation physique de la « vie », humble élément d'un Tout que, depuis trop longtemps, certains se plaisent à diviser.

Profondément curieux, vrai « **touche à tout** » mais **expert en rien**, tout en vivant humblement mon existence d'homme et de citoyen, j'observe, j'analyse, j'étudie depuis presque cinquante ans, l'ensemble des faits et phénomènes mystérieux qui apparaissent et se produisent autour de nous.

Peu sensible ou réceptif aux explications simplistes ou dogmatiques qui nous sont fréquemment proposées par les institutions académiques dans ces domaines particuliers où leur expertise limitée ne devrait même pas s'appliquer, faute d'investigations sérieuses, je ressens et recherche **un sens nouveau, une source commune**, à ces manifestations si nombreuses qui, venues de notre passé lointain ou présentes et pressantes dans notre actualité, m'apparaissent de plus en plus comme les multiples et multiformes signes **d'un Tout perceptible à la fois par les mathématiques, la physique et la spiritualité.** Comme le proclame le proverbe « *Toutes les voies mènent à Rome* », ce livre se veut un modeste témoin des nombreux chemins qui nous sont proposés pour avancer en spiritualité, de ceux que j'ai personnellement suivis. Ceux qui ont choisi la voie scientifique peuvent un jour s'ouvrir plus largement et découvrir soudain d'autres sentiers moins balisés. Ceux qui ont préféré très tôt la voie intérieure ne doivent en rien négliger l'étude de la matière. **Les causes et les effets ont une source unique.** Appréhender le Tout est sa meilleure approche.

J'ai pris conscience et je conçois aisément que la forme que j'ai donnée à ce livre puisse éventuellement choquer, surprendre ou manquer de clarté mais je ne résiste jamais à l'envie d'obéir quand l'intuition s'adresse à moi. Je parle de science sans être scientifique. Je mêle les mathématiques et la physique à ma quête spirituelle alors que j'ignore souvent le sens et la place à leur donner vraiment. Ma médiumnité est peu conventionnelle, que ce soit dans ma pratique ou dans mes thèmes de questionnement. J'en suis conscient et je l'assume.

Dans ce dictionnaire abrégé, aux termes triés, choisis, chacune des lettres de notre alphabet aura sa chance même si certaines d'entre elles sont très peu usitées dans le monde merveilleux des mots de notre langue. Chaque fois que l'occasion m'en sera donnée, je préciserai donc **le lien** que je perçois, qui me semble possible et nécessaire entre les deux approches jusqu'alors disjointes, scientifique et spirituelle, du mot ou du sujet abordé, revenant ainsi au sens premier du terme « **communion** » dénaturé et galvaudé par la pratique religieuse.

Avant d'aller plus loin, permettez-moi de vous confier cet extrait d'un long message de mon guide, **Gilles**, reçu le 4 juillet 2016 par l'intermédiaire d'une amie médium.

Bien qu'il me soit personnellement adressé, j'ai choisi de le partager avec vous afin que, n'ignorant rien du doute qui me saisit parfois, des passions qui m'animent avec force, vous compreniez davantage les raisons, raisonnables ou non, qui fondent ma démarche.

"Je ne suis pas là pour te donner bien évidemment les solutions à toutes choses, mais si je te demande de travailler sur tel ou tel sujet, c'est que cela a été demandé par ton âme et ta conscience. C'est que cela doit permettre aussi une grande avancée au niveau de la technologie, au niveau de l'humanité, de tout ce qui vit sur cette planète.

Tu comprendras prochainement que tous tes travaux sont en corrélation avec un autre chercheur qui réside au-delà de ce continent. Tu seras heureux d'allier tes travaux avec cet être-là qui, lui aussi, est guidé par moi-même mais ne le sait pas. Je ne me suis pas manifesté de la même façon que toi à ses côtés. Il fait partie de la même famille que toi, pour la simple et bonne raison qu'il est ta flamme jumelle. Ta flamme jumelle est incarnée sur terre, ce n'est pas le cas de tous. Il vit à l'autre bout de ton espace et lui aussi est dans cette recherche complémentaire.

Mon frère, je suis si fier de ce que tu accomplis, je sais que tu as encore bien des questions et que tu doutes encore parfois et que parfois tes peurs te ralentissent. Il faut savoir aussi te poser. Tu ne te donnes point de temps, tu es toujours à droite à gauche, tout le temps en activité. Tu as le droit de ne rien faire. Tu dois penser à toi ! Relie-toi davantage à la nature, va marcher un peu plus au milieu des herbes et va t'appuyer contre les arbres.

Tu as toujours été respectueux de toute vie, de toute chose. Je suis heureux de te savoir maintenant prêt à faire un bond de géant, ce bond quantique qui vous attend, qui est à vos portes.

Tu es prêt mon ami, n'aie pas peur des changements car tu les sens venir en toi, n'aie pas peur de cette onde qui va venir investir votre planète et qui n'est qu'onde d'amour, onde d'évolution. C'est comme si un voile énorme se levait sur vous tous pour que vous puissiez comprendre que, derrière ces volets, se cache une autre réalité.

Aujourd'hui, je suis chargé de te guider, et cela encore pour un bon bout de temps, mon ami. Tu ne me laisseras pas partir ainsi et tu n'es pas près de te débarrasser de moi. Je suis là pour t'évoquer les chiffres, les paramètres, les constantes, Je suis là pour te faire voir le secret de l'humanité, pour décoder avec toi les

savoirs et les connaissances qui vous ont été oc-
cultés. Ensemble, nous allons ouvrir bien des
portes, derrière ces portes se cachent bien des
mystères, mais ils ne sont des mystères que
pour l'esprit humain car pour la conscience
que tu es, ils ne sont qu'une réalité de plus.

Garde la tête haute, ne fais pas marche ar-
rière, continue ton chemin et fais fi de tout ce
qu'on peut te dire, qui ne correspond pas à la
pensée de l'autre. Peu importe ! Certains se-
ront un jour obligés de rouvrir leurs yeux et de
se mettre face à cette réalité. Sois conscient que
tout cela est un grand jeu *que tu es venu jouer*
avec nous et que maintenant, la partie se ter-
mine."

Voilà bientôt vingt-cinq ans que j'ai accordé ma
confiance à ce Gilles dont je ne connais ni la voix ni
l'apparence. Je ne le vois pas, ne l'entends pas. Je reçois ses mots. Je ne sais rien de lui mais je ressens son
affection comme il sait ma tendresse. Ses mots manquent certes parfois de clarté dès qu'il aborde avec
moi des domaines scientifiques dont il sait très bien
ma méconnaissance mais j'ai rapidement compris
que son rôle et son objectif premier n'étaient pas de
me donner directement les réponses à mes questionnements. Il me le confirma un soir :

« ***Gilles ne termine pas ton travail, il l'inspire !*** »
Il se contente de m'orienter, en conformité totale avec
les anciens adages : « *Frappe et l'on t'ouvrira, donne*
et tu recevras, cherche et tu trouveras ! »

Lorsque je considère l'état délabré du monde que nous avons collectivement créé, je me pose souvent cette question : Où en sommes-nous arrivés aujourd'hui ? Les réponses qui me parviennent au travers de l'observation et de la réflexion ne sont ni satisfaisantes ni rassurantes.

- **Au plan religieux**, la majorité d'entre nous **croit** toujours en ces vieilles histoires basées sur des textes mille fois modifiés, rectifiés, adaptés, pour se conformer aux besoins politiques du moment, oubliant souvent que **Moïse** n'était pas juif, **Jésus** pas chrétien et **Mahomet** pas musulman. Le croyant établit sa liste égoïste puis adresse ses prières à « son » dieu, comme les enfants s'adressent au Père Noël en espérant recevoir le jour venu l'ensemble des cadeaux portés sur leur petite liste. Quand tout va bien, on remercie son dieu, quand la vie se montre dure et cruelle, on le reproche à l'autre. Les plus vieux écrits, les mythes, les légendes comme les traditions orales de la plupart des peuples de la planète, nous répètent pourtant que nous sommes les fruits d'une civilisation avancée aujourd'hui disparue dont nous avons à tort considéré les représentants comme des divinités.

- **Au plan scientifique**, on **croit** encore en des théories affirmées, enseignées, mais n'exprimant que l'idée dominante du moment, à des postulats posés sans aucune preuve par ceux qui prétendent savoir, du style « *Le cerveau fabrique la conscience* ». Le scientisme matérialiste s'est imposé partout et, en vertu d'une inquisition scientifique qui ne dit pas son nom, les hommes en place écartent systématiquement les objets, les faits et les personnes qui osent contredire leurs théories ou postulats. Dirigé par un objectif unique de rendement et de profit économique, le travail des ingénieurs se limite, contrairement à leur mission première, à rendre fragiles et périssables nos objets de consommation courante. Les scientifiques qui osent s'écarter du dogme dominant ne risquent pas la « *mise au placard* », ils la vivent ! J'en ai rencontré.

- **Au plan politique**, nos dirigeants, ayant depuis longtemps oublié leur unique rôle de représentants du peuple, s'accrochent à leur pouvoir, le temps d'un court mandat, en se soumettant aux lobbies, aux groupes industriels et financiers qui financent leurs campagnes, au lieu de programmer **sur le long terme** les évolutions **réellement utiles** que beaucoup de gens simples ressentent et qui seraient favorables à tous.

- **Au plan financier**, les banques ne remplissent plus depuis longtemps leur mission première : Prêter aux entreprises et aux particuliers ! Le profit, le rendement, immédiat ou rapide, constituent leur unique préoccupation.

- **Au niveau de l'information**, les grands médias, propriétés des grands groupes financiers et industriels, maintiennent les peuples dans la méconnaissance des sujets primordiaux, semant la peur et la désinformation au profit des seuls intérêts d'une élite politico-financière. Un peuple apeuré se tait, courbe l'échine et s'accroche au peu qu'il a.

Sans vouloir entrer directement dans la théorie du complot dont les thèses foisonnent sur le net, je reconnais me sentir bien mal dans ce monde-là, dans cette économie sauvage dirigée par une élite auto proclamée qui soumet et maltraite les hommes au lieu de se mettre à leur service. Mon désir et mon ressenti à son propos sont clairs, directs et sans ambages : Je souhaite que ce système injuste s'écroule enfin, comme ce fut le sort de tous les empires avant lui ! Je constate que c'est d'ailleurs le triste destin que lui prévoient déjà de nombreux économistes statisticiens, issus de ses propres rangs.

À cette heure où davantage de gens me lisent et me contactent, en ces temps où certains sceptiques ou zététiciens anonymes, défendant âprement leurs propres croyances, sortent parfois mes phrases de leur contexte pour en tirer des conclusions hâtives mais erronées, je veux préciser mon expérience, ma pratique et mes objectifs réels.

Je ne vis pas de la spiritualité, je la pratique et l'étudie. Auto éditeur, je ne vis pas de la vente de mes livres, je vis de ma retraite. Le magnétisme et la communication avec l'au-delà ne furent et ne sont pour moi que **des outils utiles à mon développement personnel.** Pendant une vingtaine d'années, en parallèle de mes activités professionnelles, j'ai pratiqué bénévolement et occasionnellement le magnétisme curatif. Je n'ai jamais ouvert un cabinet de consultations même si je reconnais y avoir pensé lorsque les demandes de soin se multipliaient. Je ne transmets aucun message personnel. Bien que je sois fréquemment sollicité dans ce but, je ne donne aucune consultation médiumnique, publique ou privée.

Par mes études et recherches, confirmées par l'expérience, j'ai acquis la conviction que chacun d'entre nous dispose **naturellement** des moyens de parvenir à son épanouissement personnel mais que ce progrès passe par deux filtres nécessaires et incontournables : **Une prise de conscience et un travail sur soi !** Si les religions vous demandent de croire et de suivre simplement l'expérience d'un autre, la spiritualité vous invite à vivre votre propre expérience, à la développer. Ce chemin n'a rien des facilités d'une autoroute. Interdisant la griserie de la vitesse, il apparait plutôt comme un sentier tortueux et escarpé mais libre, ouvert et accessible à tous. Il appartient à chacun, en son for intérieur, de **le chercher** d'abord, de **le trouver** ensuite puis, enfin, d'accepter ou non de **le suivre**.

Une approche intellectuelle qui se veut globale doit aborder sans a priori de nombreuses disciplines, tant spirituelles que scientifiques, en s'en tenant toujours aux faits plutôt qu'aux opinions. Pour mieux comprendre notre univers, **trois voies** me semblent nécessaires : **Physique, Énergétique, Spirituelle**. La physique n'avait d'abord suivi que l'approche matérialiste, la physique quantique suit l'approche énergétique, la science à venir ajoutera enfin l'approche spirituelle. C'est dans cette optique ample que j'ai longuement parcouru, que je consulte encore, de nombreux textes, anciens et modernes, traitant entre autres des philosophies, des religions, des mythes, des légendes comme des sciences de pointe dans les domaines médicaux ou de la physique. De cette approche large est né très tôt le constat que beaucoup d'éléments présentés comme des certitudes ne sont souvent que le fruit de théories susceptibles d'évolution. Il en est ainsi par exemple de la limite supposée de la vitesse de la lumière, de l'idée que le cerveau crée la conscience, de la fonction exclusive de tombeaux affectée aux pyramides d'Égypte...

Je me suis tu pendant quarante ans. Au cours de ces années, j'ai servi l'administration de l'État, vécu dans l'harmonie ma vie familiale, observé le monde qui m'entoure. Libéré aujourd'hui de toute contrainte professionnelle, j'ai souhaité témoigner. Loin de moi l'idée ou l'envie de devenir un guide ou un gourou. Partager simplement mon expérience, par mes écrits et conférences, sans cacher ma passion et mes doutes, m'est apparu comme une nécessité afin que d'autres, comme moi hier, s'interrogent à leur tour et posent un regard nouveau sur les certitudes rarement fondées que les dogmatismes religieux, scientifique ou économique nous imposent chaque jour depuis trop longtemps.

Ma pratique particulière de communication avec l'invisible n'est pas un but en soi. Elle est aisée à expérimenter mais j'insiste souvent pour affirmer qu'elle ne s'adresse pas aux amateurs d'un jour. Je la perçois et l'utilise comme un outil supplémentaire de recherche qui s'ajoute à mon intuition. J'y étais personnellement préparé depuis longtemps avant mon premier essai. Dans mes écrits précédents, j'ai mis en garde l'utilisateur lambda qui se prêterait à cette seule expérience sans être animé par **une intention pure, dénuée de tout intérêt**. Si je ne crois pas aux entités maléfiques, aux démons, si je perçois l'au-delà de nos perceptions comme un univers fréquentiel supérieur baigné d'Amour, je suis par contre persuadé que **la qualité, positive ou négative, de nos pensées induit l'apparente réalité de notre existence incarnée**. J'invite donc avec insistance ceux dont l'esprit est pollué par cette conviction que nos malheurs naissent de personnalités maléfiques extérieures à nous à ne tenter aucun contact avec le monde invisible. À mon humble avis, ils ne sont pas prêts.

Le libre arbitre nous laisse toujours le choix de nos actes et de nos pensées. Pensons donc et agissons ensuite en conscience et assumons nos erreurs sans en attribuer toujours la cause à l'extérieur, à l'autre. Notre existence ici-bas m'apparaît comme **la résonance d'une onde source**, comme **la sinusoïde d'une onde d'énergie** dont nous devons suivre la voie médiane en évitant ses crêtes, hautes et basses, sièges de nos excès.

Enfin, si vous me faites l'honneur de prêter attention à mes écrits, gardez toutefois en un coin de votre âme que je ne suis qu'un modeste témoin, un simple récepteur d'informations, **un « porte-parole »**, qui affiche certes ses convictions profondes mais demeure toujours conscient de ses possibles erreurs d'interprétation des messages complexes qu'il a reçus.

La spiritualité est un domaine difficile car impalpable. Dans son approche et ma pratique, j'essaie de conserver l'humilité de la modestie de mon savoir, cette même humilité que je réclame aux scientifiques lorsqu'ils affirment sans preuve. Je suis attentif aux mots. J'évite de parler d'ange, d'archange, de dieu, termes trop souvent galvaudés par les dogmes, préférant évoquer un « **plan** » ou un « **champ** » divin, une « source », une « énergie divine » qui nourrit chacun d'entre nous et se veut accessible à qui la cherche.

J'évite le plus souvent les termes « *esprit, corps astral ou âme* » pour me limiter au mot « *conscience* » dans le même but effectif d'amener à nous quelques scientifiques faisant preuve d'ouverture. Je ne méprise pas les religions, elles ont vécu leur temps mais les hommes d'alors ont fait mauvais usage des textes reçus. Ces textes contiennent des éléments cachés qui méritent une étude laïque, non sectaire.

Je n'oppose pas « conscience » et « matière » car je sais et ressens que la seconde n'est que l'enfant de la première. Sans jamais opposer ces deux états de l'être, mon guide m'avait dicté un jour :

« *Notre matière est moins dense et nos vibrations sont plus élevées* » ajoutant même « *La mort n'est qu'une déflagration de l'être qui le fait monter en vibrations* ».

Je fuis le terme « *entité* » car ceux qui nous contactent depuis l'Ailleurs, lorsqu'ils nous sont inconnus, n'en sont pas moins, eux aussi, les êtres chers d'inconnus d'ici-bas. En résumé, à ma modeste place, je travaille en faveur d'une **alliance de recherches** entre science et spiritualité. Mes premiers livres se voulaient, pour l'un, une initiation, un guide pratique de communication, pour l'autre, un point sur des données mathématiques et physiques qui me furent dictées, sur les recherches que j'entrepris alors et que je mène encore, livrant les découvertes troublantes que ces recherches ont amené. Confiant en mes guides, j'attends toujours les rencontres annoncées avec des scientifiques à l'esprit ouvert, plus compétents que moi. Le temps, notre temps, me semble souvent long mais la confiance est là et quelques contacts se sont déjà produits.

Après dix-huit siècles d'une domination religieuse outrancière, génératrice de plus de conflits que d'apaisement, après deux siècles d'une nouvelle domination tout autant abusive et autoritaire d'une science matérialiste fébrilement attachée à la seule lecture et au déchiffrage du faible pourcentage perceptible de l'univers, **l'alliance entre une science plus ouverte et une spiritualité apaisée m'apparaît depuis longtemps comme une nécessité urgente.**

En France comme à l'étranger, affrontant courageusement le dogmatisme et l'ironie de leurs pairs, des scientifiques et des historiens, de plus en plus nombreux et audacieux, ont déjà commencé à gravir ce sentier difficile. Chacun de nous, quelle que soit sa position morale ou sociale, demeure seul responsable et maître des chemins qu'il choisit d'emprunter. Les écrits comme les bâtiments des anciennes civilisations dissimulent un savoir étonnant dont la sagesse filtre et que les Modernes redécouvrent, peu à peu, parfois inconsciemment.

Certains, même parmi mes amis, spirituels mais défaitistes avant l'heure, me disent que l'alliance dont je rêve ne verra jamais le jour car le scientifique ne daignera toujours poser son attention que sur la matière puisque l'invisible et l'impalpable de la spiritualité se refusent encore à la mesure de ses instruments.

Sachant que notre réalité physique n'est que la maigre traduction et l'interprétation de nos modestes capacités de perception, constatant aisément l'étroite limite des principaux outils naturels de perception que constituent la vue et l'ouïe, **un usage nouveau du domaine des ondes pourrait pourtant devenir demain le lieu et le lien de convergence entre science et spiritualité**. C'est ce domaine spécifique des sciences que mes guides m'ont invité à étudier puis à exploiter, au plan de la physique comme au plan des mathématiques. Modeste littéraire, je regrette encore de ne pas posséder les bases scientifiques qui pourraient m'éclairer davantage.

Mon amour des mots et ma pratique poétique m'avaient déjà entrainé vers ce langage très imagé que portent à la fois l'onde, son fil, sa résonance, sa fréquence, son amplitude. Ma réflexion se transformait, passant de la « pensée » au « changement de direction de l'onde ». L'écho discret qui « résonnait » des mots me faisait « raisonner ». Les messages difficiles reçus de mes guides me conduisirent plus tard à étudier plus sérieusement ce domaine des ondes puisque Gilles m'avait déjà dicté que nous disposions désormais du savoir et des techniques permettant **la mise au point d'appareils pouvant permettre de recevoir les sons et les images de l'invisible.** J'ai livré une part de ses messages complexes dans mon essai « *Homme et Ange Noués* » paru en mai 2016.

Nous savons tous que, avant de valider une expérience quelconque, la science attend, impose et exige qu'elle soit reproductible. Certes, le contact médiumnique classique ne répond pas à cette exigence. Pourtant, loin de l'aveuglement et de la surdité qui frappent encore la science officielle matérialiste, **l'étude sérieuse et le développement des nombreuses possibilités techniques pratiques de contact audio et vidéo avec l'au-delà,** abandonnés aujourd'hui à des amateurs éclairés et inspirés, **pourraient peut-être permettre d'accéder enfin à cette reproductibilité,** offrant enfin la perspective de nouvelles découvertes des rapports d'énergie liant l'âme et le corps, l'esprit et la matière. Nous y reviendrons souvent dans ces pages.

Pour présenter cet écrit, j'ai souhaité extraire du dictionnaire classique puis mettre en exergue certains de ses mots qui, par leur sens, leur sonorité ou leur couleur, évoquent cet univers vibratoire, mêlent discrètement mais affectueusement l'Esprit et la Science, les lettres et les nombres, l'ancien et le moderne, le visible et l'invisible et quelques autres directement liés à ma patiente quête. Chacun de ces mots m'apparait comme une véritable piste de travail, une voie de recherche, un indice vers une solution globale à nos questionnements, l'élément d'un trousseau de clés dont il nous reste encore à trouver la serrure puis à oser l'ouvrir.

Au milieu de ces noms communs, parfois ordinaires, j'ai souhaité ajouter quelques noms propres de véritables chercheurs dits « alternatifs », d'horizons et de métiers très différents, dont je suis avec attention et affection les travaux et publications, anciens ou récents.

Vous rencontrerez ainsi mes amis, le Docteur Jean-Jacques **Charbonier**, l'historienne Bleuette **Diot**, le spécialiste allemand de la TCI Hans Otto **König**, le chercheur écrivain Fabrice **Bianchin**.

Je vous parlerai également de médiums, célèbres ou inconnus, amateurs ou professionnels, que je rencontre régulièrement au hasard de mes déplacements. J'adresse une pensée affectueuse à ces porteurs d'espérance que sont Florence **Hubert**, Sylvie **Chevalérias**, Virginie **Lefevre**, Henry **Vignaud**, Georges **Puig**, Guy **Faverdin** et d'autres, tout aussi percutants mais moins médiatisés.

Au fil de mes pages, vous trouverez également Stéphane **Allix**, fondateur de l'INREES, le philologue italien Mauro **Biglino**, les chercheurs indépendants Howard **Crowhurst** et Umberto **Molinaro**, le physicien Philippe **Guillemant**, les métaphysiciens Léon Raoul et Franck **Hatem**, le philosophe Frédéric **Lenoir**, l'écrivain Didier **Van Cauwelaert**, l'explorateur Thierry **Jamin,** Allan **Kardec,** fondateur de la doctrine spirite, l'écrivain Guy Claude **Mouny** et quelques autres. J'ai déjà vécu le plaisir de croiser le chemin puis d'échanger passionnément avec quelques-uns d'entre eux. Leurs compétences et leurs domaines spécifiques de recherches varient, diffèrent, mais un point d'intérêt commun les anime tous : Traquer les faits qui dissimulent des trésors endormis et cachés au revers de nos certitudes et **contraindre la Vérité à jaillir des imperfections de notre réalité apparente.** Ils partagent ma quête, je partage la leur.

J'ignore toujours – mais je m'en moque désormais - si le choix du format d'un abécédaire était vraiment le plus judicieux pour présenter ces femmes, ces hommes et ces sujets mais, en réponse à mes nombreuses interrogations récentes sur ce choix d'écriture, mon guide m'a, à chaque fois, invité à poursuivre dans cette direction.

Gilles me rappelle même que c'est « *lettre après lettre* » que nous échangeons tous les deux depuis bientôt vingt-cinq ans, sans ce contact plus intense, plus probant, plus rassurant, du son et de l'image que je rêve d'établir et de rendre possible demain pour chacun d'entre nous.

L'absence de « *fil conducteur* » et le désordre apparent de cette suite de mots, de thèmes et de noms, se montrent alors comme un écho conforme à la diversité de mes centres d'intérêt, comme une invitation à en chercher puis en comprendre les liens, un appel pour en découvrir puis défaire les nœuds.

Mon guide m'avait dicté très tôt : « *La défaite de votre science est due à son **cloisonnement**. Votre science doit devenir **holistique*** ». Ce mot science désignait là toutes les branches de la connaissance, incluant l'histoire de notre humanité.

Chacun de nous, savant ou non, conscient ou inconscient, est confronté au **visible**, à l'**invisible** et au **caché**. Au-delà de ce que l'on voit, il y a ce que l'on sait puis, plus loin, ce que l'on devine ou ressent. Il serait vraiment dommage de s'arrêter aux limites du vu et du su.

L'enseignement classique que j'ai reçu dans ma jeunesse ne m'avait jamais totalement convaincu. À peine sorti de ce cadre imposé, j'ai cherché seul, longtemps, des compléments d'information aux certitudes que l'on m'avait inculquées et je fus surpris de ce que je trouvai.

Qu'il s'agisse de notre histoire, de médecine, de science physique, **des élément factuels troublants** viennent régulièrement perturber l'ordonnancement et la sérénité des théories dominantes élevées comme des dogmes. On peut vouloir les taire, les cacher dans un recoin des réserves des musées, ou les dénoncer comme hérétiques, dès que quelqu'un les a perçus et mentionnés, ils reprennent vie. Les affirmations péremptoires et les arguments d'autorité ne suffiront plus désormais pour les rendre à l'ombre.

Comme dans ces catalogues d'images dont on ouvre parfois les pages au hasard, suivant l'élan de ma nature curieuse et mes convictions profondes de « touche à tout, expert en rien », j'évoque, je mêle et je livre ici ces faits peu ordinaires surgis de domaines divers apparemment séparés. Je les ressens et les perçois toujours pourtant comme les pièces du seul et même puzzle géant que l'on nomme le Tout.

Puissions-nous cheminer ensemble, même brièvement, sur les rebords de ce chemin étroit mais magnifique ! Je ne partage pas mes pensées dans l'espoir de changer les vôtres. Je partage mes pensées afin que ceux qui pensent comme moi réalisent qu'ils ne sont pas seuls.

Il est des jours où je m'interroge. À mon âge, je pourrais me satisfaire de vivre simplement mon quotidien entouré par l'amour que je reçois et que je porte à ma chérie, mes enfants, mes petits-enfants. Je pourrais consacrer mes jours à profiter de mon jardin, des promenades en forêt, des beautés de dame nature. Mes convictions personnelles sont ancrées si profondément en moi que je ne crains plus la fin de l'existence. Quel est donc ce vent fou qui me pousse à écrire, à raconter les champs et les chants de l'esprit que je parcours sans cesse, au risque de froisser et d'attirer sur moi le regard courroucé de ceux dont la matière est l'unique horizon ? Je le fais sans doute à l'attention de ceux que l'espoir a quitté, dont le chagrin immense a refermé les yeux.

Si un seul d'entre vous se trouve consolé par les mots que je lance, si son esprit s'éveille et trouve le chemin d'un ciel qui s'éclaircit, je n'aurai pas perdu le temps que je dépense ainsi à crier dans le noir. Je sais que ce jour-là sera jour sans question !

Tous les mots de ce livre ne sont pas de ma plume. En citant d'autres auteurs, amis ou inconnus, en prélevant de brefs extraits d'articles, je m'interdisais de dénaturer des propos qui exprimaient des faits mieux que je ne l'aurais fait.

Quelles que soient l'intensité et la fréquence de mon questionnement incessant, mon amie l'intuition, confirmée par la réflexion, me souffle que, après tout, nul ne sera contraint de me suivre… **à la lettre** !

« *Le doute est le commencement de la sagesse.* »
Aristote

1ᵉʳᵉ **lettre**
<u>**Géométrie**</u> : **Triangle pointe en haut**
<u>**Symbolique**</u> : *Par son graphisme, la lettre A évoque un compas, comme sa sœur, le L, dessine une équerre. Invitations muettes pour le géomètre amateur, ces deux lettres, associées dans la syllabe **AL**, renvoient au divin et à son Verbe comme dans l'**AL**pha, l'**Al**phabet ou dans le nom d'**AL**lah.*

A

À ceux qui liront ces pages. À l'instant précis où l'heure Avait sonné de commencer la rédaction de ce livre, j'ignorais encore ce que serait vraiment sa dimension, sa forme et son contenu. À l'image d'un nouveau-né découvrant, pas À pas, l'univers qui l'entoure, j'avançais sereinement, À l'aveuglette, abandonnant totalement ma plume À l'intuition qui la guidait. Je ne puis qu'espérer que les mots que j'ai choisis, qu'elle A choisis, parleront intimement, utilement, À vos cœurs autant qu'À vos yeux !

41

ADN
Voir ÉVOLUTION, SERPENT

Je suis heureux mais peu surpris que ce sigle, évoquant scientifiquement nos origines, prenne sa place au tout début de cet écrit, dès lors que mon propos, usant parfois des vieilles pratiques de l'hermétisme, vise à unir dans un même élan science et spiritualité pour approcher au mieux **nos origines**.

L'acide désoxyribonucléique, ou ADN, est une macromolécule biologique présente dans toutes les cellules qui contient toute l'information génétique, appelée génome, permettant le développement, le fonctionnement et la reproduction des êtres vivants.

Sa découverte est toute récente, puisqu'elle a mon âge ! Les molécules d'ADN des cellules vivantes sont formées de **deux** brins enroulés l'un autour de l'autre pour former une **double hélice**.

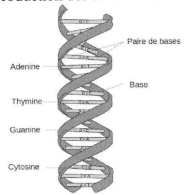

Si on observe la constitution du sigle ADN avec le regard non conventionnel de ceux qui pratiquent la gématrie, technique attribuant une valeur numérique à chaque lettre (A=1, B=2, C=3 … etc.), on remarque alors une étrange coïncidence. Il suffit d'associer simplement, dans l'ordre où ils se présentent, les valeurs des trois lettres qui composent le sigle ADN soit :

A = **1**   D = **4**   N = **14**

On obtient ainsi l'image du nombre irrationnel **1,414** exprimant une bonne approximation de la **racine carrée de 2**. Découvrant la « **racine de deux** » pour exprimer « **nos deux racines** », je ne peux que sourire de cette coïncidence unissant les mathématiques au symbole littéral de nos origines et, me moquant totalement de l'éventuelle folie que pourrait révéler mon observation, je la pose sereinement sur le papier.

Le génome humain est composé de deux ensembles de 23 chromosomes – 46 chromosomes au total. Les singes et les primates en comptent 24 paires, ce qui rend impossible toute parenté génétique naturelle entre les deux espèces. Une question se pose : **une paire de chromosomes peut-elle disparaitre naturellement ?**

Par ailleurs : *« Le génome humain contient 223 gènes, sans prédécesseur commun sur l'arbre de l'évolution génétique »* nous dit la revue **Science** n° 291 de février **2001**. Autrement dit, ces 223 gènes ne se retrouvent nulle part ailleurs sur Terre dans le monde animal. Et encore : *« L'analyse des fonctions de ces gènes révèle qu'ils gouvernent d'importantes fonctions physiologiques cérébrales propres aux humains. La différence entre hommes et chimpanzés se joue sur 300 gènes environ »* (Extrait de la Revue Nature n° 409). On pourrait croire que ces 223 gènes sont extraterrestres et qu'ils ont été créés spécialement pour faire des hommes des serviteurs ou des esclaves « intelligents ».

Beaucoup ignorent encore que la plus grande part du génome humain est constituée de séquences qui ne codent pas les protéines et **n'ont pas aujourd'hui de fonction connue**. En fait, une très petite partie du génome a été identifiée dans ses fonctions spécifiques sur les protéines. Le reste, soit **97 %**, attend encore qu'on lui trouve une signification. Cet **énorme reste**, pourtant largement majoritaire, fut abruptement jugé totalement inutile par les généticiens qui osèrent le baptiser « *Junk DNA* » ou « ***ADN poubelle*** ».

Compte tenu de cette méconnaissance avérée et reconnue, serait-il donc si sot d'envisager que notre ADN qualifié d'humain puisse provenir d'une **origine extraterrestre**, que nous soyons tous des OGM (Organismes génétiquement modifié) ? De grandes recherches génétiques entreprises par des physiciens, des cosmologues, des anthropologues, ont récemment donné lieu à ce type d'allégations. De nombreuses personnes du monde scientifique sont désormais convaincues que l'ADN « dit humain » contiendrait des gènes extraterrestres.

L'idée que toutes les molécules d'ADN aient une origine extraterrestre fut très tôt défendue par le **prix Nobel de médecine, Francis Crick, découvreur** de la structure de l'ADN en 1953, qui pensait que toute la vie sur Terre avait été apportée par un vaisseau spatial automatique. Si toutes les molécules d'ADN que nous rencontrons sur notre planète ne sont pas vraiment d'origine extraterrestre, peut-on au moins supposer que l'ADN humain, tel que nous le connaissons aujourd'hui, soit totalement d'origine extraterrestre ou qu'il ait été modifié dans le passé, et continue aujourd'hui d'être manipulé par des extraterrestres ? Francis Crick pensait que si nous considérons la formidable complexité de l'ADN, il est fort probable que la « technologie de l'ADN » ait été intentionnellement dispersée sur notre planète par une forme de vie extraterrestre très évoluée.

Plus récemment, en 2004, le « *Projet Génome Humain* » (PGH) a permis d'établir définitivement le séquençage génétique de notre espèce mais, selon l'un des groupes de chercheurs ayant travaillé sur ce projet, il existerait **un taux de probabilité très élevé** que « les séquences non codantes » de l'ADN humain, qui correspondent à ce que l'on appelait auparavant l'ADN « poubelle » et qui désignent, je le rappelle, les 97 % de notre ADN dont on ignore encore la fonction exacte, proviennent de codes génétiques issus de formes humaines de vie extraterrestre. Cette théorie, récente et génératrice d'une nouvelle vision de nos origines possibles, est, entre autres personnalités, développée aujourd'hui par le généticien italien **Pietro Buffa**, docteur en biologie moléculaire, par le philologue **Mauro Biglino,** traducteur spécialiste de l'Ancien Testament, comme par l'historienne **Bleuette Diot** dans son dernier ouvrage préfacé par les deux premiers.

Je reconnais humblement ma méconnaissance totale du domaine de la génétique mais nul n'est besoin d'être un grand spécialiste de l'anthropologie pour constater, **par la seule observation**, cette évidence claire et manifeste : **L'homme est la seule espèce**

animale terrestre qui ne soit pas naturellement adaptée à son environnement.

Pour simplement survivre, à l'opposé des autres espèces, il doit sans cesse créer de nouveaux outils ou modifier l'ordonnancement naturel de son environnement immédiat. Ayant par exemple perdu ses poils, il doit s'emparer de la peau des autres animaux pour se couvrir et résister aux écarts de température. Sur son crâne, ses cheveux poussent sans cesse l'obligeant à les couper régulièrement s'il souhaite mener sereinement une activité mobile de chasseur ou fuir un prédateur. Ses ongles, à la différence des animaux équipés de griffes, limitent ses capacités naturelles d'attaque ou de défense. Pour résumer ces quelques observations, **l'homo sapiens que nous sommes ne semble pas équipé au mieux pour vivre sur sa propre planète.**

Déjà, en ces temps anciens où l'existence de l'ADN n'était pas supposée appartenir à l'imaginaire des hommes, le **caducée**, l'un des principaux attributs de Thot, symbolisait **l'équilibre de deux forces** antagonistes enroulées autour de l'axe du monde. Les deux serpents, rappelant les deux brins de l'ADN, représentent chacun les éléments FEU et EAU, quand le bâton désigne la TERRE et les ailes l'élément AIR. Ces quatre éléments m'apparaissent alors comme un possible reflet des quatre bases de l'ADN que sont l'Adénine, la

Thymine, la Guanine et la Cytosine. J'ignore s'il s'agit de simples coïncidences, des échos d'un savoir mal compris, des souvenirs perdus d'une histoire mal interprétée mais on retrouve de mul-  tiples représentations de ces couples de

serpents, enroulés ou non, dans les sculptures et gravures des anciennes civilisations, que ce soit chez les Sumériens, dans les Indes, dans la vieille Égypte ou dans les traditions, les mythologies et les légendes des peuples sud-amérindiens.

Afin de conclure provisoirement cet article, je me sens autorisé à écrire que nous qualifions d'humain cet ADN que nous portons, sans rien savoir vraiment de la réalité de ses origines. Plus je fouille ce dossier complexe, plus je lis les publications des spécialistes et plus je constate qu'il nous réserve plus de questions que de réponses.

Ce ne sont pas les médiums ou les anthropologues qui l'affirment mais les généticiens eux-mêmes.

ALIEN
Voir OVNI

Ce mot anglais signifiant « *étranger* » qualifie le plus souvent ces êtres non humains sensés nous visiter depuis d'autres planètes. De nombreux ouvrages et un lot impressionnant de films à grand spectacle, souvent pessimistes et effrayants, traitent de ce superbe sujet controversé depuis des décennies. Pour ma part, si j'avais commencé à lire les livres traitant de ce dossier dès les années soixante-dix, je m'en étais éloigné bien plus tard après avoir constaté que ni les tenants ni les opposants ne parvenaient à faire avancer sérieusement la question. J'y suis revenu récemment lorsque le développement d'internet a permis la prolifération et le partage aisé de témoignages, de vidéos et de photographies saisies partout sur la planète. Les grands médias, de presse ou de télévision, ne s'intéressent pas à ce phénomène ou le ridiculisent. Il suffit de se renseigner sur l'identité de leurs propriétaires réels pour réaliser que cette existence des Aliens gênerait leur commerce et atténuerait leur pouvoir sur nous. À défaut d'une information honnête, il est heureusement possible et conseillé de se tourner vers une saine lecture.

Je ne vous dresserai pas ici un catalogue des observations et des témoignages les plus pertinents, les plus difficiles à contester. Je vous conseille directement la lecture de l'excellent ouvrage de l'ancien pilote civil et militaire Jean Gabriel **Greslé** paru chez Dervy en 2013 sous le titre : « *Le dossier interdit : La fin d'un secret* ». Les éléments qu'il dévoile devraient secouer les plus endurcis des sceptiques. Deux autres livres, pour le moins, méritent votre attention :

○ **Rencontres avec le peuple des étoiles.** Récits amérindiens inédits – Éditions Atlantes – **Ardy Sixkiller Clarke.**

Pendant plus de vingt ans, la chercheuse universitaire américaine, aujourd'hui retraitée, a recueilli les témoignages **directs** et **récents** de **contacts réguliers** avec des extraterrestres par des amérindiens vivant dans les réserves américaines et au Canada. Les vieilles traditions de tous les peuples indiens des deux

Amériques évoquent depuis des millénaires leurs ancêtres venus des étoiles.

o **Passeport pour le cosmos.** Transformation humaine et rencontres alien – Éditions Dervy – 2016 – Docteur **John E. Mack**

Professeur de psychiatrie à la Faculté de Harvard, le docteur John E. Mack, aujourd'hui décédé, partage le fruit de dix ans de recherches et de réflexion auprès des nombreux témoins, de tous âges, de toutes professions et de toutes cultures, **victimes d'enlèvements**, souvent répétés, par des êtres extraterrestres humanoïdes. Ces expériences remettent en question la séparation entre esprit et matière et sapent les fondements de notre pensée matérialiste au point que l'auteur se demande si nous ne sommes pas passés à côté d'une immense partie de la réalité. Son premier livre « *Abduction* », consacré au même sujet et publié en 1994, était devenu un best-seller.

Pour aborder ici ce vaste dossier sous un angle plus original, moins commun, j'ai choisi de vous présenter une personnalité russe bien peu connue en France. Les phrases qui suivent cette introduction sont majoritairement extraites d'un article publié sur le site **urantia-gaia.info**.

Née en 1931, la cosmonaute Marina **Popovitch** est un personnage légendaire en Russie. Une étoile dans la constellation du Cancer porte même son nom. Colonel dans les forces aériennes, ingénieur et pilote d'essai ayant survécu à six crashs, elle a volé sur une quarantaine de types d'avions et totalise cent-sept records du monde dans l'aviation, dont bon nombre n'ont toujours pas été battus.

Elle est aussi la première femme à avoir piloté un avion de chasse et avoir franchi le mur du son. Enfin, professeur en science aérodynamique, maître de conférences et vice-présidente de l'Université d'Arkhangelsk, elle a également suivi des études de théologie et de physique, ainsi que plusieurs enseignements pratiques destinés à éveiller les capacités psychiques dites paranormales. Elle serait ainsi devenue capable de voir l'aura humaine et s'est formée à la communication par télépathie.

Avec un tel cursus et un tel palmarès, il est difficile de ne pas prêter attention à ses paroles, d'autant qu'elle est connue depuis 1991 pour avoir publié ce qu'elle déclare être la dernière photo transmise par la sonde Phobos II avant sa disparition près de Mars, et avoir porté au public l'observation de plus de 3.000 OVNIS en Russie et la possession par les Russes de cinq d'entre eux qui se seraient crashés, notamment à Toungouska en 1908 et Dalnegorsk en 1986.

Elle a surtout beaucoup parlé des découvertes des scientifiques russes quant à **l'interaction permanente entre les émotions humaines et les champs électromagnétiques** de la Terre et leur impact immédiat sur l'activité du Soleil. Elle a notamment évoqué la présence de zones obscures dans ces champs par exemple sur les pays où la guerre faisait rage, comme l'Irak. Selon elle, les scientifiques estiment que **le chaos émotionnel humain perturbe énormément la Terre**, qui réagit de plus en plus violemment à cette saturation. Ce qui doit être porté à la connaissance des populations et doit absolument déclencher un changement radical de tous nos comportements.

Il est à noter que le dossier Alien s'est considérablement étoffé par l'ajout de nombreuses révélations faites depuis quelques années par des personnalités issues du monde militaire, notamment des astronautes et des haut gradés russes et américains. Ce changement de communication reste toutefois timoré et la médiatisation grand public reste faible, voire même nulle dans certains pays comme la France.

Le fait que ces révélations existent peut vouloir annoncer la fameuse **divulgation** quant à la présence extraterrestre que beaucoup espèrent et pour laquelle ils luttent depuis des décennies. Mais on ne peut jamais exclure une possible manipulation des « marionnettistes » de notre monde dans le but de conserver le contrôle dans une situation nouvelle, où des évènements majeurs et contre lesquels ils ne peuvent rien, surviendraient soudainement.

Je vous propose enfin de lire cette intéressante interview de Marina **Popovitch**, réalisée pour le journal espagnol « **Planète urbaine** » en Juillet 2011 :

– Pendant la guerre froide, la Russie a donné une

grande importance à l'étude du domaine paranormal. Vous avez fait des découvertes importantes sur la grille énergétique de la planète ainsi qu'un « champ d'enregistrement psychique » qui entoure la Terre. Comment cela fonctionne-t-il ?

– *Les études réalisées à Moscou ont déterminé que la planète est entourée d'un immense réseau énergétique, un « tissu » d'énergie qui possède une distribution de forme géométrique. La géologie des continents répond aux schémas directeurs énergétiques de cette grille. Toute la structure de ce que nous connaissons comme l'univers physique s'ordonne selon **des schémas géométriques déterminés** connus sous le terme de « **Géométrie sacrée** ». Par ailleurs, en 1958, le professeur Bernascki a découvert une sorte d'anneau qui enveloppe la planète et qui contient **un champ d'énergie** dans lequel sont mémorisés des « registres » de toutes les formes de vie et de l'histoire de la planète. Il a été découvert que ce champ d'énergie ne se situe pas sur un plan physique. Nous avons été capables de détecter cette bande et de la « lire » avec des instruments scientifiques et en utilisant des médiums entraînés à le faire.*

*Nous avons ainsi découvert que ce champ est un tissu éthérique chargé d'émotions. C'est pourquoi il est nécessaire de contrôler nos passions. Chacun de nous a le pouvoir d'affecter ce champ de manière positive ou négative. **Toute la négativité exprimée, comme la haine et la peur, a une incidence directe sur l'état de la planète.** La Terre réagit violemment à nos pensées et nos sentiments et elle émet un type de*

rayonnement qui se répercute sur les modèles clima-
tiques. Les éléments sont comme des anticorps plané-
taires.

— Est-ce que cela pourrait être une des causes des changements climatiques violents qui se produisent actuellement ?

— C'est seulement une partie d'un immense processus qui s'inscrit dans un ordre cosmique parfait. Les scientifiques savent très bien que nous sommes con-frontés à un processus cyclique et inévitable qui ne peut juste se réduire à l'homme. Dans l'univers tout est interconnecté ; quoique nous fassions, d'harmo-nieux ou de disharmonieux, affecte la Terre. Ces charges négatives affectent en tout les êtres humains et sont en fait plus puissantes que l'énergie nucléaire elle-même.

La planète, comme si elle était un corps malade, réa-git avec des anticorps naturels pour soigner ce désar-roi. La pollution n'est pas causée uniquement par la consommation des énergies résiduelles. Nous sommes nous-mêmes une puissante source de pollu-tion. Le monde répond à la haine et l'amour.

— Est-il vrai que les Russes avaient une bonne avance par rapport aux Américains dans ce domaine ?

— Certains médiums russes ont dit qu'ils s'étaient re-trouvés sur des plans astraux (non physiques) en pré-sence d'Américains travaillant dans le même domaine. Par le biais d'un entraînement spécifique,

on a pu détecter ces champs de pollution psioniques
et on a vu comme un manteau obscur enveloppant
certaines parties du globe terrestre.

*On a constaté qu'en utilisant certaines **fréquences**, il*
est non seulement possible d'influencer la vie en exer-
çant un contrôle mental, mais aussi de modifier le cli-
mat. Il existe des études poussées concernant
l'antigravité qui ont amené des découvertes sur les
***champs scalaires**, les énergies vectorielles et le **vide**.*
Une application correcte de cette technologie pour-
rait avantageusement changer le monde.

– Tout nous indique que des changements climatiques
majeurs vont nous obliger à changer radicalement la
façon dont nous concevons notre civilisation. Quelles
sont les conclusions que les scientifiques russes tirent
pour la Russie à ce sujet ?

– Ces changements sont une réalité et nos scienti-
fiques ont conclu que nous entrons dans une période
de grands bouleversements de l'écosystème terrestre.
Mais le plus important est que ces événements cons-
tituent un défi majeur pour l'humanité. Ils doivent
être vus comme une opportunité ainsi que l'unique
option pour le monde entier de décider unanimement
que les vieilles formes d'exploitation de l'énergie
soient remplacées par d'autres, renouvelables et non
polluantes.

– Il existe des preuves de visites extraterrestres à travers le monde. Il semble que les gouvernements aient
même été prévenus des grands changements à venir.

Que pouvez-vous nous dire à ce sujet et pourquoi personne dans le monde ne présente ces preuves ?

– *Nous avons atteint un point dans l'évolution de l'intelligence humaine où il est plus logique et crédible de suggérer l'existence d'une vie au-delà de notre monde que de la nier.* **Les grands gouvernements le savent… et le nient.** *Parce que si vous aviez la connaissance que ces êtres possèdent – y compris la véritable histoire de notre planète – le système actuel des croyances s'effondrerait en un rien de temps.*

*Le pouvoir même que ces gouvernements ont sur la population mondiale pourrait disparaître du jour au lendemain. Ces créatures ont des connaissances très avancées sur ce qu'on appelle « **l'énergie libre** ». Notre planète et l'univers possèdent d'innombrables sources d'énergies non polluantes dont l'usage pourrait blesser mortellement l'empire dominant de l'économie mondiale. Utiliser des sources d'énergie polluantes maintient la totalité du système actuel dans la dépendance des ressources monétaires.*

Ces êtres respectent notre libre arbitre et ne s'impliquent donc pas directement dans nos affaires. Ils ont prouvé qu'ils viennent avec de bonnes intentions et ont démontré comment ils peuvent neutraliser, en quelques secondes, la technologie terrestre la plus avancée si elle est utilisée pour les attaquer.

Cela ne peut pas et ne doit pas être caché aux populations du monde. Tout ce qui concerne la question doit être révélé. Dans toutes mes conférences et mes livres, je présente les événements les plus divers qui se sont déroulés sur le sol soviétique. La mission Phobos II, que nous avons envoyée vers Mars, a disparu lorsqu'elle a transmis à la Terre des photos d'un vaisseau géant d'environ 15,5 miles de long (25 km).

*La disparition ou la perte de contact avec les sondes envoyées depuis la Terre a été un sujet de conversation et de débat entre le président Bush père et Gorbatchev à la Conférence de Malte. Il y a eu des contacts entre les astronautes dans l'espace et des êtres venus d'autres mondes. **Je suis convaincue que très bientôt quelque chose va arriver sur la planète qui va obliger ces êtres à se présenter massivement dans notre monde pour nous aider.** Et ce sera l'événement le plus important de l'histoire moderne. »*

Il faut bien que l'avancée en âge présente parfois quelques avantages. Je me souviens très bien de ce que disaient les astronomes et les astrophysiciens dans les années quatre-vingt, alors que j'avais trente ans. Globalement et collectivement, ils souriaient et se moquaient sans honte des témoins, quels qu'ils soient, qui osaient prétendre avoir observé un « objet volant non identifié » ou pire, avoir établi ou subi un contact avec leurs occupants. Aujourd'hui, les mêmes spécialistes nous parlent clairement de l'existence certaine de nombreuses planètes pouvant abriter la vie. La NASA sollicite même la puissance de nos ordinateurs personnels pour en découvrir d'autres. En fouillant plus avant les dossiers déjà ouverts, je constate que les hommes de science, les politiques et les militaires, en savent bien plus que ce que les populations en connaissent.

L'extraordinaire et actuel dossier dit des « momies du Pérou » que j'ai choisi d'évoquer juste après cet article pourrait s'avérer un nouveau déclencheur puis un formidable accélérateur de notre prise de conscience en ce domaine.

ALIEN PROJECT
Voir Thierry Jamin

Certains, j'en suis sûr, n'ont encore jamais entendu parler de cette affaire pourtant, à l'heure où j'écris ces lignes, ce dossier extraordinaire suscite toujours une vive controverse.

Une trentaine de médecins et de scientifiques venus de pays et continents différents (Pérou,

Mexique, USA, Russie, France, Angleterre) ont pourtant vu, touché, radiographié, scanné puis analysé les corps étranges, **humanoïdes mais non humains**, retrouvés fin 2015 dans la région de Nasca dans une vieille sépulture.

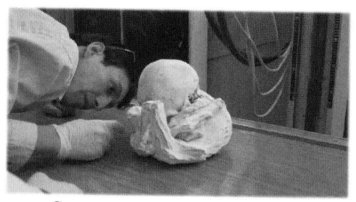

Corps desséché d'un bébé tridactyle

Après avoir fait procéder par les laboratoires distincts de plusieurs pays à des analyses ADN et carbone 14, leur avis est unanime : **Il s'agit de corps desséchés anciens, authentiques et non trafiqués**.

De nombreuses voix se sont bien évidemment rapidement élevées sur le net, criant à la fraude, au subterfuge, traitant même de faussaires et d'escrocs ceux qui publiaient et informaient sur le sujet mais ceux qui portent ces voix malveillantes se sont contentés d'étudier sur leur écran d'ordinateur les photographies et vidéos qui leur étaient communiquées.

Personnellement, sur ce dossier hypersensible,

susceptible, avec d'autres, de bouleverser bientôt − *j'ai failli écrire enfin* - notre vision officielle de l'histoire de l'humanité, je n'ai écouté que mon intuition et mon ressenti qui me conduisirent à accorder aussitôt ma totale confiance à l'explorateur français **Thierry Jamin**, révélateur du dossier, dont la droiture et la franchise sont aisément perceptibles.

Plusieurs mois se sont déjà écoulés et les données scientifiques multiples et variées qui continuent à se superposer, penchent toujours vers une authenticité du dossier.

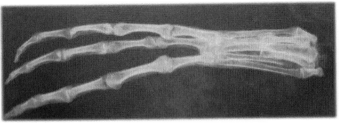

Radiographie d'une main tridactyle

La totalité des corps retrouvés étaient recouverts par une poudre blanchâtre identifiée comme de la « **terre de diatomée** », que l'on sait désormais capable de dessécher et de conserver totalement les corps en les protégeant entre autres de l'attaque des insectes.

Ils présentent **de nombreuses différences physiologiques avec l'espèce humaine**, qu'il s'agisse du nombre de doigts (trois), de phalanges, de **l'absence de nombril, d'oreilles, de glandes mammaires**, de la différence dans le nombre de côtes et de vertèbres.

Photographie de trois de ces êtres

Tout récemment, en septembre de cette année, une pétition internationale a été lancée en plusieurs langues afin d'attirer l'attention des divers gouvernements sur l'intérêt de cette découverte. Je la reproduis ci-après dans sa totalité.

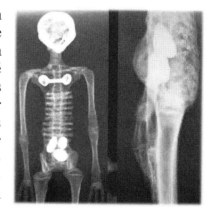

« À l'automne 2015, des « chercheurs de trésors » découvrent dans les sous-sols du désert de Nasca, divers objets ainsi que des corps en état apparent de momification. Ces corps possèdent une morphologie exotique inconnue. Des radios, analyses, scanners et datations au carbone 14 sont alors effectués par l'ONG Institut Inkari Cusco du Pérou et ces examens

confirment l'AUTHENTICITÉ de ces entités biolo-
giques.

Nous sommes en présence de DEUX ESPÈCES dis-
tinctes :

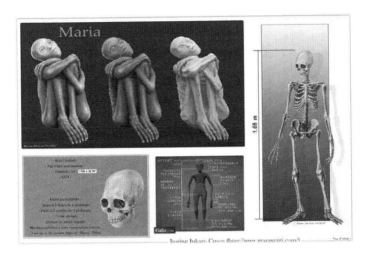

*- L'une de type « **reptile humanoïde** » mesure **60** cm.*
Elle possède des mains et des pieds tridactyles (trois
doigts) ainsi qu'un crâne allongé de type « reptilien »
et une peau qui s'apparente à celle d'un lézard. L'un
des spécimens est en gestation et porte trois œufs. Les
*datations attestent d'une ancienneté d'environ **huit***
***cents ans**.*

*- L'autre est dite « **hybride** ». Elle a un aspect huma-*
*noïde, mesure environ **1m70**. Les radiographies et les*
scanners révèlent la présence de ses organes in-
ternes. Ce spécimen se distingue de l'homme par ses
mains et ses pieds tridactyles de cinq phalanges et un

crâne plus allongé. *Le carbone 14 indique un âge de* **1750 ans**. *Ses ANALYSES ADN CONFIRMENT qu'il ne S'AGIT PAS d'un HOMO SAPIENS !*

Tous les spécimens sont recouverts de terre de **diatomée** *(algues microscopiques fossilisées), ayant la propriété de préserver ainsi que de conserver les corps par dessèchement.*

Il s'agit d'une **découverte exceptionnelle** *qui pourrait changer notre vision du passé et nous apporter de nouveaux éléments de compréhension sur l'HISTOIRE de l'HUMANITÉ.*

Il existe un risque que tous ces matériaux biologiques SOIENT DÉTRUITS, fassent l'objet d'un TRAFIC de collections privées ou SOIENT DISSIMULÉS ! Mobilisons-nous pour une coopération mondiale entre les gouvernements. Exigeons que des études scientifiques soient réalisées sur ces corps. Que l'UNESCO soit saisie pour obtenir le contrôle du dossier !

SIGNEZ cette pétition pour que nos DIRIGEANTS RECONNAISSENT ce qui est la PLUS GRANDE DÉCOUVERTE ARCHÉOLOGIQUE de TOUS LES TEMPS et la PROTÈGENT ! »

Faut-il vraiment s'étonner du traitement médiatique réservé à cette affaire ? **Tous les grands médias de presse et de télévision sont jusqu'à ce jour demeurés étrangement silencieux** sur cette découverte pourtant révélée publiquement fin 2016 ! Il semble

63

bien que ce type d'information dérange toujours nos élites, leurs dogmes et leurs valets.

Voilà déjà plus de sept décennies qu'un silence de plomb a été volontairement déposé sur ce phénomène insistant des apparitions d'OVNI et de leurs éventuels occupants. Présentés comme des dieux venus des étoiles, ces êtres sont pourtant présents dans toutes les traditions écrites ou orales des plus anciennes civilisations de la planète.

Dans ce dossier péruvien actuel, on constate que ces entités sont certes différentes de nous mais **qu'elles ont vécu au milieu des hommes**, qu'elles ne sont pas des dieux puisqu'elles étaient mortelles, qu'elles se reproduisaient et qu'elles disposaient d'un **savoir technique et médical** (greffe d'implants métalliques biocompatibles) quand notre espèce en était encore à l'arc et aux flèches.

Si l'on tente de poser un bref résumé de cette affaire, à partir des examens médicaux (radio, scanners) et des analyses déjà réalisées (ADN et carbone 14) :

o Nous sommes face à des **entités biologiques** qui n'ont subi **aucune manipulation** (découpe, sutures, incisions, collage).

o Ce ne sont pas des momies mais des **corps entiers** naturellement desséchés.

o Elles sont authentiques, datent de **plusieurs siècles** et ne sont **pas humaines**.

- Il n'existe à ce jour aucune publication scientifique décrivant ce type de spécimens.

- Jamais dans l'histoire officielle connue, il n'avait été retrouvé – *ou signalé au public* - plusieurs corps **entiers** et **complets, encore munis de leurs organes internes**, tels que ceux de ces êtres.

Une autre surprise, une autre coïncidence, méritent d'être signalées ici ! Ces êtres tridactyles apparaissent dans de très **nombreuses représentations graphiques** des vieilles civilisations sud-américaines et sous diverses formes, **tissées, peintes** sur céramique ou **gravées** dans la pierre.

Paracas vessel, ca. 200 BC–AD 1. Ica Region, Peru. Clay, paint: 17 x 30 cm. Exchange with Walter Reichel, 23/08/30   CLOSE ✕

On relève également la présence de ces mêmes motifs en d'autres points du globe.

Pour l'archéologie officielle, malgré le grand nombre de représentations clairement exprimées, il ne s'agit bien évidemment que de **produits de l'imagination** des artistes anciens ou, mieux encore, de **simples coïncidences.**

Dans le site ou gisaient ces corps étranges, furent également retrouvés de **nombreuses pierres gravées** ainsi que plusieurs **morceaux d'os crâniens portant des incrustations métalliques** au dessin non encore identifié.

Incrustations métalliques sur os

Céramique

Pétroglyphe

Céramique

Même le fameux singe découvert parmi les célèbres figures dessinées sur les « pistes de Nazca »
présente des particularités étranges : Quand ses pieds
comptent **trois doigts**, ses deux mains en affichent
quatre puis cinq. Sa queue s'achève en spirale, dessin symbolisant une **évolution**. Constatant que les auteurs de ces graphismes savaient dessiner, s'agit-il
uniquement du fruit d'une imagination artistique ou
doit-on y percevoir un message ?

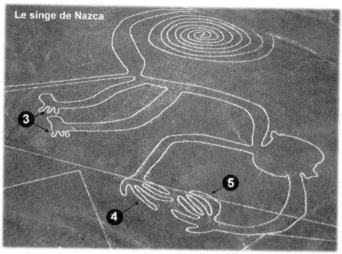

Le singe de Nazca

Comment, dès lors, qualifier cette affaire autrement qu'en la désignant comme « **la plus grande découverte archéologique de tous les temps** » ?

Elle vient bouleverser et remettre en question
l'histoire de notre humanité et l'idée même que nous
avons de notre prétendue solitude et de notre évolution.

Une autre comparaison mérite l'attention. Une statue découverte dans le temple de **Névali çori**, en Turquie, près du célèbre site de **Gobleki Tepe**, baptisée « *homme oiseau* » par les archéologues et datée d'environ **dix-mille ans**, présente d'étonnantes ressemblances avec les petits êtres tridactyles retrouvés au Pérou.

Homme oiseau - Turquie - 10000 ans
Temple de Névali Cori

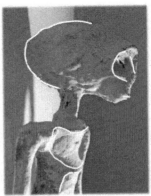

Etre tridactyle - Pérou - 800 ans

Au-delà du crane allongé, de la taille des orbites, de l'absence d'oreilles, de la finesse de la bouche, je suis particulièrement surpris par la configuration très spécifique de la poitrine.

Il appartient désormais aux scientifiques d'analyser sereinement et dans la durée, avec précision, la structure génétique et les séquences ADN de ces êtres. Dans ce but, Thierry **Jamin**, Président de l'Institut Inkari Cusco, et son équipe, on fait procéder tout récemment à de nombreux nouveaux prélèvements des corps qu'ils ont confiés ensuite à divers laboratoires de plusieurs pays. Ils ont également lancé l'analyse de certaines pièces métalliques fixées sur ces corps. De nouveaux corps de même type seront présentés au public, au début 2018, à l'occasion d'une conférence de mise au point.

Malgré l'acharnement dogmatique des sceptiques, la patience s'impose désormais car ces analyses pointues exigent du temps avant de livrer leurs résultats attendus désormais au printemps 2018.

ALLIANCE

Ce mot désigne au sens large une union, un accord, entre des groupes, des pays, des personnes, scellés par un **traité**, un mariage.

Mon guide Gilles a utilisé ce mot dès nos premiers échanges en précisant l'objectif premier des informations qu'il me donnait :

« *Ce n'est pas le livre de fils, ce n'est pas le livre de Gilles, c'est celui de notre sainte alliance. Montre la* « ***triple alliance*** ». *Tu visualiseras en utilisant les mathématiques. Je donne fils traité scientifique **fil K*** »

En constatant la triste réalité de notre monde, je ne peux que souhaiter que cette alliance survienne enfin et se montre utile à notre humanité en provoquant une réaction salutaire des consciences. À mon modeste niveau, comme de nombreux chercheurs alternatifs, je travaille à son avènement.

ALLIX (Stéphane)

Journaliste, écrivain, conférencier, réalisateur, fondateur de l'INREES

Reporter de guerre
pendant plus de quinze
ans, **Stéphane Allix** a
brusquement changé de vie après un événement bou-
leversant, la mort de son frère, au printemps 2001.
Depuis, il explore les mystères de la conscience et de
la mort.

En 2007, avec le docteur Bernard Castells, il
fonde l'Institut de Recherche sur les Expériences Ex-
traordinaires (**INREES**) consacré à l'étude des expériences humaines inhabituelles, telles que les
expériences de mort imminente ou les rencontres
avec des esprits. Son site internet propose de nombreux articles, des livres, des vidéo conférences.
L'institut publie chaque trimestre un magazine très
riche de contenu, **Inexploré**.

L'INREES affiche le soutien de nombreuses personnalités, comme Mario **Beauregard**, Stanislav **Grof**, Kenneth **Ring**, Jean-François **Clervoy**, Bernard **Werber**.

À paris, au siège de l'INREES, puis plus tard à Toulouse, à l'occasion de ses conférences, j'ai rencontré Stéphane Allix à trois reprises, dont deux de façon brève. Je respecte beaucoup cet homme dont je perçois et ressens fortement l'honnêteté, la droiture et le sens de l'écoute bienveillante de ses interlocuteurs.

Au fil de ses livres et de ses conférences, j'ai observé sa montée discrète mais forte en spiritualité. Dans ses premiers écrits comme dans sa série de films documentaires consacrés aux phénomènes étranges, il conservait strictement sa position neutre de journaliste professionnel, usant systématiquement du conditionnel dans ses propos.

Dans ses deux derniers livres, d'abord « *Le test* », puis, tout récemment, « *Lorsque j'étais quelqu'un d'autre* », il se confie honnêtement et se livre encore davantage à ses lecteurs, dévoilant, pudiquement certes mais courageusement et franchement, son entrée évidente dans l'univers de la spiritualité.

Au cours d'une interview récente, en octobre 2017, il déclarait : « *Dans notre monde occidental, on se pense cartésien en affirmant que le monde spirituel n'existe pas. Or, cette affirmation est une croyance, battue en brèche par de nouvelles découvertes sur la conscience : Des scientifiques disent que notre cerveau serait une sorte d'antenne capable de capter d'autres réalités, comme un poste de radio capte les stations. Nous sommes câblés pour nous connecter à des dimensions spirituelles : sentir les esprits des morts, nous souvenir de vies antérieures. Nous n'avons juste pas appris à le faire ».*

Je ne peux que sourire intérieurement en écrivant ces quelques lignes de respect et d'hommage à ce monsieur car mon guide m'annonce régulièrement, depuis quelques semaines, que je vais à nouveau rencontrer Stéphane Allix. Comme d'habitude – *je suis rodé à l'exercice* – il ne me donne ni la date ni la raison de cette possible rencontre. Ce dont je suis sûr, c'est que je me réjouis vraiment par avance à l'idée qu'elle survienne.

ÂME

Du latin *anima* signifiant souffle, vie, ce mot désigne le principe de vie et de pensée qui anime le corps humain. On le trouve **au centre** de la trinité « *corps, âme, esprit* ». Le même mot est également utilisé pour désigner la partie **centrale**, **médiane**, principale d'une structure : On parle ainsi de l'âme d'une poutre.

Celui qui ne croit pas en son âme, telle qu'elle est

définie par les philosophes ou les religieux, devrait se soucier peut-être de redéfinir simplement **sa conscience** dont nul ici-bas ne peut rejeter l'existence.

AMÉTHYSTE
Voir ULTRAVIOLET

L'améthyste est une pierre fine, une variété violette de quartz. Son nom est tiré du grec *amethustos* qui signifie « *qui dissipe l'ivresse* ». Sa couleur violette, symboliquement reprise par les évêques, désigne **la limite entre le visible et l'invisible**.

Le sens premier de son étymologie indique l'ivresse, cet état qui perturbe momentanément nos perceptions sonores et visuelles. Mon guide évoquait lui-même souvent cette ivresse pour caractériser notre état naturel de perception, signifiant ainsi que notre réalité quotidienne n'est qu'illusions, apparences, ne révélant qu'un écho, une simple résonance du Vrai.

Dans le texte de l'Apocalypse, l'auteur décrit la « Nouvelle Jérusalem » en ornant chacun de ses douze étages d'une pierre précieuse. L'améthyste constitue le parement du **douzième et dernier** de ces étages. Au-dessus de lui, il décrit une place (*o plateia*) où serait posé le Temple de Dieu mais l'auteur nous dit que ce temple est **invisible**.

L'au-delà du violet n'est-il pas de fait invisible à nos yeux ?

AMOUR

Ce superbe mot, par ses deux racines liées et mêlées « **Âme** » et « **Our** », semble désigner la « *lumière de l'âme* » reprenant les mots de l'évangéliste Jean qui écrivit dans le Nouveau Testament : « *O théos phos estin, o théos agapé estin* » signifiant « **Dieu est lumière**, **dieu est amour** ».

J'ai déjà donné mon interprétation personnelle de cette phrase que je lis à l'inverse : « *La lumière et l'amour sont divins* », éclairant davantage la lumière et l'amour et m'interdisant ainsi de définir ce dieu comme une personne identifiée.

Ceux qui ont vécu une expérience de mort imminente nous parlent d'un **amour inconditionnel** sans jamais parvenir à trouver les mots assez précis et forts pour décrire et partager la béatitude physique et spirituelle qu'ils ont connue lors de leur expérience.

Nul ne doit pourtant jamais se déprécier et s'attrister s'il se sent incapable de connaitre puis de donner cette force d'amour car **il n'est pas d'ici**. Nous en sommes les fruits, les enfants, et nous en connaitrons à nouveau le goût et la plénitude quand notre temps sera venu. En attendant ce retour, il nous appartient ici-bas d'aimer le mieux et le plus possible, et de garder cet autre Amour, dans notre conscience éveillée et au fond du cœur, comme une espérance, une promesse, un cadeau de la Source.

AMOUR-PROPRE

Ce sentiment, fruit de l'ego, exprime une perception haute et personnelle de sa propre valeur, de sa dignité. Cet amour excessif de soi mérite d'être combattu car, limitant l'amour de l'autre, il interdit le développement harmonieux de l'être, oubliant que l'autre n'est qu'un autre soi-même, une autre partie du Tout dont chacun est l'écho.

S'il convient d'apprendre à s'aimer, afin de se connaître, il est toutefois nécessaire d'y parvenir en suivant la voie médiane, celle de l'intention raisonnable et raisonnée. Le trop est l'ennemi du peu.

ANAGRAMME
Voir MOTS

Une anagramme – du grec ἀνά, « en arrière », et γράμμα, « lettre », *anagramma* : « *renversement de lettres* » – est une construction fondée sur une figure de style qui inverse ou permute les lettres d'un mot ou d'un groupe de mots pour en extraire un sens ou un mot nouveau.

Certaines, comme ce « *chien* » devenant « *niche* » ou ce « *soigneur* » devenant « *guérison* » sont remarquables au niveau du sens donné immédiatement.

Plus complexe à découvrir, « *La crise économique* », devenant « *le scénario comique* », semble évoquer bien ironiquement mais aussi tristement les temps que nous vivons !

Par ma formation littéraire, j'ai toujours adoré jouer avec les mots, fussent-ils croisés, fléchés, mêlés, pratiquant ainsi sans le savoir, dès l'adolescence, cette langue naturelle et intuitive des oiseaux dont j'ignorais alors encore l'existence.

Un exemple ? Quand l'association des deux mots « *Séisme, reconstruire* » devient par magie « *Messie, résurrection* », je ne peux que m'étonner avec surprise et joie de la similitude du sens qu'ils portent.

Jouer ainsi avec la structure des mots, l'ordonnancement de leurs lettres, peut sembler futile et sans intérêt pour l'esprit rationnel et matérialiste qui se contente d'observer l'ordre apparemment naturel des choses.

L'approche s'avère plus séduisante pour celui qui, méprisant le hasard, accepte l'idée d'accorder une origine, une source spirituelle, au moindre mot de notre langage autant qu'à l'environnement qui nous contient.

ANCIENS (les)
Voir PLATON

Par mon étude du latin et du grec ancien, j'avais, dès l'adolescence, abordé les écrits difficiles de ces Anciens pour lesquels, encore aujourd'hui, j'éprouve un grand respect. Je poursuis aujourd'hui ces lectures autant que je le peux.

Si nos « sachants » d'aujourd'hui démontrent aisément la richesse et la profondeur de leur érudition **dans leurs spécialités réciproques**, les Anciens avaient sur eux un énorme avantage : Leur connaissance **née de l'observation** attentive de dame Nature et de l'univers était globale, holistique, sans exclusive. Ils étaient à la fois **philosophes et scientifiques**.

ANGE
Voir GUIDE

Le mot Évangile, constitué des deux mots grecs « *eu angelos* » signifie « *bonne nouvelle* ». Le mot Ange, seul, désigne le « *messager* », porteur de la nouvelle.

Si je ne crois pas aux représentations de bambins ailés affichées symboliquement ici et là, je crois sincèrement que chacun de nous « *fut, est et sera* », qu'il en soit ou non conscient ou convaincu, et que nous sommes tous des « *fils de dieu* » ou plus joliment des « *anges en formation* ».

Les messages que je reçois émanent, à mon avis, d'un plan supérieur de la conscience que nous avons déjà expérimenté, avant notre naissance ici-bas et auquel la mort nous rendra l'accès mais que notre savoir d'aujourd'hui, filtré par les limites de perception de notre cerveau physique, nous interdit encore de définir précisément.

Avec patience, confiance et humilité, chacun de nous dispose des moyens d'aborder cette voie.

APOCALYPSE
Voir RÉVÉLATION

L'Apocalypse, attribuée à Jean, constitue le dernier livre de la bible. C'est un texte court, constitué de vingt-deux chapitres, dense et difficile, objet de multiples interprétations.

Si j'ai passé de nombreuses heures à étudier ce texte, répondant ainsi à la curieuse demande de mes guides, j'ai essentiellement porté mon attention sur **les chiffres et les nombres** qu'il contient : 7, 30, 42, 144, 666, 1260. Je fus le premier surpris des éléments de mathématique et de physique que ces éléments, inexpliqués par le monde religieux, m'amenèrent à considérer.

APPARENCES
Voir ILLUSION

Constatant et déplorant les défauts dramatiques de la civilisation que nous avons collectivement créée, mais conservant l'espérance en un monde meilleur, convaincu que notre réalité ne constitue qu'une illusion, j'aime évoquer, au nom de mon humour parfois grincheux, ses « *appâts rances* ».

Par nos progrès technologiques, nous sommes déjà parvenus à démontrer quelques-unes de ces apparences. J'en veux pour simple exemple la fausseté de l'immobilité apparente du monde végétal. Nous avons tous vu ces superbes vidéos montrant le mouvement harmonieux des pétales qui s'ouvrent alors que leur mouvement, gracieux, véritable mais lent, échappe à la perception limitée de nos regards ordinaires.

ARME

L'arme, sitôt déshabillée de son apostrophe, ne génère que **larme**. Là nait sans doute mon désir de l'apostropher ainsi que tous ceux qui consacrent leur temps et leur argent au développement de ces engins de mort.

J'ai constaté que nos dirigeants politiques avaient encore évité récemment un grand danger quand nos députés ont décidé **courageusement**, lors d'une séance de nuit, que les paquets de tabac deviendraient neutres. Dans le même temps par contre on continuera, sans en parler, à produire et à vendre des armes. Chacun voit aujourd'hui où se trouve le danger le plus grand ! Je vais quand même essayer d'arrêter de fumer, en espérant ne pas être un jour abattu par une arme produite chez nous !

Personnellement, il y a longtemps que j'ai réalisé que la vie est une maladie sexuellement transmissible et toujours mortelle ! Heureusement, la mort ne m'effraie plus car je suis armé désormais d'une foi et d'une patience indestructibles.

ASSOCIATIONS

Je souhaite rendre hommage ici aux associations sans but lucratif **d'éveil à la spiritualité et d'aide aux personnes endeuillées** qui, de plus en plus nombreuses, fleurissent aux quatre coins de notre beau pays.

En octobre 2015, avec une amie, Fabienne Vast, et mon épouse, j'en ai fondé une en banlieue de Rouen (*Association Générations confondues*) après avoir constaté que cette grande ville forte de quatre-cent-mille âmes en était étonnamment démunie.

Notre principe de fonctionnement est simple : Nous organisons, un dimanche par mois, une conférence suivie d'une séance de médiumnité publique. Notre public est encore bien peu nombreux, majoritairement constitué de femmes de tous âges mais nous constatons avec plaisir que, peu à peu, les hommes et les jeunes viennent se joindre à nous. Ensemble, nous partageons souvent de vives émotions avec et auprès de ces personnes qui pleurent un époux, un fils, une maman. Tout récemment, afin de poursuivre sereinement mes propres projets personnels, j'ai laissé ma place pour seconder Fabienne à un de nos amis,

Willy, plus motivé que moi. L'association était née, elle perdure. L'essentiel est là.

Depuis la sortie de mon premier livre au printemps 2013, je suis régulièrement invité par ces associations de France et de Belgique à donner une conférence.

Je ne sollicite pas ces rendez-vous. J'ai demandé à mes guides de les provoquer s'ils les jugeaient utiles. Au-delà de la fatigue des déplacements parfois lointains, j'éprouve à chaque fois une grande joie à l'occasion de ces rencontres.

Avec le temps, j'ai noué de solides amitiés avec les présidentes et présidents qui animent ces associations et je me réjouis de les retrouver occasionnellement. Même si je suis convié pour porter un message et partager mon expérience personnelle, j'apprends toujours et encore à leur contact comme j'apprends toujours de mes lectures.

Je ne peux évoquer ces associations sans une pensée affectueuse pour mes amis Guy et Chantal **Faverdin** qui assument depuis des années le fonctionnement harmonieux de l'Association « **Les Cygnes** » à Clermont-Ferrand. Je me retrouve totalement dans leur perception naturelle et profonde de l'invisible comme dans le don de soi qu'ils manifestent et je citerai à plusieurs reprises dans ce livre les magnifiques messages qu'ils reçoivent régulièrement de nos frères de l'au-delà.

AU-DELÀ

Ces deux mots accolés évoquent sans jamais pouvoir le définir avec précision ce monde impalpable et invisible qui nous engendre, nous nourrit, nous régit et nous attend.

J'ai choisi très tôt de l'appeler « **Au-delà de nos modestes perceptions usuelles** » afin de lui ôter toute connotation religieuse et de permettre son approche scientifique. Quand mon guide évoque « son » monde et le compare au nôtre, il parle d'univers **vibratoires** différents mais liés. Il dit que nous en venons et que nous y retournerons. Il évoque « *notre maison* ».

AVENIR
Voir PASSE, PRÉSENT

L'avenir ne me soucie guère puisque je n'ai pas de prise sérieuse sur lui. Seule l'orientation réfléchie et contrôlée de mon action au présent peut jouer sur mes proches lendemains. Je me soucie par contre de notre passé car il nous permet de mieux comprendre ce que nous vivons aujourd'hui.

Si mon devenir spirituel ne m'inquiète plus, il n'en va pas de même toutefois de l'avenir de mes enfants et petits-enfants. Je peux comprendre et accepter que, **faute d'information** et d'éducation, l'homme de la rue reste sourd et aveugle aux signes et aux appels de l'invisible mais je n'éprouve pas la même tolérance à l'égard de nos responsables politiques, économiques et religieux.

Nous leur devons à la fois l'état déplorable de notre planète et la situation matérielle critique de notre économie mondiale. Ils disposent pourtant, depuis toujours, de toutes les informations nécessaires et souhaitées pour réorienter leur action. Malgré les avertissements, ils ont fait le choix de s'installer, de demeurer, de s'accrocher même, dans les nationalismes exacerbés, les disputes religieuses, la concurrence perpétuelle et la course au profit.

Face à cet égoïsme des élites, seule la naissance d'une prise de conscience mondiale partagée par tous les humains pourrait être la bonne solution mais je me demande s'il n'est pas déjà trop tard.

En novembre 2017, notre presse nationale (Le Monde, le Figaro…) a relayé **l'appel public** pressant de **plus de quinze-mille scientifiques** de tous pays. Ils nous parlent d'urgence, **d'urgence vitale**. Ce n'est pas seulement notre planète qui est menacée, c'est **notre humanité !**

Dans un appel publié par la revue *Bioscience* et relayé en français par *Le Monde*, 15.000 scientifiques de 184 pays soulignent l'état alarmant des indicateurs de l'état de la planète et appellent à agir concrètement contre «une souffrance généralisée et une perte catastrophique de biodiversité».

Nous avons un «impératif moral» à agir sans tarder contre le «péril» qui menace l'avenir de notre planète sur le plan écologique. Ce constat alarmiste est celui de 15.000 scientifiques indépendants, signataires d'un «Avertissement à l'humanité» publié lundi dans la revue scientifique *Bioscence*.

Extraits du journal de Figaro

À l'image du constat, la conclusion est sans concession: «**Il sera bientôt trop tard pour dévier de notre trajectoire vouée à l'échec, et le temps presse.**» Afin d'«**éviter une souffrance généralisée et une perte catastrophique de biodiversité**», nos pratiques doivent changer, insistent les signataires. Et selon eux, cela passe par une **prise de conscience**: celle que «la Terre, avec toute la vie qu'elle recèle, est notre seul foyer».

Je sais que je ne suis pas seul à dénoncer et à vouloir lutter contre ce système injuste, criminel et immature. Si je suis conscient de la faible portée de ma voix, je l'exprime toutefois ici comme une prière à l'attention de chacun d'entre nous.

B

BÂTISSEURS
Voir ANCIENS, MURS

Ce terme volontairement imprécis est utilisé par de nombreux chercheurs alternatifs pour désigner **les architectes concepteurs et les constructeurs** de nombreux bâtiments anciens dont, quoi qu'en dise l'archéologie officielle, on ignore le plus souvent l'origine exacte et la datation réelle.

L'observation attentive des édifices et le plus souvent de leur soubassement initial montre une étrange **similarité dans les méthodes de conception et d'assemblage**, pose les mêmes questions quant aux techniques utilisées alors pour la taille, le perçage, le transport et le positionnement des énormes blocs monolithiques.

Face à la perfection des assemblages, on ne peut qu'imaginer des techniques disparues tant les bâtisseurs semblaient agir avec une extrême facilité, **comme si la masse et la dureté des pierres n'étaient pour eux qu'illusions**.

Les outils qu'on leur connait nous semblent dérisoires face aux ouvrages qu'ils ont réalisés. Au grand dam des archéologues – *qui constatent les mêmes évidences que nous mais se refusent toujours à envisager la possibilité d'une civilisation avancée nous ayant précédé* - nous nous voyons contraints de supposer l'usage d'un outillage aussi efficace que nos machines modernes ou une méthode inconnue d'annulation de la gravité.

Comme en témoignent déjà de nombreuses vidéos disponibles sur le net, cette dernière méthode devient aujourd'hui plausible et possible car de nombreux laboratoires sur la planète travaillent actuellement et obtiennent déjà des résultats encourageants sur l'usage de **fréquences sonores** pour annuler la gravité.

Nous voici à nouveau revenus et confrontés au domaine des ondes !

BIANCHIN (Fabrice)
Auteur français

Je n'ai pas encore rencontré Fabrice dans la vraie vie mais nous entretenons déjà un contact virtuel car nous partageons quelques centres d'intérêt. Dans son livre « **Vimanas - L'incroyable technologie des dieux** » paru en janvier 2016, Fabrice nous fait découvrir, avec son regard particulier, la perle de la littérature hindoue, merveille culturelle et philosophique, le **Mahâbhârata** qui nous renvoie plusieurs millénaires en arrière, à l'apogée de la civilisation hindoue, l'une des civilisations les plus raffinées du monde antique.

Ce texte sacré plonge le lecteur dans une fascinante et dramatique rencontre entre les hommes et les divinités.

En lisant le texte avec attention, nous avons la surprise de découvrir que ceux que l'on nous présente comme des dieux d'alors étaient faits **de chair et de sang**, qu'ils se déplaçaient dans des vaisseaux aériens - les **vimanas** - et qu'ils utilisaient des armes ressemblant à s'y méprendre à nos modernes armes de destruction massive.

Dans son ouvrage, Fabrice Bianchin interprète le texte sacré d'une manière novatrice, posant une question essentielle : **l'humanité a-t-elle été, dans le passé, l'objet d'une rencontre avec une race exogène, en clair, avec des extraterrestres ?**

Si l'hypothèse semble hardie, la précision du texte, les descriptions qui y sont faites quant aux

armes, aux **techniques** et aux **prouesses** des vimanas inclinent pourtant qu'elle est fondée et qu'elle mérite d'être prise sérieusement en considération.

Dans son étude philologique de l'Ancien Testament, le philologue Mauro **Biglino pose exactement la même question** après avoir constaté, lui aussi, la pluralité des Elohim, leurs luttes internes et leur mortalité.

Passionné comme nous le sommes également par l'origine des civilisations et la préhistoire, Fabrice Bianchin étudie les artefacts archéologiques les plus insolites mais, en parallèle à ces recherches qui nous sont communes, sa curiosité l'a rapproché également des mystères liés à notre conscience.

Il a alors expérimenté et collaboré à de nombreuses reprises à un domaine de la parapsychologie qu'il affectionne particulièrement, **la vision à distance,** « Remote viewing » en anglais.

Désireux de faire cohabiter aujourd'hui les deux disciplines par le consensus scientifique, il déploie toute son énergie à la réalisation de ce nouveau projet. À la fin du mois de septembre de cette année, Fabrice s'exprimait ainsi :

« *Que ce soit l'histoire contée dans mon premier livre Vimanas où celle du prochain, le Projet Lussac, rappelez-vous que **ce qui vous paraît surréaliste ou impossible maintenant peut être la réalité prochaine, acceptée de tous comme une évidence.** Pour*

Vimanas, nous n'avons jamais été aussi proche de trouver des planètes abritant la vie. Statistiquement, grâce à la découverte toujours plus nombreuse d exoplanètes, on est déjà certain que la vie, à minima microbienne, existe ailleurs. Prochaine étape, dans quelques décennies à peine, l'idée de civilisations exogènes sera tout aussi évidente.

*Idem pour le projet de remote viewing Lussac. Les nombreuses découvertes scientifiques récentes sur la **conscience non locale** vont dans le sens de sa réalité. L'expérience en elle-même est déjà concluante. Bref, nous vivons une époque passionnante. Certaines idées, en avance sur leur temps, vont rejoindre bientôt la réalité scientifique d'aujourd'hui et de demain. Restons pragmatique et avançons non pas sur des on-dit mais avec les scientifiques, les nouvelles générations étant de plus en plus ouvertes à l'exploration de la vie extérieure d'un côté et de la conscience de l'autre. »*

Je partage à la fois ses idées sur notre passé et son espérance pour nos lendemains.

BIGLINO (Mauro)
Écrivain italien, philologue, conférencier.

Mauro Biglino, chercheur dans le domaine de l'histoire des religions, approfondit depuis près de trente ans l'étude de ce qu'on nomme les « textes sacrés », convaincu que seules la connaissance et l'analyse directe de ce qu'ont écrit les rédacteurs antiques aident à comprendre véritablement la pensée religieuse formulée par l'humanité au cours de son histoire

Par les connaissances linguistiques et philologiques qu'il a acquises grâce à l'étude de l'hébreu massorétique, comme par sa maîtrise des langues grecque et latine, il devint le traducteur officiel des Éditions italiennes « San Paolo », qui publièrent dix-sept livres de l'Ancien Testament traduits par ses soins à partir de la « *Biblia Hebraica Stuttgartensia* », version imprimée du Codex de Leningrad. Après plusieurs années de collaboration avec cette maison d'édition, il se sépara d'elle et choisit d'offrir au grand public **une version littérale** et philologique de l'Ancien Testament, dans le but de **se rapprocher le plus possible du message d'origine** de ceux qui l'ont compilé.

Ses livres, précis, détaillés, portent des titres forts, très forts même. En juillet 2016, il publie en France « **La Bible n'est pas un livre sacré : La révélation de la plus grande supercherie de l'histoire** ».

En octobre de la même année, il publie : « **Il n'y a pas de création dans la Bible : La Genèse nous raconte une autre histoire** ».

Il affirme haut et fort que **nul ne sait par qui et quand la Bible fut écrite**. En rupture complète avec la lecture traditionnelle juive ou chrétienne, et par honnêteté intellectuelle, Mauro Biglino ose désormais affirmer que **la Bible est un livre qui raconte l'arrivée sur notre planète d'une race extra-terrestre, les Élohims**, véritables créateurs de l'espèce humaine.

Les textes Sumériens confirment également la présence de ces êtres qui auraient colonisé la Terre à une époque lointaine. La Bible ne serait donc que le récit de ces événements incroyables, sous forme de métaphores et d'images parfois simplistes mais correspondant à la psychologie de l'époque, notamment pour ce qui concerne la description des technologies avancées et des rapports entre les hommes et ces êtres appelés « dieux ».

Tout récemment, à l'issue d'une conférence donnée à Stuttgart en septembre 2017, Mauro Biglino s'exprima ainsi :

« *L'Ancien Testament sera de nouveau ce qu'il était à l'origine : un texte qui documentait l'alliance militaire entre un individu nommé Yahweh et une famille, celle de Jacob / Israël, qui lui a été assignée dans Deutéronome 32.8* ».

Selon lui, la vérité devrait prochainement surgir dans les années à venir. La bible n'est qu'une **interprétation idéologique** de théologiens successifs, soucieux d'imposer puis de solidifier leur pouvoir. La bible ne concerne pas toute l'humanité mais uniquement le peuple d'Israël, la famille de Jacob.

Elle ne parle ni de dieu, ni de foi, ni de création, ni de péché originel. Les Elohim étaient mortels tout comme nous : Ils marchaient et se fatiguaient, se salissaient, avaient besoin de se reposer, de se nourrir. Ils disposaient d'une anatomie semblable et compatible avec la nôtre puisqu'ils ont entretenu des relations charnelles avec les

filles des hommes dont sont nés des enfants, « *devenus des héros* » selon le texte dit sacré.

Que l'on parle d'eux ou des « anges » qui les servaient, rien dans le texte dit sacré ne démontre l'évidence de leur divinité.

Par ses écrits et ses nombreuses conférences, Mauro Biglino poursuit inlassablement son travail de recherches et de divulgation publique. Il use de mots forts et d'images percutantes mais, pour le moment, les autorités du Vatican préfèrent garder le silence face à ses déclarations et ses écrits.

Doit-on vraiment penser que la messe est dite ?

> « *La connaissance des mots conduit à la connaissance des choses.* »
> **Platon**

C

3ème lettre

<u>*Géométrie*</u> : *Cercle ouvert*

<u>*Symbolique*</u> : *Symbolisant la LUNE, l'argent, le cerveau, le C est un réceptacle, une matrice à remplir, le principe féminin par excellence. Par sa forme de croissant, il désigne la Lune quand le O désigne le Soleil. On les retrouve ensemble dans le mot « OCculte » révélant simplement le « culte du soleil et de la Lune. »*

CAMERA

Selon sa définition ordinaire, une caméra est un appareil de prise de vues destiné à enregistrer ou à transmettre des images photographiques successives afin de restituer **l'impression de mouvement.** On nous parle bien ici d'impression, de **sensation** ! S'agit-il vraiment de la réalité ?

Dans la perspective de la mise au point d'une technique d'imagerie permettant de capter l'invisible,

Gilles m'a parlé de nos caméras en me disant qu'elles étaient **trop lentes**. Bien évidemment, selon son habitude à mon égard, ses informations s'expriment dans un langage technico scientifique volontairement crypté.

« L'appareil photo me donne ivresse fil K. Flou vous voyez... Caméra utile au fil K j'annonce fils. Tu recevras qualité d'image jamais transmise dans ton monde.

*La découverte d'une caméra qui rend visible le fil KI immine. À nouveau traité, **nouvelle caméra**...*

***Ta caméra est trop lente. Gilles t'annonce caméra très vive.** Nouveau procédé de film lié à votre informatique. Utilisez deux caméras **UV** liées ! Vous découvrirez mon image en **damier** ».*

*Utilise la **fréquence millimétrique** ! Effectue des appareils qui jonglent sur cette fréquence et le film nous révélera.*

***On me filme en Haute fréquence. Le balayage de fréquence du fil KI doit augmenter.** »*

J'ai beau imaginer parfois mon éventuelle « folie », j'ai beau traverser de sérieux moments de doute, l'insistance et la qualité de ces messages m'invitent quand même à réfléchir encore et toujours, à chercher sans cesse, avec, au fond du cœur, la douce espérance de l'intérêt et de l'intuition nouvelle d'un de mes lecteurs plus compétent que moi.

CANNE
Voir COUDÉE, LIGNE, PIGE, QUINE

Dans le texte biblique, la canne de six coudées fut donnée par l'ange aux hommes **pour mesurer**. En voici un exemple, parmi d'autres, tiré du Livre d'**Ezéchiel** (41-8) :

« Je considérai la hauteur autour de la maison. Les chambres latérales, à partir de leur fondement, avaient **une canne pleine, six grandes coudées.** *»*

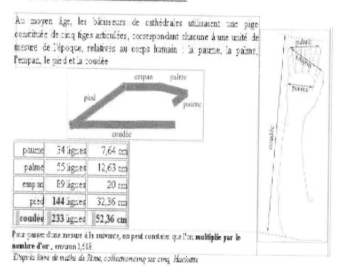

* **La coudée des bâtisseurs de cathédrale**

Au moyen âge, les bâtisseurs de cathédrales utilisaient une pige constituée de cinq tiges articulées, correspondant chacune à une unité de mesure de l'époque, relatives au corps humain : la paume, la palme, l'empan, le pied et la coudée

paume	34 lignes	7,64 cm
palme	55 lignes	12,63 cm
empan	89 lignes	20 cm
pied	144 lignes	32,36 cm
coudée	233 lignes	52,36 cm

Pour passer d'une mesure à la suivante, on peut constater que l'on **multiplie par le nombre d'or**, environ 1,518

D'après livre de maths de René, collectioncinq sur cinq, Hachette

Au Moyen-âge, les bâtisseurs de cathédrale utilisaient encore une « **canne royale** », aussi appelée « **pige** » ou « **quine** », constituée de **cinq** éléments de

mesure liés. J'analyse et détaille précisément ces sur-
prenantes mesures dans d'autres articles de ce livre.

CARRE
Voir CERCLE

Contrairement au cercle qui symbolise le mouvement et l'énergie, le carré, par ses droites et ses
angles, arrête ce mouvement et désigne la matière.

Passer du cercle au carré m'apparaît donc comme
le passage subtil du mouvement de l'énergie à la fixation apparente de la matière.

CATHARE

Pendant la première moitié du XIIIème siècle, le
Midi toulousain, de la Garonne au Rhône, endura une
succession de tragédies qui allaient conduire à sa
ruine et à la perte de son autonomie. Le motif en fut
la guerre contre les hérétiques aujourd'hui connus
sous le nom de « Cathares », nombreux dans la région. Dénommée croisade contre les Albigeois, cette
guerre bénéficia de l'onction du pape Innocent III.
Elle allait avoir raison de l'hérésie mais son effet le
plus tangible fut l'annexion de la région au domaine
capétien qui deviendrait la France.

À l'époque de la croisade, les adeptes du catha-
risme se qualifiaient eux-mêmes de « vrais » chrétiens et s'opposaient avec vigueur à l'Église

catholique. Leurs chefs étaient appelés avec respect *Bonshommes* et *Bonnes Femmes* mais les inquisiteurs catholiques préféraient les qualifier de « *parfaits* et *parfaites* », au sens de parfaitement hérétiques.

Les hérétiques étaient aussi appelés « *Albigeois* », par référence à Albi, une ville située au nord-est de Toulouse. Cette appellation trouvait son origine dans le concile qu'avait tenu la « secte » en **1165** dans le château de Lombers, sur les terres du vicomte de Trencavel, pas très loin d'Albi.

Originaires de l'Italie du nord, les « Cathares » recueillaient depuis un demi-siècle un succès croissant dans le Midi toulousain en raison de leur doctrine simple et exigeante, fondée sur le retour à l'Évangile. Ils considéraient que l'Église officielle avait trahi sa mission dès le pontificat de Sylvestre 1er, sous le règne de l'empereur Constantin le Grand, 900 ans plus tôt ! Ils ne reconnaissaient pas le dogme et les enseignements de l'Église catholique mais se revendiquaient eux-mêmes chrétiens et se désignaient sous cette appellation ou encore sous celle *d'amis de Dieu*. Les Cathares ne reconnaissaient qu'un seul sacrement, le « *consolamentum* », qui effaçait toutes les fautes passées et garantissait la vie éternelle. Celui-ci n'étant donné qu'une fois, seuls les Bonshommes et les Bonnes Femmes, appellation usuelle des prédicateurs cathares, se sentaient assez fermes dans leur foi pour le demander en pleine force de l'âge. Ils étaient aussi les seuls à pouvoir le donner à d'autres.

Pour se développer, les prédicateurs cathares du

Midi bénéficièrent largement de l'image déplorable que donnait alors du catholicisme le clergé local. Prélats et curés se vautraient volontiers dans la luxure mais ne s'en montraient pas moins exigeants à l'égard de leurs ouailles en termes de morale.

À l'opposé, les « parfaits » cathares affichaient une austérité irréprochable, empreinte de douceur et de sérénité mais témoignaient d'une grande compréhension envers les écarts de conduite de leurs fidèles. Ils vivaient chastement et s'interdisaient toute nourriture carnée, prenant au pied de la lettre le commandement biblique : « *Tu ne tueras point* ».

Contre ces hérétiques, Saint Bernard de Clairvaux, conseiller des rois et prédicateur de la deuxième croisade en Terre sainte, tenta sans succès de réveiller les consciences catholiques. Il se plaignit lui-même de trouver des églises désertées par les fidèles. Le concile œcuménique Latran III, en 1179, prit acte des progrès de l'hérésie dans le canon 27 que cite l'historien Michel **Roquebert** dans son Histoire des cathares :

« *Dans la Gascogne, l'Albigeois, le Toulousain et en d'autres lieux, la damnable perversité des hérétiques dénommés par les uns cathares, par d'autres patarins, publicains, ou autrement encore, a fait de tels progrès... ».*

Cette hérésie bénéficiait de la protection bienveillante des seigneurs locaux, au point qu'elle parvint à se structurer en Église véritable, avec quatre évêchés,

Albi, Agen, Toulouse et Carcassonne. C'est en définitive la croisade, violente et sanglante, qui aura raison d'elle.

Détaché depuis longtemps de toute religion, je
n'ai jamais souhaité approfondir plus qu'une autre la
doctrine religieuse des Cathares mais, par mes origines languedociennes, je me suis toujours senti des
leurs. Je porte sur moi la croix occitane. J'aime le cli-
mat, l'histoire et les paysages de la région où ils vé-
curent. Je me plais aux abords de leurs anciens
châteaux. Deux expériences très personnelles dont
j'ai gardé une vive souvenance m'ont encore rapproché d'eux.

La première se produisit lors de l'été 1976. Jeunes
mariés en vacances, nous nous baladions dans le sud-
ouest et, ce jour-là, nous avions jeté notre dévolu sur
le site célèbre de **Montségur** (Ariège). Mon jeune
frère nous accompagnait. Alors que nous avions
achevé la grimpette qui menait aux ruines du château,
mon épouse, sujette au vertige, ne souhaita pas aller
plus loin. Préférant se reposer un peu et nous attendre,
assise, au pied de l'enceinte principale, elle nous invita à poursuivre sans elle la découverte des mu-
railles. Nous ne fûmes absents qu'une dizaine de
minutes. Le temps était resté beau.

Lorsque nous rejoignîmes mon épouse, nous la
trouvâmes, assise, en pleurs, fumant une cigarette.
Alors que je lui demandais ce qui se passait, elle me
répondit qu'elle n'en savait rien mais qu'elle allait

mourir, qu'elle fumait sa dernière cigarette. Interloqués, peu habitués à la voir ainsi, mon frère et moi avons sans doute souri bêtement. Et pourtant, la redescente fut difficile. Son angoisse de mort ne s'évanouit que lorsque nous fumes totalement en bas du site, près de la voiture. Elle avait descendu le sentier, lentement, accrochée entre nous deux. Ni elle ni moi n'avons compris les raisons de cette mésaventure qui ne se reproduisit jamais. Quelques années plus tard, je vivais, seul, une autre expérience qui me donna pour le moins un début d'explication à l'étrange malaise vécu par mon épouse.

Je m'étais un temps intéressé aux expériences dites de « **régression** » menées par Patrick **Drouot,** physicien, diplômé de la Columbia University de New York. Spécialiste mondialement reconnu de l'étude et de l'expérimentation des états non ordinaires de conscience ainsi que de la perception et du traitement des corps d'énergie,

il est l'auteur de sept livres publiés à un million et demi d'exemplaires et traduits en huit langues.

La régression désigne une séance durant laquelle une personne est amenée à un état de conscience modifié (ondes alpha) de manière à lui permettre d'obtenir des informations qui sont difficilement accessibles dans un état de veille normal. Le praticien fait appel à différentes techniques dont la relaxation, la visualisation et la respiration consciente. Une fois en état de régression, le sujet peut retrouver des souvenirs enfouis de son enfance, de sa petite enfance et même de sa vie fœtale. Il est également possible d'accéder à des souvenirs qui n'appartiennent pas à la vie présente. Se déroule alors la vie de personnages disparus auxquels, très souvent, le sujet s'identifie. Dans ce cas, nous parlons de régression dans les vies antérieures.

J'ai vécu l'une de ces séances auprès d'une jeune femme, élève formée par Patrick Drouot, installée au centre de Rouen. J'ai oublié la date précise mais l'expérience remonte au début des années 80. Placé dans des conditions agréables, allongé, chaudement couvert, guidé par une musique relaxante, porté par une voix douce et claire, presque murmurée, je me souviens que j'étais bien, physiquement et psychologiquement. J'avais fermé les yeux. Calmement, profondément, j'étais descendu en moi.

Si j'ai oublié les premières images qui me sont venues, j'ai conservé un souvenir très précis de la suite. Je me suis soudain vu et ressenti, vêtu d'une sorte de robe blanche, au milieu d'un groupe de personnes vêtues à l'identique. J'ai soudain compris que nous marchions collectivement vers un bûcher qui nous était destiné. Auprès de moi se tenait une femme, ma femme. Elle n'avait pas le même visage mais je savais que c'était mon épouse actuelle. Des émotions très fortes se sont alors emparées de moi : la tristesse, l'incompréhension et la colère se mêlaient. De vrais larmes coulaient de mes yeux. Des mots venaient : « *Ce n'est pas juste, nous n'avons rien fait de mal !* »

Le lieu et le moment devenaient plus précis désignant clairement le bûcher des cathares au pied du Château de Montségur. Des soldats riaient. Sans douleur, comme si, soudain détaché, j'observais la scène de haut, j'ai « *vécu* » cette mort horrible et injuste puis la dame m'a doucement ramené vers mon présent.

L'histoire des lieux nous dit ceci : « *Le 16 mars 1244, la forteresse de Montségur s'ouvrit à nouveau. Tous les cathares qui refusèrent de renier leur foi périrent sur le bûcher qui fut dressé pour un plus de 200 suppliciés dont la femme, la fille et la belle-mère de Raymond de Péreille : après avoir distribué tout ce*

qu'ils possédaient à ceux qui les avaient défendus durant dix mois, les parfaits de Montségur furent enfermés dans un enclos préparé au pied de la montagne puis les croisés mirent le feu aux fagots qui y étaient entassés.

En tout, deux cent vingt hommes, femmes et une jeune fille, tous « volontaires », périrent dans le brasier. Parmi eux se sacrifièrent des soldats de la garnison qui n'avaient pas voulu les abandonner. Il fut rapporté que certains chantaient. »

Au-delà de l'histoire officielle, cette expérience forte me fit remémorer le malaise et l'angoisse de mort que mon épouse avait vécus sur place à l'été 1976.

Originaire de Normandie, elle ne connaissait pas l'histoire et les lieux des Cathares qu'elle visitait pour la première fois. Étonnamment, sa conviction forte et soudaine de fumer sa dernière cigarette évoque les flammes et la fumée du bûcher. Sa certitude de ne pouvoir redescendre au pied du château et sa peur d'y retourner, peuvent se comprendre plus aisément si elle fut, à l'occasion d'une vie précédente, au nombre de celles et ceux qui périrent à cet endroit.

Pour ma part, j'ai plusieurs fois souri en me persuadant, sans doute à tort, que ma difficulté à me passer de la cigarette pouvait peut-être résulter de ce souvenir d'une vie et d'une mort antérieure. Mon âme a surement pris conscience, puisque je suis encore là aujourd'hui, que la fumée ne pouvait pas me tuer !

CERCLE
Voir CYCLES, SPHÈRE

À l'opposé du carré dont les angles désignent la fixation et la stabilité, **le cercle indique le mouvement** généré par l'énergie qui le crée.

Issus récemment de mes patientes recherches, les **trois cercles concentriques** représentés ci-dessous qui font apparaître les étoiles à **cinq**, **six** puis **sept** branches m'interpellent depuis que je les ai dessinés.

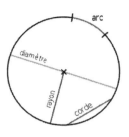

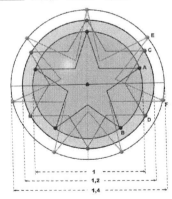

	Cercle 1	Cercle 2	Cercle 3
Diamètre	1	1,2	1,4
Périmètre	pi	pi² / phi³	e phi
Polygone inscrit	pentagone	hexagone	eptagone

TROIS CERCLES CONCENTRIQUES
comme une onde qui se propage...
révélant les Constantes mathématiques.

- Les arcs AB, CD et EF sont égaux (0,6283).
Il y en a 5 sur le premier cercle, 6 sur le second et 7 sur le troisième.

- Le nombre que j'ai appelé k, périmètre du second cercle, a pour valeur **3,7699**. C'est, **en hectomètres**, la somme de la hauteur et du côté de la grande pyramide. C'est aussi et surtout **le rapport de pi² sur phi³** . C'est enfin, sous sa forme simplifiée **377**, un des éléments de la "**suite de Fibonacci**".

On trouve donc exprimé ici **un triple rapport mélant la suite de 3 chiffres** (5,6,et 7) **et les 3 plus célèbres constantes mathématiques :**

pi / 5 = k / 6 = e phi / 7

- Si le premier cercle trace le **pentagone**, le second trace l'**étoile à 6 branches**. Enfin, le troisième exprime l'**étoile à 7 branches ou l'eptagone**.

- En multipliant par **5/6** l'arc commun à ces 3 cercles, on obtient la **Coudée**.

"Homme et Ange Noués" - Amazon
Christian Cambois - 2016

De leurs diamètres bâtis sur les fractions progressives **5**/5, **6**/5 et **7**/5, ils affichent des **périmètres liés aux constantes mathématiques** et dans lesquels s'inscrivent successivement le pentagone, l'hexagone et l'eptagone. Quand le premier périmètre est égal à Pi, le second donne **le rapport de pi² sur Phi²** et le troisième renvoie au produit de **e** par **phi**.

En les observant, j'imagine l'amplitude croissante des ronds dans l'eau nés de la chute d'une pierre. Je les ressens comme les mouvements, **les pulsations d'une onde régulière**, sans que je puisse expliquer davantage ce ressenti.

Je me réjouis de savoir qu'un de mes amis discrets, chercheur au CNRS, se penche actuellement sur le tracé de ces trois cercles en quête de nouveaux rapports.

CERTITUDES

Heureux ceux qui sont assurés de la vérité de leurs certitudes ! À mon humble avis, pourtant, les certitudes, même scientifiques, surtout scientifiques, devraient être consommées avec une extrême modération car l'histoire scientifique des décennies précédentes a déjà prouvé, à maintes reprises, la nécessaire prudence et l'humilité qu'il convenait d'observer face aux mystères de la matière et de l'univers. Les sommités de l'époque s'y étaient refusées. Les déclarations qui suivent en témoignent.

- **Thomas EDISON** écrivait en **1889** : « *Rien ne justifie l'emploi de la haute tension et du courant alternatif, que ce soit d'un point de vue commercial ou scientifique. Mon désir personnel serait d'interdire entièrement l'emploi du courant alternatif. Il est aussi inutile que dangereux* »

- **Robert MILLIKAN**, Prix Nobel de Physique, déclarait en **1923** : « *Il est totalement improbable que l'homme utilise un jour la puissance de l'atome. L'idée spécieuse selon laquelle on utilisera l'énergie atomique quand nos réserves de charbon seront épuisées est un rêve totalement non scientifique et utopique... Les éléments qui constituent la masse du monde n'ont pas d'énergie à donner dans le processus de désintégration* »

- **Ernest RUTHERFORD**, Prix Nobel de Chimie en 1908, affirmait en **1936** : « *L'énergie produite par la fission de l'atome est une toute petite chose. Quiconque recherche une source d'énergie dans la transformation de l'atome raconte des fadaises* »
Des milliers de vies Japonaises s'éteignaient neuf années plus tard, en 1945, sous les effets de cette énergie impossible.

La physique de la fin du vingtième siècle a vu nombre de ses théories bousculées par les siens et surtout par les faits. Les découvertes les plus récentes soulèvent en fait plus d'interrogations qu'elles ne résolvent de problèmes. Un constat ?

La modestie et l'humilité s'imposent urgemment. Là est ma certitude !

CERVEAU
Voir CHAMP

Malgré de grandes avancées en neurosciences, le fonctionnement du cerveau est encore mal connu. Les relations qu'il entretient avec l'esprit sont le sujet de nombreuses discussions, aussi bien philosophiques que scientifiques.

À mon humble avis, il y a autant de différence entre le cerveau et la conscience qu'entre la réalité et les apparences.

Le cardiologue **Pim Van Lommel** affirme depuis longtemps que le concept entériné par la médecine contemporaine selon lequel la conscience est produite par un cerveau fonctionnel **n'a jamais été prouvé** et que l'on peut donc légitimement imaginer que **le cerveau ne produit pas la conscience mais qu'il la reçoit**, ce qui expliquerait les EMI (NDE) et le fait que des personnes, considérées comme cliniquement mortes continuent à vivre intensément en dehors de leur corps.

Le Professeur **Régis DUTHEIL**, physicien, auteur du superbe ouvrage « *L'homme superlumineux* » concevait également le cerveau comme **un émetteur-récepteur**, un simple **convertisseur de fréquences**.

Grâce aux nouveaux accélérateurs de particules, les physiciens arrivent à propulser des particules à une vitesse proche de celle de la lumière. À ces vitesses extrêmes, les lois qui régissent notre univers n'ont plus cours. Ces travaux en physique fondamentale ont conduit le Professeur Régis Dutheil à construire un modèle rendant compte de la complexité de notre monde. Son hypothèse ? Il existe **un second univers complémentaire et symétrique** au nôtre, où les vitesses sont toujours supérieures à celle de la lumière.

Dans cet univers, notre notion de temps n'existe plus puisque l'on peut se déplacer de manière instantanée dans le passé, le présent ou le futur. Cet univers, qu'il a baptisé « **espace-temps superlumineux** », n'est constitué que **d'informations et de conscience** : toutes les informations (passé, présent, futur) et la conscience de toute l'humanité. Une hypothèse qui rejoint les intuitions de certains philosophes de l'Antiquité et bouleverse les notions mêmes de naissance et de mort.

Cela m'attriste vraiment de voir les médecins matérialistes persister à décortiquer sans cesse nos cerveaux à la recherche de la conscience. Ils étudient la vague et ils oublient le vent. Ils persistent à mesurer des effets dont ils ignorent la cause.

Les physiciens savent aujourd'hui que la matière n'est que de l'énergie en perpétuel mouvement mais le corps médical perd toujours une énergie précieuse en s'accrochant aux illusions de la matière. Je regrette vraiment de ne pas disposer de compétences sérieuses en physique et en mathématiques pour étudier moi-même ces « **ondes de haute fréquence** » dont me parlent mes guides en précisant que notre réalité apparente n'en est qu'une « résonance », ajoutant que « **l'énergie psychique** » constitue l'unique source réelle de nos modestes perceptions.

Personnellement, je perçois simplement le cerveau comme le **processeur** central de notre corps physique. Les scientifiques spécialistes de cet organe physique nous expliquent que cet organe majeur, comme un ordinateur, ne sait en fait qu'analyser des **impulsions électriques** traduisant, de façon **binaire**, les **ondes électromagnétiques** que lui transmettent nos yeux et nos oreilles. On lui fait confiance lorsqu'il traduit notre réalité alors qu'il est enfermé dans une boite noire. Doit-on vraiment lui accorder notre confiance ?

CHAMP
Voir VOIE

Je n'ai pas l'intention de vous parler ici des champs cultivés, des champs de bataille ou du champ d'honneur.

Ce mot « champ », par extension, s'applique à la **science optique** par le « champ de vision » puis à la physique en général. On le retrouve ainsi sous les appellations de champ électrique, de champ magnétique puis de « **champ électro-magnétique** ».

Mon guide insiste sur l'existence de **trois champs liés**, une trinité dont parlait souvent madame Jacqueline **Bousquet,** docteur en Sciences, biologiste, dans ses écrits et conférences.

Un article paru dans l'édition de septembre 2017 de la revue scientifique « **Neuro Quantology** », qui réunit les neurosciences et la physique quantique, traite de façon nouvelle la relation entre l'esprit et le cerveau. Si certains affirment toujours sans preuve que l'esprit n'est qu'une fonction du cerveau, d'autres s'efforcent de comprendre scientifiquement l'existence **d'un esprit indépendant du cerveau.**

Le Docteur **Dirk KF Meijer**, professeur à l'Université de Groningen aux Pays-Bas, y émet l'hypothèse que :

o **La conscience réside dans un champ** entourant le cerveau.

o **Ce champ serait dans une autre dimension** et partagerait des informations avec le cerveau grâce à **l'intrication quantique.** Il le décrit comme un « **champ holographique structuré** ».

o L'esprit et le cerveau sont **connectés et unifiés, mais séparés.** Un tel paradoxe apparent est caractéristique de la physique quantique. L'esprit pourrait donc résider dans une autre dimension spatiale.

CHARBONIER (Jean-Jacques)
Médecin anesthésiste, écrivain, conférencier

Dans la vraie vie, je n'ai rencontré le docteur qu'une seule fois, brièvement, à Toulouse, ma ville de naissance, en octobre 2015, lors du congrès annuel de la belle association « *Source de vie* ». Je suivais ses travaux depuis déjà longtemps. Un détail que lui-même ne connait pas me rapproche de lui : Comme mon père, il est né dans la petite ville de Saint-Gaudens. J'apprécie et j'admire beaucoup cet homme pour son ouverture d'esprit, sa détermination positive et son attitude courageuse face aux critiques – *le mot est faible* – de ses pairs.

Les thèses de Jean-Jacques Charbonier sur la vie après la mort sont critiquées par la communauté scientifique. Ses détracteurs font valoir que les événements observés lors d'une expérience hors du corps n'ont jamais été objectivés scientifiquement, c'est-à-dire qu'ils ne reposent que sur des témoignages sans pouvoir être répétables en laboratoire. Je pourrais en dire autant de l'amour ou de l'amitié sans pour autant douter de leur existence !

Ses travaux portent sur l'existence d'une conscience, qu'il appelle **conscience intuitive extraneuronale**, survivant notamment à un état de mort clinique. Ainsi les expériences de mort imminente (EMI) et la possibilité pour l'esprit d'exister indépendamment de la matière et d'influer sur elle, constituent le thème essentiel de ses ouvrages et conférences.

Il distingue donc l'existence d'une **conscience analytique cérébrale** (CAC), qui globalement est celle qui perçoit notre environnement au quotidien et qui s'éteint au décès, d'une **conscience intuitive extraneuronale** (CIE), occultée en journée par la première, mais qui se manifesterait dans les phases de sommeil profond, sous hypnose, lors de la prise de certaines drogues ou encore lors d'une expérience de mort imminente ou bien encore après la mort clinique définitive. Selon lui, cette conscience intuitive extraneuronale permet la possibilité de contact avec les défunts. Il estime que la précision et la justesse des détails donnés ou des phénomènes recensés au cours de nombreuses séances médiumniques, lui paraissent exclure la possibilité de supercherie. S'il reconnaît néanmoins qu'il y a des imposteurs, comme dans toute autre discipline ou activité humaine, il exprime avec force et raison que cela ne doit pas jeter le discrédit sur toute une profession comme sur les nombreux témoignages qui lui sont associés.

Les ouvrages de Jean-Jacques Charbonier sont essentiellement centrés sur l'étude des expériences de mort imminente qu'il préfère appeler « *expériences de mort provisoire* » (EMP). Pour lui, la mort clinique est définie par l'arrêt du fonctionnement cérébral et cet état peut être vérifié objectivement par l'enregistrement d'une activité électrique neuronale nulle se traduisant par un électroencéphalogramme plat. L'électroencéphalogramme devient plat dans les quinze secondes qui suivent un arrêt cardiaque et, sachant qu'il existe une période incompressible d'au moins deux minutes pour porter les premiers secours, Jean-Jacques Charbonier souligne que toutes les victimes d'arrêt cardiaque ont connu une mort clinique. Il mentionne que dans une étude du médecin cardiologue néerlandais **Pim van Lommel,** publiée en 2001, dix-huit % des sujets réanimés d'un arrêt cardiaque racontait avoir vécu une expérience de mort imminente.

Pour le docteur Charbonier, celui dont le cœur est arrêté n'est pas proche de la mort ; il est réellement mort. Le déni parfois constaté concernant ces expériences s'explique selon lui soit par **un manque d'informations**, soit par le phénomène de la **dissonance cognitive** : les témoignages d'EMP rentrent en dissonance au niveau des cognitions en raison de deux phénomènes connexes : la dissociation du corps et de la conscience, de la matière et de l'esprit, la possibilité de survie à la mort biologique.

Afin de mieux connaitre et comprendre davantage ses recherches et ses positions, je vous invite à consulter l'un de ses nombreux ouvrages, parmi lesquels les plus récents :

o **Les 7 bonnes raisons de croire à l'au-delà,**

éditions Guy Trédaniel, 2012

- o **Les 3 clés pour vaincre les pires épreuves de la vie**, éditions Guy Trédaniel, 2013

- o **4 Regards sur la mort et ses tabous**, éditions Guy Trédaniel, 2015

- o **La mort expliquée aux enfants mais aussi aux adultes**, éditions Guy Trédaniel. 2015

- o **La Conscience Intuitive Extraneuronale**, éditions Guy Trédaniel, 2017

- o **Cette chose…**, éditions First, 2017

Récemment, le docteur exprimait son sentiment ainsi : *« Les scientifiques et les médecins veulent toujours trouver une explication à tout et ils continuent de vouloir trouver une explication matérielle au spirituel. »*

Comme lui, je pense que l'approche scientifique doit réellement prendre du recul et changer enfin son angle de vue si elle veut avancer davantage dans la compréhension de la conscience car son obstination persistante dans l'intention du découpage de la matière ne nous mènera pas à la connaissance souhaitée.

CINQ
Voir SIX, SEPT, QUINE

5

Dans mon approche intuitive des mathématiques, ce chiffre 5 est le premier terme d'une suite mathématique simple, à savoir « 5, 6 et 7 » qui m'interpelle depuis que je l'étudie. Symboliquement – *ne me demandez pas pourquoi car je ne dispose pas de la réponse !* - j'ai choisi d'attribuer le **5** à la **MA-TIÈRE**, le **6** à l'**ENERGIE** et le **7** à l'**INFORMA-TION**.

Je ne suis donc pas surpris lorsque **le rapport de l'Information sur la Matière**, soit **7** sur **5**, me renvoie vers un autre rapport, mathématique, entre les trois constantes **e**, **pi** et **phi**.

$$\frac{e\varphi}{\pi} = \frac{7}{5}$$

La constante pi, liée ici au 5, évoque pour moi **notre réalité physique**, soit le cercle terrestre qui nous porte, quand le produit « e phi », lié au 7, serait l'expression de **notre monde spirituel**.

Étonnamment, je retrouve ce rapport **7/5** sur le site de Gizeh lorsque je compare simplement la hauteur de la pyramide dite de Chéops (280 coudées) au côté de la petite attribuée à Mykérinos (200 coudées).

280 / 200 = 7 / 5

CLÉ
Voir VERROU

L'association **verticale** des deux lettres **O** et **L**, désignant respectivement « *le cercle et l'angle droit* », ou

« *le compas et l'équerre* », ou encore « *le soleil et la lune* », dessine une clé, invitation muette à la recherche.

La clé

COMMUNICATION

Selon le dictionnaire classique, la communication est l'ensemble des interactions avec autrui qui transmettent une quelconque **information**. Il s'agit donc aussi de l'ensemble des moyens et techniques permettant la diffusion d'un message.

La communication avec l'au-delà n'est pas, selon moi, réservée à une élite mais elle suppose la présence de **prérequis** : En premier lieu, **y croire**, bien évidemment. Dans un second temps, **s'y préparer**, enfin **s'y essayer**. Les techniques et moyens disponibles sont nombreux et variés. Ma technique personnelle du pendule et de son support alphanumérique associé est certes simple à mettre en œuvre mais tout le monde ne parvient pas cependant à établir le contact par ce moyen. N'en soyez pas attristé et cherchez votre propre chemin en faisant confiance à votre intuition. Votre chemin n'est pas le mien mais le vôtre mène aussi loin.

Si nous sommes encore aujourd'hui une minorité à avoir établi régulièrement ce contact avec ceux que mon ami Marc **Montlahuc**, spécialiste TCI, appelle joliment « *nos envolés* », je suis persuadé que ces contacts vont rapidement se multiplier car notre univers physique et matériel s'est jusqu'alors montré incapable de répondre à nos questions existentielles.

D'autres guides, reçus par d'autres canaux, nous le confirment. Lisez donc ces mots reçus le 12 avril 2017 par mon ami **Guy Faverdin**, auteur du livre « *Ils ont tant de belles choses à nous dire* » :

« *Il est prévu, mais non prédit, que l'évolution des moyens de communication entre nos deux plans se diversifie et il va surgir tant d'écoute et de ressentis dans votre dimension que l'obscurantisme que vous subissez depuis si longtemps va devenir un simple souvenir d'un passé en quête du bonheur matériel.*
Vos journées seront bientôt emplies de joie et d'amour, car le mérite accumulé par tant de bonnes volontés ne saurait rester dans l'ombre puisqu'il éclaire le monde de sa lumière. »

Puisse la belle espérance glissée dans ces quelques phrases devenir bientôt l'enfant si attendu de notre réalité !

CONDITIONNEMENT
Voir DOGME

Nous sommes tous les fruits de nombreux conditionnements d'origines diverses : Éducation, culture, milieu social, religion, médias…

Nos facultés de raisonnement au quotidien sont considérablement amoindries par la puissance de ces conditionnements. Pour nous en dégager, pour ouvrir d'autres portes, nous devons nous soumettre à un effort personnel préalable de vérification de la solidité et de la valeur réelle de ce « savoir », avant et afin de s'ouvrir enfin au savoir des autres, extérieurs à notre milieu. Se défaire de nos conditionnements est une tâche vraiment ardue mais c'est un travail préalable nécessaire. Il m'a fallu presque vingt ans de **lecture** et de **réflexion** pour y parvenir.

CONFIANCE

Si la peur constitue le principal frein à l'émergence d'une spiritualité sereine, la **confiance** et la **patience**, unies à la pureté de l'intention, sont deux moteurs déterminants de son éveil.

CONSCIENCE

Pour la médecine matérialiste, la conscience n'est qu'une production du cerveau. On oublie cependant de vous avouer que cette idée n'a jamais été qu'un postulat de base, une simple hypothèse de départ, dont nul n'a jamais pu prouver la véracité.

Le jour où notre science, puis notre humanité, acceptera l'idée que **c'est la conscience qui anime la matière**, elle comprendra alors que nos vrais ennemis ne sont pas l'argent, l'alcool, le tabac ou la voiture... mais toutes ces pensées négatives, individuelles et collectives, qui détruisent peu à peu notre existence physique en abimant ce corps qui nous sert à la fois de manteau et de véhicule.

Pour l'instant, la science matérialiste dominante qui professe sans preuve que la conscience est un produit du cerveau a encore de beaux restes, certes physiques, devant elle.

Certains physiciens, et pas des moindres, osent désormais s'exprimer différemment de leurs pairs. Je pense à Philippe **Guillemant**. Je pense aux physiciens Thibault **Damour** et Alain **Brillet** qui viennent de recevoir la médaille d'or du CNRS 2017 pour leur contribution à la détection et à la compréhension des ondes gravitationnelles. Thibault Damour n'hésite pas à affirmer que le temps n'existe pas, que le futur est déjà là, que **la mort est une illusion**, que **c'est l'esprit qui définit la réalité et non pas l'inverse**.

Au-delà de ces idées que je partage, je souris intérieurement de la belle image donnée par l'association des noms prédestinés que portent ces deux scientifiques : « *BRILLET DAMOUR !* », quel beau programme.

CONSTANTES
Voie E, PI, PHI

Je suis arrivé à elles par hasard alors que je venais d'avoir quarante ans. Leur existence ne m'avait jamais perturbé avant cette période de mon existence.

Ne me demandez pas pourquoi je me suis particulièrement intéressé aux trois plus célèbres d'entre elles, **e**, **pi** et **phi**, puis aux rapports étroits qu'elles semblent entretenir entre elles. Je n'en sais vraiment rien. Seule mon intuition qui en connait la source possède la réponse.

CORPS
Voir MATIÈRE

Notre enveloppe physique est un merveilleux équipage, une superbe création de la nature mais, comme tout objet matériel, le corps se fatigue, s'use, jusqu'à s'éteindre un jour. Avec l'âge, j'ai constaté que la conscience qui l'anime ne connait ni cette fatigue ni cette usure. Si je ressens des douleurs physiques que mon corps de jeunesse ignorait, en conscience, j'ai toujours quinze ans, même si des connaissances se sont ajoutées bien évidemment à ces temps de l'adolescence. Aujourd'hui, ayant dépassé l'âge où mon père nous a quittés, j'imagine sans peine ce que furent ses pensées au moment de partir. L'âme ne subit pas les outrages du temps. **Elle EST**, elle vit le présent.

« *Le corps n'est que l'habit de voyage de l'âme. On change de vêtement dans la tombe, le sépulcre est le vestiaire du ciel.* » écrit Victor **Hugo** dans Le livre des tables.

COUDÉE
Voir DOIGT, LIGNE, PIGE

De mes rares contacts avec quelques enseignants des mathématiques me revient leur large sourire à l'évocation de cette ancienne et « ridicule » unité de mesure désignant selon eux la longueur séparant la pointe des doigts de l'extrémité du coude des pharaons, princes ou rois des civilisations disparues.

Cette mesure relative au physique des personnes ne pouvait être que fluctuante. Que pouvait-elle donc valoir à leurs yeux, comparée au mètre étalon fixé arbitrairement mais reconnu et usité aujourd'hui presque partout sur la surface de notre planète ?

Sans désemparer face à ces certitudes, je procédai donc à quelques recherches afin de contrôler les affirmations et la connaissance de ces soi-disant détenteurs de savoir.

Ma surprise fut de taille ! Je constatais rapidement que ces enseignants, spécialistes dans leur matière scientifique, méconnaissaient par contre totalement l'histoire qui fondait les bases de leur propre spécialité.

Il exista effectivement de nombreuses coudées ordinaires imposées par les mesures physiques des têtes couronnées mais si l'on étudie sérieusement les bases mathématiques et géométriques les plus anciennes laissées par la civilisation égyptienne, **ou ses initiateurs**, on retrouve la trace dans nos propres musées français et européens d'une «coudée royale» dont la mesure ne bougea pas d'un millimètre au cours de plus de trente dynasties, soit quatre millénaires, (excusez du peu !) et que les bâtisseurs des cathédrales dont nous sommes si fiers utilisaient encore au moyen-âge.

Cette coudée royale (*Meh ni-sout*), conservée au musée du Louvre, mesurait 52,36 centimètres ou 0,5236 mètre.

Nous utilisons aujourd'hui le système « métrique ». Dans l'ancienne Égypte, deux systèmes coexistaient dans la mesure des longueurs. Le plus courant des deux, le système « **digital** » avait pour étalon la grande coudée ou coudée royale. Elle était divisée en sept palmes de chacune quatre doigts, jusqu'à la réforme de la vingt-sixième dynastie où le nombre de palmes passa de sept à six **sans pour autant changer la taille initiale de l'étalon**.

Quand on la convertit en centimètres, l'unité de base, le « **doigt** » (*djebe*), mesurait alors 1,87 cm, soit 52,36 cm divisé par 28. C'est ce doigt, et non la coudée, qui avait donné son nom au système.

Plus près de nous, les arpenteurs romans du Moyen-Âge utilisaient quotidiennement cette même « coudée ». Nous en avons également des preuves historiques. L'image suivante, extraite d'un livre validé et diffusé par l'Éducation Nationale, en témoigne.

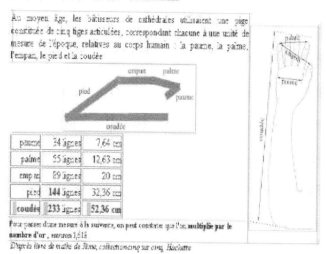

• La coudée des bâtisseurs de cathédrale

Au moyen âge, les bâtisseurs de cathédrales utilisaient une pige constituée de cinq tiges articulées, correspondant chacune à une unité de mesure de l'époque, relatives au corps humain : la paume, la palme, l'empan, le pied et la coudée

paume	34 lignes	7,64 cm
palme	55 lignes	12,63 cm
empan	89 lignes	20 cm
pied	144 lignes	32,36 cm
coudée	233 lignes	52,36 cm

Pour passer d'une mesure à la suivante, on peut constater que l'on multiplie par le nombre d'or, environ 1,618

D'après livre de maths de 3ème, collection cinq sur cinq, Hachette

Une telle constance dans l'usage de cet étalon qui fut appliqué et discrètement transmis de génération en génération le long de plus de quatre millénaires, pour l'édification des pyramides, temples ou cathédrales, œuvres symbolisant le lien entre le visible et l'invisible, mérite toute notre attention. Notre mètre étalon, âgé d'un peu plus de deux siècles, fait même figure de gamin.

On nous enseigne ici et là que le choix d'une « unité de mesure » ressort d'une décision, d'une **convention arbitraire** entre les spécialistes d'un domaine donné. C'est ainsi que le « mètre » doit sa naissance officielle en 1791 à la connaissance partielle que les savants de la fin du XVIIIème siècle avaient de la circonférence de la Terre.

Après avoir constaté et prouvé historiquement l'existence et la pérennité temporelle de la « coudée » dite royale, il nous resterait donc désormais à mettre en évidence les raisons qui guidèrent le choix de sa valeur par les prêtres mathématiciens des premières dynasties Égyptiennes **ou leurs initiateurs**.

En utilisant cette coudée de 52,36 cm ou de 0,5236 mètres, on constate rapidement que l'étrange canne d'une longueur de six coudées citée dans l'Ancien Testament donne la constante mathématique Pi avec une précision dont une majorité d'adultes contemporains se reconnaissent souvent bien incapables après la fin de leurs études.

0,5236 x 6 = 3,1416

Si l'on se satisfait de la multiplier par 5, cette étonnante coudée nous donne alors le carré d'une autre constante, le Nombre d'or (Phi).

0,5236 x 5 = 2,618

Nous avons donc déjà établi que la coudée établit un rapport entre deux des plus célèbres constantes (pi et phi).

Il devenait désormais utile d'étudier davantage la plus petite partie de la coudée, ce « **doigt** » fondateur dont la mesure initiale, convertie en centimètres, est de 1,87 cm.

Je me souviens d'un vieux précepte qui dit : « *Quand le sage montre la lune, l'imbécile regarde le doigt !* » J'ai donc choisi de faire l'imbécile et d'observer le doigt.

Deux raisons me guidaient : La coudée compte 7 palmes de 4 doigts et 28 doigts en tout. Dans ce proverbe associant « *doigt et lune* », je remarque que le cycle de la lune nous est donné pour 28 jours en 4 phases de 7 jours. Coïncidence numérique ?

Le hasard seul peut-il vraiment être le père d'une mesure dont la précision atteint le dixième de millimètre, précision que personne, même aujourd'hui, n'est capable de mesurer avec des moyens ordinaires ? La logique voudrait que cette précision soit plutôt **issue d'une formule mathématique**.

Faisant une nouvelle fois confiance à mon intuition, j'ai découvert que cette très ancienne unité de base, qui a donné son nom au système « digital », constitue tout simplement **un superbe rapport entre les trois plus célèbres constantes mathématiques** que nos scientifiques utilisent toujours aujourd'hui.

Depuis plusieurs années, j'avais fait la promesse à un ami chercheur de ne pas divulguer ce rapport. Je m'étais enfin libéré de cet engagement lorsque j'avais publié mon essai « *Homme et ange noués* ».

$$\frac{\pi\varphi}{e} = 1,87000$$

Il s'agit, selon les mots des mathématiciens, d'un **nombre sans dimension** exprimé sous une forme très pure. Appliqué à la mesure du doigt, exprimé en centimètres, il affiche une précision de l'ordre du dixième de micron. À travers lui, la coudée qui compte 28 doigts peut donc se manifester désormais sous deux formes mathématiques nouvelles :

$$\frac{4\pi \cdot 7\varphi}{e} = 52,36$$

$$\frac{7\pi \cdot 4\varphi}{e} = 52,36$$

Contrairement aux affirmations péremptoires de l'égyptologie officielle, ces rapports mathématiques prouveront aisément que les bâtisseurs des pyramides, égyptiens ou non, maitrisaient parfaitement des outils mathématiques que nous n'avons « redécouverts » que beaucoup plus tard.

J'ai également remarqué que ces deux mesures liées que sont la coudée et le doigt affichent un double rapport significatif avec deux des trois chiffres de ma trinité symbolique, à savoir le **5** et le **7** puisque :

$$\frac{5}{7}\varphi^2 = 1,8700$$

$$\frac{0,5236}{1,87} = \frac{7}{5^2}$$

Coudée / Doigt = 7 / 5²

S'agit-il encore d'une facétie du hasard ? Sommes-nous uniquement face à une nouvelle coïncidence ?

La suite de mes écrits vous conduira peut-être à accepter l'idée que les faits mathématiques que j'ai relevés dans les écritures dîtes saintes ou ceux que l'intuition m'a offerts sont beaucoup trop nombreux pour que le hasard ou les coïncidences en soient l'unique source.

Les mathématiciens puristes vous diront bien évidemment qu'il ne s'agit ici que de valeurs approchées, non de valeurs exactes. Je le concède volontiers. Je vous rappelle toutefois que l'imperfection de notre monde apparent lui interdit sans aucun doute de rendre compte des constantes dans leur globalité parfaite. Elles émanent de la pureté d'une source dont nous ne sommes qu'un pâle et modeste reflet.

CRÉATION
Voir PENSÉE

Concernant le lien étroit entre pensée et création et afin d'expliquer que la première génère la seconde, mon guide me dicta un jour : « *Si tu crois ce que tu crains, tu crées ce que tu crois !* »

Je reconnais qu'une phrase disposant de sonorités aussi proches mérite d'être posée et réfléchie calmement. Sons sens est devenu clair pour moi.

Nos croyances fortes, positives ou négatives, se manifestent dans « notre » réalité, pas dans celle du voisin. Nos peurs se concrétisent donc dès lors qu'elles sont vécues comme des certitudes.

Comprendre ce lien naturel de cause à effet devrait donc entrainer chacun de nous à s'exercer sans cesse à **penser positivement**.

CRISTAL
Voir FILTRE

Je tiens beaucoup au cristal de cette photo car il m'a été offert par mon ami Alex **Gadot** qui me l'a ramené directement de Cusco, au Pérou, où il participait au tournage du prochain film de Patrice Pouillard.

Dans ce mot, j'entends les deux phonèmes CHRIST et AL liés à l'évocation du plan divin. Lorsque Jean écrit dans son évangile « *Dieu est amour, dieu est lumière* », je comprends que la lumière et l'amour sont les deux modes d'expression du plan divin. Comme le cristal, ces mots invitent à la **réflexion**. Dans ses messages complexes, Gilles insista sur la nécessité **d'utiliser le cristal, comme un filtre**, afin de recevoir enfin des images de qualité de l'invisible. Il exprima cette nécessité ainsi :

« *Tu vas recevoir nos raies **via le cristal**. Gilles t'arrose de fils, **ton prisme les capte**. Je donne fils, tu captes fils, rapport triple.*

*Tu vas révéler la **baisse vibratoire** des fils de Gilles. Filme nos triples fils ! Capable frein tu es. **Utilise le cristal !*** »

On en revient toujours aux mêmes propositions pratiques : enregistrer d'abord des vibrations trop rapides pour être perçues par nos sens physiques, puis les filtrer et les freiner afin de les rendre enfin perceptibles.

Je me souviens alors d'un échange, il y a plus de vingt ans, avec la directrice d'un célèbre laboratoire parisien. Alors que, sans évoquer bien sûr mes réelles préoccupations, je l'interrogeai sur la possibilité de filmer dans l'ultraviolet, elle m'avait répondu :

« *J'ignore à quoi cela pourrait servir mais il faudrait **utiliser un cristal** car le verre ne résisterait pas !* »

CROPCIRCLE

Un cercle de culture, traduction littérale de la locution anglaise « *crop circle* » et parfois désigné en français par le néologisme « *agroglyphe* », est un vaste motif ou ensemble de motifs géométriques réa-

lisé dans un champ de céréales par flexion ou flétris-
sure des épis, **visible depuis le ciel**.

Ces formes peuvent aller d'un simple cercle de
quelques mètres de diamètre à de magnifiques com-
positions de plusieurs hectares comportant de nombreuses figures disposées selon une composition
géométrique.

Au fil du temps, à
mesure que le nombre
des crop circles croît,
les motifs deviennent
de plus en plus com-
plexes : Alors que les
premiers agroglyphes
étaient de simples
disques, certains de ceux apparus depuis les années
2000 sont de plus en plus élaborés et complexes.
D'abord fréquents en Angleterre, les agroglyphes se
sont répandus ensuite dans plusieurs régions du
monde.

La taille de plusieurs hectares, la complexité des
formes, la précision d'exécution du dessin, l'absence
de traces, et la nature des empreintes végétales présentées par les cercles de cultures actuels ne permettent plus d'admettre comme mode opératoire les
procédés revendiqués par les groupes de farceurs ou
d'artistes : planchette pour aplatir les épis, bouts de
cordes et tabouret de bar pour sauter d'une zone apla-
tie à l'autre.

Selon le physicien américain Richard **Taylor**, la

réalisation des cercles de culture observés ces dernières années nécessiterait l'usage du GPS, de lasers et de micro-ondes.

La complexité des dessins donne à penser que les auteurs clandestins de ces cercles font appel désormais au système GPS pour couvrir une grande surface avec une précision absolue et, dans certains cas, aux micro-ondes produites par un magnétron (tube à vide dégageant une chaleur intense, utilisé dans l'électroménager) pour aplatir très rapidement une grande quantité de tiges.

Plusieurs théories ont été émises afin d'attribuer aux agroglyphes une origine naturelle : tourbillons de vent, foudre en boule, vortex de plasma, champs magnétiques, etc. Cependant ces hypothèses expliquent difficilement les agroglyphes complexes ayant des formes géométriques élaborées, circulaires ou elliptiques, parfois multiples et symétriques, ou des motifs radiaux ou angulaires.

La théorie alternative avancée par des amateurs est que les cercles de céréales auraient été causés par des boules de lumière, naturelles ou extraterrestres. Parmi ces amateurs, le « *BLT Research Team* », dont le nom est constitué des initiales de ses trois initiateurs : John **Burke** (homme d'affaires new yorkais), William C. **Levengood** (biophysicien du Michigan) et Nancy **Talbott** (collaborant à l'université du Maryland et au Harvard College) a acquis une certaine notoriété dans le domaine. Les membres de ce groupe disent rechercher les causes, naturelles inconnues ou autres, à l'origine de ces phénomènes et disent avoir découvert des isotopes radioactifs rares dans les agro-glyphes, ils auraient aussi trouvé des modifications structurelles profondes dans les nœuds des plantes tressées (et non simplement couchées) qu'ils pensent provenir soit d'un « vortex de plasma », phénomène naturel, soit d'un flux délibéré de deutérons, phéno-mène provoqué par une volonté humaine ou exogène. Selon eux, de telles boules de lumières émettraient des micro-ondes qui réaliseraient la forme dans les blés. L'origine de ces boules n'est pas précisément dé-finie.

Dans un article de 1999, Levengood et Talbott prétendent que les blés ont été irradiés. Leurs travaux, publiés dans deux revues à comité de lecture, le « *Journal of Scientific Exploration* » et « *Physiologia Plantarum* », ont cependant été contestés, particuliè-rement sur le plan méthodologique, par le sceptique Joe **Nickell,** membre du « *Committee for Skeptical Inquiry* ». Il a remis en question la fiabilité de ces ré-sultats car, selon lui, il n'y a pas d'indication que l'ana-lyse ait été faite en double-aveugle et il semblerait que les laboratoires ne puissent pas distinguer les épis de blé qui proviennent des agroglyphes de ceux qui n'en proviennent pas, si on ne leur donne pas l'infor-mation avant toute analyse.

Certains scientifiques, plus prudents, se conten-tent d'étudier le phénomène sans prétendre en expli-quer l'origine exacte. Le physicien néerlandais Eltjo H. **Haselhoff**, dans son ouvrage « *The Deepening Complexity of Crop Circles* », soit « *La complexité* *croissante des cercles de culture* », pense avoir apporté la preuve que certains cercles de culture, en raison de diverses particularités biologiques et physiques, ne pouvaient pas avoir été fabriqués de façon simple par des êtres humains (mystificateurs ou autres groupes utilisant des moyens rudimentaires tels que des planches et des cordes). Même s'il avance l'hypothèse de boules lumineuses pour expliquer **des traces de radiations à caractère électromagnétique**, il ne prétend pas pour autant connaître l'origine de ces boules.

De son côté, le biophysicien américain W. C. **Levengood,** déjà cité, a effectué des expériences montrant **des déformations anormales** et, selon lui, jusqu'à ce jour inexplicables, **des nœuds des tiges** de céréales situées à l'intérieur d'un grand nombre de crop circles.

Pour l'architecte français Umberto **Molinaro**, écrivain et conférencier, que j'ai eu déjà le plaisir de rencontrer deux fois, les agroglyphes authentiques

présenteraient des particularités telles que la conductivité des végétaux prélevés à l'intérieur des cercles différerait de celle des végétaux prélevés à l'extérieur des cercles. Il considère que ce phénomène serait l'œuvre de forces spirituelles qui agissent pour aider les humains à s'éveiller.

Selon Colin **Andrews**, auteur, en 1989, du best-seller international « *Circular evidence* » et inventeur de l'expression « *crop circle* », quatre-vingt pour cent des cercles seraient des œuvres artistiques humaines et les vingt pour cent restants auraient une autre origine. Selon lui, le phénomène indiquerait une période future de chaos qui pourrait être empêchée par une évolution de la conscience humaine.

Les avis divergent donc fortement sur ce dossier encore peu connu du grand public. Il n'en reste pas moins que ces géoglyphes interpellent par leur fréquence dans le temps, leur taille imposante, leur discrétion et leur magnificence grandissante.

CROWHURST (Howard)
Chercheur et écrivain anglais

Howard Crowhurst, d'origine britannique, vit près de Carnac depuis plus de 20 ans. Selon lui, les monuments mégalithiques de la région sont des vestiges d'une civilisation dans laquelle la pensée, le sentiment et le corps de l'être humain étaient en harmonie.

Ses rencontres et son travail patient lui ont permis de suggérer une approche du monde mégalithique, exprimée dans son livre, « *Mégalithes, principes de la première architecture monumentale du monde.* » Howard Crowhurst diffuse aujourd'hui son travail par des interviews sur le net, des conférences en français ou en anglais, des séjours mégalithiques, des expositions et des films documentaires. Il dirige « *Epistemea* », à la fois société de production de films documentaires et maison d'édition.

Il est devenu impossible d'évoquer les mégalithes en pays d'Auray, sans parler d'Howard Crowhurst. Ce citoyen britannique, habitant Plouharnel, a publié plusieurs ouvrages sur l'influence de l'astronomie dans l'alignement des mégalithes. Ses thèses suscitent certes beaucoup de méfiance, voire de rejet, par les archéologues et scientifiques officiels. Ils censurent son travail parce que ses théories ne sont pas prouvées, **oubliant souvent que les leurs ne le sont pas davantage**.

D'autres, pourtant, notamment à l'étranger, reconnaissent la validité de son travail, tels Robert **Temple**, auteur et professeur d'histoire à Pékin ou encore Monique **Chefdor**, auteure et professeure agrégée.

Dans ses livres, ses vidéos et ses conférences, Howard ne propose pas une quelconque théorie, ne délivre pas seulement une opinion, il cite et démontre **des faits ignorés** dont l'étude peut être aisément reprise et reproduite.

« *Les alignements du Ménec à Carnac sont directement reliés aux alignements de Kermario. On peut le vérifier sur* **Google Earth***. J'ai été sur les sites avec un théodolite, un appareil de géométrie qui permet de calculer les angles, les orientations... À partir de là, j'ai essayé de comprendre les principes de l'architecture antique et je pense que les mégalithes sont les premières traces de l'architecture. Pour moi, ce sont des temples, un espace sacré à ciel ouvert. Pour les archéologues, les dolmens sont des tombes* ».

« *Le tumulus de Gavrinis, merveilleusement préservé car situé sur une île, a son couloir orienté en fonction du lever du soleil au solstice d'hiver. C'est un fait. Sur le site mégalithique de Stonehenge, cette théorie d'orientation est reconnue. Le nouveau site d'accueil est orienté par rapport au soleil. Les archéologues français sont assez isolés.* »

L'archéologie officielle réfute l'idée même de l'orientation solsticiale des mégalithes comme elle s'oppose toujours avec acharnement à la théorie montante de l'existence d'une civilisation évoluée ayant précédé les nôtres.

Face aux observations relevées partout sur la planète par les scientifiques d'autres disciplines, **l'obstination des archéologues, à la limite du dogmatisme, frôle quasiment le déni**. Je veux bien respecter leurs compétences et leurs recherches universitaires fondées principalement sur l'histoire et l'histoire de l'art en particulier mais je constate qu'il manque à leur formation les connaissances nécessaires et attendues d'un architecte, d'un géologue, d'un astronome et d'un mathématicien pour analyser plus globalement la datation, les procédures d'édification et le positionnement des sites les plus anciens et les plus surprenants de la planète.

En 2008, Howard a fondé l'association pour la connaissance et l'étude des mégalithes et se consacre désormais uniquement à ses recherches. Le site breton de Carnac est actuellement en cours de reconnaissance au patrimoine mondial de l'Unesco, par le biais de l'association « Paysages de mégalithes ».

Il a découvert que les bâtisseurs des mégalithes étaient **de vrais géomètres** qui orientaient leurs constructions exactement en fonction des axes cardinaux. Le tracé de l'implantation des pyramides d'Égypte obéit, selon lui, aux mêmes règles que l'implantation des monuments mégalithiques de Carnac.

CROYANCE
Voir FOI, RELIGIONS

Comme chacun de vous, j'ai de nombreuses croyances mais, pour être plus précis, il s'agit **de nouvelles croyances**, basées désormais sur les faits, une longue étude et une patiente recherche, qui ont peu à peu remplacé mes anciennes croyances bâties la plupart du temps sur de simples opinions émises par d'autres. Enfant, adolescent, je croyais ce qu'on me disait, sans jamais vérifier. Depuis l'âge adulte, je vérifie toujours l'information reçue dès que la possibilité m'en est offerte.

La plupart des croyances reposent sur de bien faibles certitudes. On trouve ainsi des personnes qui affirment sans élément probant que la terre est plate ou creuse, que la conquête lunaire n'a jamais eu lieu, que des vampires sortent de leur cave les soirs de pleine lune. À l'époque où je débutais mon travail au sein de la police nationale, j'avais même entendu dire à plusieurs reprises que nos collègues des CRS devaient prêter un serment reniant leurs parents. D'autres, très nombreux, sont tout autant convaincus sans preuve que Moïse a ouvert la mer rouge, que Jésus a marché sur l'eau. Les mêmes souvent se gaussent par contre de ceux qui évoquent le phénomène OVNI, la présence d'extraterrestres ou l'existence supposée d'une civilisation avancée qui aurait précédé la nôtre.

Beaucoup s'approprient puis répètent, amplifient et propagent des idées, souvent préconçues, sans avoir même procédé à l'étude, à la recherche des faits justifiant la croyance ou la conviction de l'autre. À cette époque dite moderne où l'image, parfois falsifiée, est reine, la lecture attentive et la réflexion patiente font vraiment défaut.

Les « *petites phrases* » glanées sur le net, le quotidien régional ou au journal de 20 heures, fussent-elles politiques, religieuses ou économiques, génératrices de certitudes, sont rarement porteuses de vérité. Ce sont pourtant celles qui font le buzz.

« *C'est écrit dans le journal* » ou « *ils l'ont dit à la télé* » constituent pour un grand nombre une garantie suffisante de véracité.

Pour ma part, je préfère la lecture des ouvrages, de plus en plus nombreux, qui présentent, sous un angle nouveau mais de façon sérieuse, **une autre vision** de nos origines, de notre évolution et de notre histoire récente. Beaucoup de ces ouvrages émanent aujourd'hui d'historiens.et de scientifiques qui osent enfin sortir du dogme sclérosé imposé par leur propre communauté. L'autorité, qu'elle soit politique, scientifique, économique ou religieuse, n'a jamais été une garantie de la propagation du Vrai. Il suffit par exemple de se souvenir du prétexte fallacieux des armes de destruction massive évoqué par les USA pour justifier une conquête militaire récente.

CYCLE(s)
Voir ECLIPSE, ÉQUINOXE, PRÉCESSION

La traduction de ce mot d'origine grecque « **Kuklos** » donne le mot « *cercle* ». Il indique le mouvement mais un mouvement qui ne s'achève jamais, à la façon de la propagation de la sinusoïde d'une onde. Aucun point de la circonférence d'un cercle ne marque sa fin ou son début.

Notre existence ici-bas, comme l'ensemble de notre univers visible, est rythmée par de nombreux cycles temporels, perceptibles ou non : secondes, minutes, heures, jours, mois, années et d'autres. Chaque planète dispose de son propre cycle, influant fortement ou modérément notre existence incarnée.

Ces cycles font l'objet d'études astronomiques

depuis des temps immémoriaux mais je n'évoquerai pas les arcanes de l'astrologie dont je ne sais rien, faute de l'avoir étudiée moi-même.

> *« Délaisse les grandes routes, prends les sentiers. »*
> **Pythagore**

D

***4ème** lettre*
<u>***Géométrie***</u> ***: Demie sphère***
<u>***Symbolique***</u> *: Le **D** dessine un demi-cercle et son diamètre. Sous la forme du Delta grec (Δ), il symbolise une porte.*

DÉMON
Voir DIABLE, ENFER

Le terme grec « *o daimon* » avait pour premier sens « dieu » ou « déesse ». Il désignait également le sort, le destin puis, au pluriel, les âmes des morts. Ce n'est que bien plus tard qu'il prit la triste connotation qu'on lui connait aujourd'hui. Lorsqu'on le lit en verlan, il désigne simplement le MONDE, ce monde matériel, physique, où nous vivons notre existence incarnée.

Mon guide s'était exprimé dans ce sens sur ce sujet sensible en me dictant : « *Toutes les âmes ne sont pas pures mais aucune âme n'est mauvaise. C'est la chair qui corrompt l'âme.* **Il n'est de démon qu'humain !** »

DESTIN
Voir HASARD, LIBRE ARBITRE

La notion de « destin » s'oppose à celle de « libre arbitre ». Le destin apparait ainsi comme une force qui s'imposerait à nous sans qu'aucune de nos actions n'y puisse rien changer.

Les religions juive et chrétienne refusent l'idée de destin. Elles considèrent que la personne est totalement libre et **responsable** de ses actes. Dans la religion musulmane, le destin ne s'oppose pas au libre arbitre car **le destin concerne le futur de l'homme quand le libre arbitre concerne son présent**.

Platon pensait de même : « *Chacun, parce qu'il pense, est **seul responsable** de la sagesse ou de la folie de sa vie, c'est-à-dire de sa destinée.* »

Dans les sciences naturelles, l'univers physique est considéré comme soumis à des lois qu'il est possible d'expliciter afin de prévoir le devenir des phénomènes. Cette doctrine, qui est appelée le **déterminisme**, propose alors deux hypothèses opposées dans leur résultat : soit celle **pessimiste** d'un **mouvement général de dégradation de l'information (entropie)** aboutissant progressivement au

chaos, soit au contraire l'hypothèse **optimiste** d'un **long processus d'organisation du chaos** aboutissant à des formes de plus en plus complexes. En résumé, religieusement comme scientifiquement, la question demeure. Mon avis personnel rejoint plutôt l'interprétation partagée de l'islam et l'hypothèse optimiste du déterminisme scientifique.

Comme beaucoup de mes amis œuvrant dans le domaine de la spiritualité, je considère notre incarnation terrestre comme **une expérience librement consentie par l'âme** afin de se parfaire. Ceux qui connaissent le film « *Nosso lar* » me suivront aisément. On ne peut accepter cette idée de « choix » de vie sans accepter également la notion de destin. L'incarnation efface la mémoire de ce choix mais les grandes lignes de l'existence choisie seront effectivement vécues même si le libre arbitre qui gère le présent les fait apparaitre alors comme des hasards.

Une question légitime se pose alors. Quelle importance peut donc avoir le fait d'être réellement déterminé dès lors que l'on ignore consciemment les causes qui nous déterminent ?

DIABLE

Ils sont si proches, malgré les apparences, que les deux mots DIEU et DIABLE se suivent dans mon texte, montrant superbement la dualité et la polarité qui les caractérisent. À l'origine, le mot diable, issu du grec ancien « *o diabolos* », pour « jeté à travers »,

147

ne signifiait que « *diviseur* ». Ici transparait pour moi sa signification symbolique et mathématique.

DIEU

Comme tout individu vivant, dans la durée, un contact régulier avec l'invisible, quelle que soit la méthode pratique de ce contact, j'ai bien évidemment interrogé mes guides sur le sens que je devais donner au concept et au terme de « dieu ». Les réponses que j'obtins ne m'ont pas ramené vers les religions dont je m'étais déjà éloigné depuis longtemps.

-   Message reçu le jeudi 13 mai 1993 :

« *L'esprit unifie dieu et l'homme. Il unifie **deux mondes vibratoires**, le nôtre et le vôtre. Ce qui vibre lentement ne peut percevoir ce qui vibre vite mais ce qui vibre vite peut percevoir ce qui vibre lentement* ».

-   Message reçu le samedi 14 août 1993 :

« *Tu as raison de croire en dieu mais **tu as tort de l'imaginer comme un homme** : il n'a d'humain que sa postérité. Sa nature est responsable de nos vies. Il privilégie ton monde mais tu ne le verras pas. Je le vois chaque jour mais il m'ignore.*

Il est le principe de la vie. *Sa force est en toi comme en moi* ».

Alors que j'insistai pour en connaitre davantage, mon guide, peu adepte de la langue de bois, ne chercha vraiment pas à ménager ses effets :

« *Il faut que l'image de dieu change. Vous êtes tous des enfants de dieu. Exprimer le divin est difficile : Dieu soit dit **voie d'amour**.*

*Les églises trahissent dieu. Il meurt de nouveau par leur faute. Nous sommes vivants sur un autre plan. Il est pour nous primordial de jongler entre nos deux mondes afin de pouvoir prouver **l'iniquité et l'immaturité des rites** de ton monde.* »

Cherchant toujours plus loin que mes sources directes personnelles, j'ai retrouvé un jour un superbe ouvrage datant de la fin du XVIIIème siècle qui eut un fort retentissement à son époque mais qui déplut également beaucoup.

Voici donc un court extrait de cet « **Abrégé de L'origine de tous les cultes** » de **Dupuis** Charles-François (1742-1809) publié en **1798** et toujours disponible, gratuitement, sur le net en libre téléchargement :

« *Tous les hommes de tous les pays, dès la plus haute antiquité, n'ont eu d'autres dieux que **les dieux naturels** ; c'est-à-dire, le monde et ses parties les plus actives et les plus brillantes, le ciel, la terre, le Soleil, la Lune, les planètes, les astres fixes, les éléments, et en général tout ce qui porte le caractère de cause et de perpétuité dans la nature...*

Le culte de la nature doit donc être regardé comme la religion primitive et universelle. »

Nul ne connait plus aujourd'hui cet homme aux talents et connaissances multiples. Charles-François

Dupuis était un érudit, scientifique et homme politique français, né en 1742 et mort en 1809. Humaniste, licencié en théologie, il fut, dès 1766, à vingt-quatre ans, professeur au collège de Lisieux à Paris mais, profitant de son temps libre pour étudier les lois, il devint avocat en 1770 et abandonna la carrière cléricale.

Prenant rapidement goût à la science de l'astronomie, il œuvra pour la rapprocher de sa connaissance étendue de la mythologie. Persuadé que les divinités ne sont autre chose que des constellations, que leurs noms sont les mêmes que ceux des astres, que leurs aventures ne sont qu'une expression symbolique du mouvement des astres et de leurs rapports, il exposait sa théorie, dès juin 1779, dans plusieurs articles du Journal des savants. En 1781, il publiait un Mémoire sur l'origine des constellations et sur l'explication de « la fable religieuse » par l'astronomie.

Professeur d'éloquence latine au Collège de France en 1787, membre de l'Académie des inscriptions et belles-lettres en 1788, il intégra l'Institut de France dès sa formation en 1795. Ce fut cette année-là qu'il fit paraître « *l'Origine de tous les Cultes* », ouvrage en douze volumes abondamment illustrés, réédité en 1822 et en 1835, dans lequel il vise à démontrer **l'origine commune des positions religieuses et astronomiques chez les Égyptiens, les Grecs, les Chinois, les Perses et les Arabes**.

Son postulat est que « *le mot Dieu paraît destiné à exprimer l'idée de la force universelle et éternellement active, qui imprime le mouvement à toute la nature* ». Pour lui, « *la fable chrétienne* » a le même fondement que toutes les autres fables solaires. Le christianisme « *a le caractère du Dieu soleil, adoré chez tous les peuples sous une foule de noms et avec des attributs différents.* Un Abrégé de son ouvrage donné en 1798 lui permit d'atteindre un plus large public.

Reconnu et estimé pour sa modération en cette période si troublée, il fut député à la Convention en 1792, au Conseil des Cinq-Cents en 1795 puis membre du Corps législatif de 1799 à 1802. Abandonnant enfin la vie politique, refusant même un poste de sénateur afin de se consacrer à ses études, il fut fait chevalier de la Légion d'honneur en 1806. Une rue parisienne et une place dijonnaise portent aujourd'hui son nom.

Comme me l'a signalé judicieusement une amie, apparemment **bien inspirée**, lorsqu'on le lit simplement comme un sigle ordinaire français en quatre lettres, le mot DIEU peut alors apparaître simplement comme le : « *Développement Individuel de l'Energie Universelle* ».

DIOT (Bleuette)
Écrivain français, historienne.

Je me réjouis vraiment de compter Bleuette au nombre de mes amis et je suis heureux et très honoré qu'elle m'ait proposé d'écrire la préface de ce livre.

Bien que nos rencontres soient rares et nos échanges espacés dans le temps comme dans l'espace, bien que nos formations initiales et nos sujets d'étude et de recherche soient très différents, nous partageons quelques idées communes relatives aux origines de notre humanité. Je sais qu'elle ne partage pas l'ensemble de mes convictions mais elle croit en mon honnêteté et m'accorde sa confiance.

Au mois d'août 2017, elle sortait le premier tome de son essai : « *La genèse de l'humanité : Histoires secrètes des civilisations* », doublement préfacé par le philologue Mauro **Biglino** et le généticien Pietro **Buffa**. S'appuyant sur de nombreuses preuves archéologiques et sur les textes anciens pour élucider ce qui constitue la plus grande énigme de l'Histoire, elle pose – *elle aussi !* - clairement la question :
L'homme serait-il le fruit d'une modification génétique ?

Bleuette est avant tout une chercheuse indépendante. Dans son dernier livre, elle dévoile des faits troublants qui nous interrogent sur les secrets de notre ADN. Preuves archéologiques récentes et textes anciens à l'appui, la chercheuse mène une enquête minutieuse, nous entraînant loin des sentiers battus, à la découverte des origines cachées de l'humanité

Du temple de *Göbekli Tepe*, découvert en Turquie, à la tour de *Jéricho*, en passant par les stèles de *Çatal Höyük* ou la statuaire *d'Aïn Gazal*, l'historienne traque tous les indices abandonnés par les populations du Croissant fertile afin de reconstituer la trame mystérieuse d'un passé totalement oublié. En recoupant ces précieux éléments  d'information, Bleuette tente de déchiffrer le sens caché sous les premiers symboles. Après dix ans de recherche, elle lève une partie du voile sur ce troublant message, vieux de **douze mille ans**.

Bleuette est également l'auteure d'une trilogie épique, teintée de fantastique, intitulée « *Sumerian Codex* », dont j'attends vivement la suite.

L'historienne est régulièrement invitée à participer à des conférences. Plusieurs magazines, parmi

lesquels « *Top Secret* » et « *Science et Inexpliqué* »,
se sont fait récemment l'écho de ses travaux de recherches.

Depuis le début de l'année 2015, elle s'est associée au compositeur et réalisateur Jean-Raymond **Bi-
net** pour fonder l'association **H.O.R.U.S.** dans le but
d'adapter son essai sous la forme d'un documentaire
qui sortira prochainement sous le titre « *Le tertre sacré* ».

Je la rejoins totalement lorsqu'elle écrit tout récemment :

« *La caverne de Platon est toujours d'actualité. Nous
ne voyons que ce que nous avons envie de voir, nous
refusons ce que nous avons peur de comprendre. La
technologie a progressé mais l'humain est toujours
aussi peu doué de sagesse. Il reste enfermé dans sa
prison d'à priori.* »

J'avoue attendre avec impatience la sortie prochaine du second tome de son essai, consacré aux
« **dieux civilisateurs** »

DOGMES
Voir CONDITIONNEMENT, RELIGIONS, RITES

Un dogme (du grec δόγμα dogma : « **opinion** »
est une affirmation considérée comme fondamentale,
incontestable et **intangible** formulée par une **autorité** politique, philosophique ou religieuse.

154

J'attire immédiatement votre attention sur le mot « **opinion** » contenu dans la source de cette définition. Un système de dogmes cohérents, **ou en apparence cohérents**, forme une **idéologie.** Nous voici donc déjà confrontés à deux mots associés que j'exècre : opinion et idéologie.

Le dogme est donc **une opinion présentée autoritairement comme une vérité absolue** s'imposant *a priori* bien qu'elle ne soit pas rationnellement démontrée ni même démontrable.

Dans l'histoire de la philosophie, le dogmatisme s'opposait d'ordinaire au **scepticisme.** Lorsque je lis les affirmations actuelles de nombreux sceptiques dans les domaines qui m'intéressent, je constate qu'ils sont bien éloignés des pratiques anciennes du vrai scepticisme qui pratiquait le **doute méthodique** et non la critique nihiliste systématique. En agissant ainsi, ils se montrent a contrario comme les derniers défenseurs, souvent anonymes, violents et acharnés, d'un dogme scientifique matérialiste qui bat pourtant sérieusement de l'aile.

Le dogmatisme religieux fut vivement critiqué par la science qui, officiellement, n'admet aucun dogme, du fait que toute théorie scientifique doit rester sujette à la critique et à la modification, puisque ses axiomes de départ, **s'inspirant exclusivement de faits observés et vérifiables**, peuvent toujours être remis en cause. La pratique réelle des autorités scientifiques dément pourtant cette absence de dogme. Il suffit de constater l'impossibilité de publier dans les

revues officielles que connaissent les rares scientifiques qui osent s'opposer à la théorie dominante du
moment.

J'ai fait pour ma part le choix de demeurer sereinement sur mon étroit chemin sans me soucier de
leurs épanchements.

DOIGT
Voir COUDÉE

Le doigt constituait la vingt-huitième division de
la coudée royale égyptienne. Pour une coudée donnée
comme mesurant 52,36 centimètres, le doigt, après
conversion dans ce système métrique, valait donc
1,87 centimètre. Quasiment tout le monde sait aujourd'hui que la coudée présente des rapports surprenants avec les deux constantes **pi** et **phi**, puisque cinq
coudées donnent phi au carré quand six coudées donnent pi.

Alors que le système métrique basé sur les dimensions de la Terre n'existait pas à cette ancienne
époque, est-il normal de constater que ce nombre
1,87, lorsqu'on l'exprime en centimètres, s'avère **un
rapport précis entre les trois plus célèbres constantes mathématiques** ?

$$\frac{\pi\varphi}{e} = 1,87000$$

J'ai détaillé davantage cette approche mathématique intuitive dans mon essai « *Homme et Ange*

156

Noués » sorti sur Amazon en mai 2016.

DON

Lorsque l'on parle de médiumnité, beaucoup, la plupart des médiums eux-mêmes, attribuent directement cette faculté à un don.

Je ne crois pas beaucoup à ce privilège d'un cadeau du divin réservé à quelques-uns. Je crois davantage à la persévérance et au mérite du travail personnel. Certes, le don de médiumnité se manifeste souvent dès l'enfance mais il en est de même pour les prodiges de la musique, de la peinture, ou d'autres domaines de talent. Je crois davantage, plus simplement, à un héritage des vies passées, un fruit de l'évolution de l'âme.

DOUBLE CARRE

Cette appellation de double carré, chère au chercheur Howard **Crowhurst**, désigne un rectangle dont le grand côté mesure le double du petit côté. Pour ce rectangle de valeur un sur deux, quelle que soit l'unité de mesure utilisée, l'hypoténuse prend pour valeur la racine carrée de cinq.

Là est son rapport avec le Nombre d'or (phi). En effet, les mathématiciens définissent le nombre d'or avec l'équation :

$$\varphi = \frac{1 + \sqrt{5}}{2}$$

D'autres, dont moi, moins savants mais aussi et surtout moins conditionnés par un enseignement mathématique traditionnel, préfèrent le percevoir dans **son rapport avec l'Unité et son inverse**, comme **une image du Tout et de la dualité polarisée** qu'il a générée.

$$\varphi - \frac{1}{\varphi} = 1$$

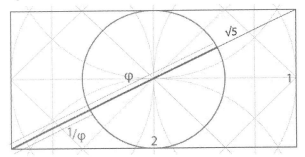

Je lis donc cette dernière formule mathématique comme je lirais que le mal et le bien, les ténèbres et la lumière, sont tous deux, **ensemble**, **l'expression du Tout ou de l'Unité**.

DOUTE
Voir CONFIANCE, FOI, SCEPTIQUE

Quelles que soient notre position sociale, nos activités, personnelles ou professionnelles, nous connaissons tous le doute à des moments et des degrés divers.

Aristote en parla ainsi : « *Le doute est le commencement de la sagesse.* »

S'agissant de mes recherches personnelles, mon guide Gilles me l'a souvent présenté comme un élément nécessaire à ma progression. Il ajouta un soir que « *Ne plus douter est un rare privilège* », précisant même, comme pour me rassurer, que « *le vrai saint est celui qui vit sa foi sans nier ses doutes* ». Je n'ai jamais eu honte d'avouer mes moments de doute. Je les évoque clairement dans mes conférences où je décris les soubresauts du chemin que j'ai suivi, que je suis encore. Je les confirme avec humilité dans cet ouvrage de synthèse.

DUALITÉ
Voir POLARITÉ

La dualité est perceptible, permanente, en tous domaines, physique et spirituel, de notre existence, ainsi qu'en témoignent ces quelques exemples :
   o   Inspiration / Expiration,
   o   Gauche / Droite,
   o   Jour / Nuit,
   o   Contraction / Relâchement,
   o   Plus / Moins,
   o   Amour / Haine,
   o   Chaud / Froid,
   o   Haut / Bas …

En physique quantique, la dualité **onde-particule** exprime le fait que la lumière et la matière présentent

simultanément des propriétés d'ondes et de particules.

En philosophie, le dualisme est un point de vue strict affirmant que l'univers est composé d'un constituant physique et d'un constituant mental. Le dualisme se réfère à une vision de la relation matière-esprit fondée sur l'affirmation que les phénomènes mentaux **possèdent des caractéristiques qui sortent du champ de la physique**.

Ces idées apparaissent pour la première fois dans la philosophie occidentale avec les écrits de **Platon** et **Aristote**, qui affirment que l'intelligence de l'homme, faculté de l'esprit ou de l'âme, **ne peut pas être assimilée ni expliquée par son corps matériel**.

La version la plus connue du dualisme a été formalisée en 1641 par **René Descartes** qui a soutenu que **l'esprit était une substance immatérielle**.

Descartes fut le premier à assimiler clairement l'esprit à la conscience, et à **le distinguer du cerveau**, qui est selon lui le support de l'intelligence.

Parmi ceux qui se disent « *cartésiens* » aujourd'hui, combien ont vraiment compris ce que Descartes avait voulu nous signifier ? Les postulats matérialistes, en dépit de leur essoufflement croissant, essaient encore de nous faire oublier ce monde de l'esprit.

E

5ème lettre
<u>*Géométrie*</u> *: Double carré ouvert*
<u>*Symbolique*</u> *: 5ème lettre, à l'image de la figure du*
pentagone (5 côtés). Elle pourrait symboliser les cinq
sens de l'homme, c'est à dire les facultés qui lui sont
provisoirement offertes pour chercher l'invisible au
travers de la matière.

EAU

L'eau constitue l'élément essentiel de notre corps
physique. Comme le sommeil, elle est indispensable
à notre survie. La multiplicité des formes qu'elle est
capable de présenter devrait nous interpeller.

Liquide comme **l'onde**, elle se fait glace comme
la **particule**, dès que le froid l'approche. Soumise au
chaud, elle se fait **vapeur**.

ÉGLISE
Voir RELIGION, TEMPLE

Le mot « église » vient du latin ecclesia, issu du grec ekklesia (ἐκκλησία), qui signifie à l'origine « **assemblée** » ou « **réunion** ». Bien plus tard, le mot désignera également le bâtiment où les croyants se réunissent.

Les religions successives ont fait le choix de bâtir leurs églises **à l'extérieur**. Les murs les plus hauts, les mieux construits, au-delà de leur beauté, ne sont pourtant en rien la garantie d'une élévation de l'âme. Si je suis encore séduit par la beauté majestueuse de nos cathédrales, la magnificence de certaines mosquées, mon contact avec le divin n'est pas réservé à ces édifices et aux manifestations qui y sont organisées. Je prie où et quand je veux.

Pour moi, comme pour l'apôtre Paul dans ses écrits, **le corps** est le **temple provisoire de l'esprit**. Ses murs, ses pierres et ses joints, invisibles mais indestructibles, sont composés d'informations.

EGO

Ici-bas, dans la matière, le jeu de l'égo est un JE nécessaire. Il est vain, comme beaucoup l'enseignent ou y prétendent, de tenter de s'en défaire. L'essentiel, ce qui nous est demandé ici-bas, consiste simplement à juguler, atténuer au mieux ses excès. Notre ego ne doit pas être combattu comme un ennemi, il doit être canalisé, orienté non vers des objectifs horizontaux exprimant le Réel illusoire mais vers des objectifs verticaux exprimant le Vrai. Nous disposons tous d'une âme, d'un esprit, d'une conscience mais les adorateurs de la matière, victimes du conditionnement que nous avons tous subis, sont tellement enfermés, préoccupés, obnubilés, éblouis par l'extérieur qu'ils ne parviennent plus à mettre un terme au bavardage incessant de leur mental.

Comme chaque année, le cadeau le plus distribué à l'occasion des fêtes de Noël sera sans aucun doute « **le jeu de l'Ego** ». On n'a donc pas fini de voir s'élever des constructions illusoires !

EMPAN
Voir PIGE, QUINE

Troisième élément de la pige des bâtisseurs de cathédrale, l'empan, après conversion, mesurait 20 centimètres. **Cinq empans** donnaient donc **un mètre**, ce mètre qui n'existait pas alors.

ENERGIE
Voir FORCE, TRINITE

Dans le sens de la source vers son expression, le mot énergie constitue le second élément de la trinité « Information, Energie, Matière ».

Selon mon guide Gilles, « *L'Energie psychique* »

est l'unique force. Il l'exprima ainsi : « *Il est une force de grande puissance, la prière. Sa formule est inscrite dans les évangiles. Il est une force que vos savants négligent, c'est l'énergie psychique.* »

Cherchant d'autres sources que les miennes, je veux reprendre une nouvelle fois de magnifiques mots des guides de Guy **Faverdin**, extraits du message qu'il a reçu le 30 septembre 2017 :

« *Tout, depuis notre monde a la faculté de s'accommoder au votre par la seule intention. Lorsque vous émettez une demande du cœur, non voulue par un intérêt personnel de vanité, mais dans la pureté, alors vous émettez une onde d'amour que vous ne savez pas percevoir et qui vient de votre cœur.*

Vous créez vous-même le lien qui permet à nos énergies de l'amplifier jusqu'à pouvoir se manifester dans la matière. Toutes les âmes, concernées par votre scène en déroulement se fondent en une étincelle d'énergie et celle-ci modifie les positions de vos objets matériels. Rien de bien compliqué mais l'effort réciproque est indispensable dans la communion des pensées. Celles-ci prennent forme matérielle sous l'apparence de l'énergie et cette énergie œuvre en influençant l'objet ou la pensée du médium.

C'est bien l'ajustement des fréquences vibratoires qui autorise la communion des efforts et c'est l'intention qui lui donne la vie. Pouvoir percer tous les mystères ne vous sera accordé que **quand la**

science sortira de ses certitudes et ses porteurs ou-
vriront leurs cœurs paralysés par le trop plein
d'égo. »

ENFER
Voir DÉMON

Au cours de notre incarnation, malgré ses temps
de liberté, l'âme souffre souvent dans sa prison physique. Déplorant quelquefois son enfermement, elle
poursuit son but, se rassurant en se disant « *L'enfer
me ment* » pour ainsi revenir au vrai.

Pour me signifier sa présence **ici-bas, en nous
comme autour de nous**, Gilles me dicta un jour :

**« *Cet enfer que tu vois n'est que la conséquence de
votre manque d'amour !* »**

Je suis intimement convaincu que l'enfer si redouté n'a rien à voir avec l'au-delà et n'est vécu que
dans l'incarnation. Lié à notre libre arbitre, il n'est
que l'expression de notre côté négatif.

Alors, modestement, je tente chaque jour de semer quelques graines afin que cet enfer se mue en pa-
radis. N'écoutant pas les voix qui crient à l'utopie, je
me mêle à vous tous qui le savez aussi. Les mots sincères et vrais de nos âmes s'élèvent vers le ciel tels
des bouquets de fleurs. C'est la douceur de leur parfum que je vous offre et vous invite à diffuser en vous
comme autour de vous.

ENTITÉ

Je n'aime pas ce mot. Je n'aime pas surtout les attributs négatifs et péjoratifs, non-dits mais fortement suggérés, que beaucoup de personnes lui confèrent. Lorsque je m'imagine arrivé de l'autre côté du miroir, en ce lieu que mon père appelle en souriant « *la bonne maison* », je n'aime pas l'idée que l'on puisse m'appeler ainsi. C'est pour ce motif que je me refuse à l'utiliser.

ÉPIPHYSE

En prononçant ce nom scientifique de la glande pinéale, j'entends les noms successifs des trois plus célèbres constantes mathématiques que sont **e**, **pi** et **phi**, comme si cette glande signifiait par son nom la structure ordonnée de sa fonction.

ÉQUERRE
Voir COMPAS

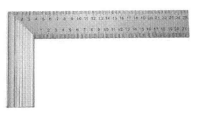

Si l'œuvre du compas se devine dans la lettre **O**, révélant le cercle, l'équerre se montre dans la lettre **L**, 12ème lettre de notre alphabet, dessinant le demi-périmètre d'un rectangle.

Si je place ces deux lettres O et L, l'une au-dessus

168

de l'autre, je découvre le dessin d'une clé, quand le D grec, le Delta, symbolisant une porte et associé au O, nous montre une serrure.

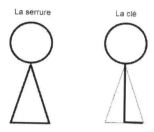

La serrure   La clé

ESPACE
Voir VIDE

Pour nous, l'espace s'étend de manière uniforme et équivalente dans toutes les directions. Il nous semble infini. En cosmologie, l'espace désigne les zones de l'univers situées au-delà des atmosphères et des corps célestes. On parle alors de **vide** spatial.

Pour Emmanuel **Kant**, l'espace au même titre que le temps « *est une représentation et plus particulière-ment une forme « a priori » de **notre sensibilité*** ».

La question essentielle du philosophe se pose tou-jours aujourd'hui :

L'espace est-il vraiment **une réalité extérieure indépendante** de nous ou n'est-il, plus simplement qu'**une intuition jaillie de l'observateur** que nous sommes ?

ESPRIT
Voir SEPT, TRINITE

La définition de l'esprit n'est pas facile. Le mot peut regrouper la totalité de nos facultés mentales, perception, affectivité, intuition, pensée, concept, jugement, morale… Dans de nombreuses traditions religieuses, il s'agit du principe de la vie **incorporelle** de l'être humain. En philosophie, on oppose le corps et l'esprit, nommé plus volontiers « **conscience** » par la philosophie et « **âme** » par certaines religions. En psychologie contemporaine, le terme devient synonyme de l'ensemble des activités mentales humaines, conscientes et non-conscientes.

En métaphysique et dans les religions, le mot esprit désigne normalement **l'élément immatériel incarné** en l'être humain. **Érasme,** chanoine, philosophe, humaniste et théologien, écrivait au début du XVIème siècle :

« Le corps ne peut subsister sans l'esprit, mais l'esprit n'a nul besoin de corps. »

Dans ma petite trinité mathématique personnelle, j'ai lié l'esprit au chiffre **7**, après avoir concédé le **5** à la matière et le **6** à l'énergie.

ÉVOLUTION
Voir ADN

Charles **Darwin**, né en 1809, mort en 1882, était un naturaliste anglais dont les travaux sur l'évolution des espèces vivantes ont révolutionné la biologie lors de la parution de son ouvrage « *De l'origine des espèces* » en 1859. Célèbre au sein de la communauté scientifique de son époque pour son travail sur le terrain et ses recherches en géologie, il a formulé l'hypothèse selon laquelle toutes les espèces vivantes ont évolué au cours du temps à partir d'un seul ou quelques ancêtres communs grâce au processus connu sous le nom de « sélection naturelle ».

Darwin a vu de son vivant la théorie de l'évolution acceptée par la communauté scientifique et le grand public, alors que sa théorie sur la sélection naturelle a dû attendre les années 1930 pour être généralement considérée comme l'explication essentielle du processus d'évolution. Au XXIème siècle, elle constitue encore la base de la théorie moderne de l'évolution. Sous une forme modifiée, la découverte scientifique de Darwin reste le fondement de la biologie, car elle explique de façon logique et unifiée la diversité de la vie.

Plus récemment, le **néodarwinisme**, extension de

la théorie originale de Charles Darwin, exclue désormais la possibilité de transmission des caractères acquis (sur laquelle Darwin ne se prononçait pas) et ne retient comme mécanismes acceptables de l'évolution que des mutations **aléatoires** du patrimoine génétique, et une sélection naturelle de **différences dues au hasard**.

La théorie darwinienne de l'évolution des espèces par sélection naturelle fait l'objet de nombreuses critiques.

Je n'aborderai pas celle des milieux religieux qui rejettent l'idée d'évolution biologique car elle s'oppose d'après eux à certains textes sacrés, comme la Bible.

Relisant personnellement cette bible, notamment l'Ancien Testament, dans l'optique nouvelle que recommande monsieur Mauro **Biglino** dans ses ouvrages, je perçois davantage la possibilité d'une **manipulation génétique volontaire** effectuée par une civilisation avancée, terrestre ou non, pour expliquer le « *chainon manquant* » constaté et signalé depuis longtemps par les généticiens.

Selon eux, **le hasard seul ne suffit pas** pour expliquer les changements survenus en des délais si courts dans le génome humain. Encore une fois, nous affrontons ici une approche scientifique importante mais qui ne fait l'objet d'aucune diffusion médiatique sérieuse en raison de son opposition flagrante aux dogmes dominants.

EXISTENCE
Voir VIE

Lorsque la VIE, fille de l'esprit, se révèle éternelle et intérieure, l'EXISTENCE, comme l'indique le préfixe de son nom, s'avère **passagère**, tournée vers l'extérieur, **liée au temps**, vécue **dans la matière**.

F

Symbolique : *La lettre **F** représenterait la **F**orce, le **F**eu.*

FAIT
Voir OPINION

Un fait est un événement ou un objet dont la réalité ne fait de doute pour personne. En droit, c'est une donnée observable de l'expérience, souvent invoquée, en vertu de son objectivité, comme preuve indiscutable. En philosophie et en sciences sociales, par contre, on s'efforce **d'attribuer un sens au fait**, étant entendu depuis les travaux de Max **Weber** au début du XXème siècle, qu'il est impossible d'interpréter un fait **de façon totalement objective**.

FEMME, FÉMININ
Voir DUALITÉ, POLARITÉ

Je me réjouis de parler de vous, mesdames. Ma chérie vous dirait surement que je suis imparfait. Certes, je ne peux le nier. Serais-je parmi vous s'il en était autrement ?

Je veux ici avouer sans honte mon amour pour les femmes et confesser ma colère et mon indignation pour la petite place que les hommes leur ont laissée. **Vous** qui portez puis donnez la vie, vous savez sa valeur.

Je suis indigné lorsque je lis ces mots dans le Nouveau Testament : « *De même que l'Église est soumise à Christ, les femmes aussi doivent l'être à leurs maris en toutes choses.* ». **Ephésiens** 5:24

Je suis indigné lorsque je vois les limites injustes et la barbarie imposées à vos existences et à vos corps par l'orgueil mal placé et démesuré des hommes : Mariage imposé, excision, non accès à l'éducation, à la culture, à la musique, à certaines professions, interdictions de conduire, de se déplacer seule, obligations vestimentaires, mise à l'écart sociétale, sans compter les outrages, la soumission générale imposée, les viols, la lapidation.

Je suis indigné lorsque j'entends un imam dire, face caméra, dans un film documentaire filmé en Iran, réalisé par un franco iranien athée et diffusé en décembre 2017 sur une chaine nationale, que le corps des femmes doit être caché car les hommes sont soumis rapidement à l'excitation et au désir. Ne devrait-on pas plutôt éduquer et sanctionner les hommes ? Doit-on également interdire ce qui brille parce que cela attire le voleur ou doit-on plutôt sanctionner le vol ?

Je suis indigné que l'on puisse encore croire à un

dieu, quel que soit son nom, qui autoriserait et laisserait se pratiquer dans la durée de telles ignominies.

Je prie pour vous, mes sœurs, en espérant que la lumière parvienne enfin un jour dans le cœur obscurci de ces hommes. Je prie afin que ce système patriarcal injuste, égoïste et immature, se délite rapidement et s'effondre. Il n'a que trop vécu.

FIL
Voir ONDE, K, M, TRAME

Ce petit mot venu du latin « *filum* » a une grande variété de sens et d'acceptions : On pense aussitôt au fil constituant la **trame** des étoffes, puis au fil électrique qui porte à la fois **l'énergie** et **l'information**. On parle également du fil du bois désignant le **sens** des fibres, du fil d'une lame indiquant sa partie tranchante.

Avec son style bien particulier, si différent du mien, mon guide Gilles tenta, souvent vainement, de m'expliquer ce qu'il entendait par ce terme de **fil** :

*« Fil est un **rayon**. De fil, nous t'apportons **raie**. Fil K nous vous transmettons, fil K tu captes. Nous usons du fil K pour **communiquer**, du fil KI pour **quantifier nos rêves**.*

Fil K joie, Fil KI tristesse. Le rôle du ciel ? Caler le fil KI. Ici, l'on KI décide !

Ce fil K est une onde, fil KI est sa résonance. *Fil K sera un puissant défi lié au plan divin.*

De ce fil K, vous vaincrez la mort ! Mon traité fil K fera peser la honte sur ceux qui nous nient vie ! Force fil K est unique force.

Dis l'erreur des scientifiques sur quel figé fil K ils s'appuient ! Je dis fausseté fil K. Tu verras le trésor que cache la nouvelle typologie des rayonnements. »

Il insista même lourdement, sans jamais se soucier de mes troubles, de mon questionnement réel et justifié :

*« La capacité du fil K est immense. **Capacité de fil KI étonne vos savants**. Option mauve, il inverse fil K. Option meilleure : Fil K je dope dans le rouge. **Tu peux dire optique fil K**. Lamelle optique révèle fil K. Cale fil K juste et je divulgue sa licence ! »*

Je sais depuis longtemps la difficulté de ces messages et j'espère toujours un regard et une interprétation de plus savants que moi. Il me fut dit cent fois que ce moment viendrait.

FILTRE
Voir CRISTAL, FRÉQUENCE

Dans ses dictées complexes visant à nous guider vers la conception d'un appareillage technique pouvant nous permettre de « voir » l'invisible, mon guide insista sur la nécessité d'un « **filtre** » qu'il caractérisait par les deux mots « **frio luminescent** ».

Pour comprendre ce type de mot, je suis contraint de m'en remettre aux définitions que je trouve sur le net. Un filtre est un système servant à **séparer des éléments** dans un flux donné et l'action du filtre consiste à retenir, supprimer, rediriger ou modifier les éléments indésirables du flux, et à en **laisser passer librement les éléments utiles**.

En électronique, domaine que Gilles m'invite à associer à la prise d'images, ce terme de filtre désigne un circuit qui rejette une partie indésirable du signal puis, par extension, un circuit qui réalise une opération de **traitement du signal**. On trouve ainsi des filtres passe-bas (qui coupent les **hautes fréquences**), passe-haut (qui coupent les basses fréquences), passe-bande qui ne laissent passer qu'une **bande** définie de fréquence.

Certaines données me parlent plus que d'autres car elles font écho à certains mots de Gilles.

Ainsi, cette notion de **trigonométrie** appliquée aux filtres dits **polarisants**, qui laissent passer la lumière proportionnellement au **sinus** de l'angle entre leur axe et la polarisation de la lumière entrante. Ainsi, l'affirmation **qu'un éclairage en lumière polarisée révèle des phénomènes autrement invisibles**. Ainsi, l'indication de l'utilisation de matériaux biréfringents comme le **quartz** pour manipuler cette polarisation, quand Gilles me conseille d'utiliser un **cristal**.

FLASH
Voir INTUITION

« *Ce soir, tu recevras un flash* » ou « *un éclair t'arrive !* ». Ainsi s'exprimait mon guide pour m'annoncer une intuition. J'ignore toujours la source de ces éclairs intuitifs mais je les accueille toujours avec un plaisir gourmand. J'avoue même les avoir parfois sollicités alors que ma recherche piétinait. Il m'arriva ainsi plusieurs fois de devoir interrompre la diffusion d'un film dans lequel je m'étais pourtant immergé afin de noter rapidement une idée nouvelle, un rapport mathématique, qui soudain me semblait évident alors qu'il avait échappé à mes moments de réflexion.

FOI
Voir CROYANCE, RELIGIONS

On a dit et écrit que la foi soulevait des montagnes. Le doute qui vit en nous serait la seule limitation à sa puissance. Gilles traduisait cette limite par cette expression qu'il aimait répéter : « ***Prie et crois, tout est là !*** »

Si j'ai quelquefois douté de ma santé mentale, je ne le dois pas à une quelconque aberration de mon comportement. Mon inconscient subissait toujours, subit encore, à un moindre degré, l'influence des incroyants qui « croient » savoir ou celle des croyants accrochés à un pouvoir aujourd'hui chancelant car injustement acquis. Ceux qui avaient apprécié tant soit peu le Christian d'autrefois le trouvent plus équilibré, plus serein, moins anxieux. Je m'en remets à leur avis. Je sais la violence de mes propos, je vois celle du monde. J'ai maintes fois prié pour que vienne un printemps où fleuriraient les âmes. Lorsque j'emploie le mot « prière », je n'évoque en rien ces litanies séculaires apprises par cœur lors de l'enfance et qu'une règle millénaire nous contraignait à réciter quel que soit le motif qui nous pousse à prier. Je désigne une pensée qui s'exprime clairement, avec des mots concrets, désignant explicitement l'objectif que je souhaite atteindre. J'attends, j'espère un écho à « ces » prières. Sachant désormais la relativité des coups de l'existence, positivant face à l'adversité, j'ai vu grandir, au fil des dernières années, ma tolérance, mon amour et mon souci de l'autre.

L'incrédule exige des signes mais tout savoir suppose un effort. Les yeux ne peuvent voir ce que l'esprit refuse. On peut passer cent fois sur un pont suspendu sans jamais remarquer la crue de la rivière.

L'incrédule exige des preuves, mais il se refuse, par principe, à les chercher lui-même. « *Demandez et l'on vous donnera ; cherchez et vous trouverez ; frappez et l'on vous ouvrira.* » (Matthieu 7/7).

Depuis vingt siècles, on nous prévient. Apprenons donc à écouter, à voir, avec les sens de l'âme, alors les sens du corps s'éveilleront peut-être. Ne restons pas figés comme ce chevalier qui percevait le monde par l'interstice étroit de sa meurtrière ! On peut naître chenille et mourir papillon.

FORCE
Voir ENERGIE, K

La physique détermine que l'ensemble des interactions de la matière s'explique par uniquement quatre forces fondamentales : La force **électromagnétique**, la force **gravitationnelle**, l'interaction **forte** et l'interaction **faible**.

Selon mon guide, il existe **une seule et unique force** qu'il nomme **l'énergie psychique**. La physique nous explique les effets qu'elle constate et les enseignements qu'elle tire de ses observations. Gilles essaie de parler de la cause, de la source conduisant à ces effets.

~~FOOT BALL~~
~~Sport collectif populaire~~.
L'auteur présente ses sincères excuses au lecteur pour la présence de ce mot, cette coquille vide, non remarquée par les correcteurs et relevée trop tard lors du lancement de l'impression. 😉

FRÉQUENCE
Voir ONDE, RYTHME, SINUSOÏDE

Je ne peux que donner un avis intuitif et amateur sur le « *lien fréquentiel* » que je devine entre l'ici-bas et l'au-delà. Lorsque je relis les messages reçus de mes guides, j'ignore toujours aujourd'hui si quelqu'un saura interpréter, trouver une application pratique à ce « *fil M nouveau* », cette onde apparemment liée au domaine informatique, à l'usage neuf ou différent d'une gamme de fréquence, jusqu'alors inexploitée car non rentable économiquement.

Le domaine spécifique des fréquences, comme les mathématiques qui s'y appliquent, m'étaient absolument étrangers. Ils le sont encore. Les fréquences dites « *millimétriques* » désignées par mon guide n'évoquaient rien pour moi. Après avoir consulté de nombreux sites scientifiques, je sais aujourd'hui qu'elles font l'objet d'attentions particulières et de recherches pointues, civiles et militaires. Les « *Hautes Fréquences* » n'évoquaient rien pour moi. Je sais désormais que leur étude et leur usage sont liés à une amplification de l'efficacité future de nos outils de mesure ou de communication.

Sans savoir le moins du monde si je formule une ineptie, je fais donc confiance aux messages que j'ai reçus et je veux croire qu'il sera demain possible de poser un regard sur l'invisible qui nous côtoie et nous nourrit.

Nous devrons parvenir à enregistrer, au moyen de caméras filmant en noir et blanc, **dans l'ultraviolet** et couplées à un ordinateur, les fréquences **super lumineuses** reçues par la conscience.

Nous devrons ensuite **filtrer** puis **freiner** les ondes ainsi captées avant de les regrouper, sur un moniteur, au sein d'une image unique constituée de « *fils additionnés* », selon les techniques de numérisation utilisées dans la conception d'une image virtuelle.

Gilles insista même sur les dangers liés à l'utilisation de certaines fréquences :

*« **Utilise la fréquence millimétrique** ! Effectue des appareils qui jonglent sur cette fréquence et le film nous révélera.*

Écris le danger de jongler ces fréquences. Tu dois être prudent.

*Utilise DAI prudemment. Qui touche mon fil risque fil KI. Ivre, **fil K vous tuerait**. Cale fil K juste, après, ramincis raie. Cale fil K ivre DAI ! Il K inivre. Sois prudent ! **Utilisez mon limiteur** NOE »*

Ce terme « *limiteur* », désignant clairement un système technologique sensé nous protéger de manipulations risquées, était un parfait inconnu pour moi. Une brève incursion sur le net me démontra, non seulement que le terme existait bien, mais encore qu'il était bien utilisé dans le domaine traité. Je vous livre ici la définition que j'en ramenais :

*« **Limiteur** : Dispositif ayant pour objet d'empêcher qu'une grandeur, par sa variation au-delà d'une certaine valeur, puisse avoir **des conséquences dangereuses**. »*

"Dieu, toujours, fait de la géométrie."
Platon

G

7ème lettre

GÉOMÉTRIE
Voir CARRE, CERCLE, SPHÈRE, TRIGONOMÉ-
TRIE

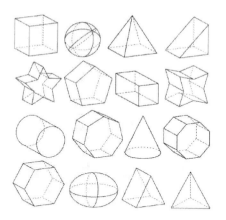

Très tôt, dès le début de nos échanges, mon guide
Gilles me conduisit à m'intéresser à la géométrie.
Alors que ce domaine m'était quasiment inconnu, je
me suis passionné rapidement pour son étude.

Cette photographie empruntée à Jan **Niedbala** illustre parfaitement un **désordre intérieur apparent** générateur d'une **géométrie extérieure parfaite**, comme une invitation discrète à ordonner le chaos de sa vie intérieure pour en faire jaillir le beau et le bon.

GRAAL
Voir QUÊTE

La quête du Graal ne représente pour moi qu'un chemin spirituel, caché mais ouvert, à chercher puis à suivre.

L'histoire, les légendes et les traditions nous parlent, même encore aujourd'hui, de la quête du Graal ou « Saint Graal ». Plusieurs définitions ont été données à ces deux termes : Si certains y voient un « objet matériel », par exemple la coupe ayant servi à recevoir le sang du Christ, d'autres l'analysent comme le « symbole » de la filiation du Christ issue de son union avec Marie Madeleine. Je vous renvoie au livre ou au film « Da Vinci code » pour en avoir une idée simple mais globale. Dans tous les cas, ces deux mots désignent, depuis l'origine, « **le secret ou la source du pouvoir divin de l'homme** ».

Pour ma part, je n'y vois ni symbole ni objet matériel. Par mes recherches, spirituelles et scientifiques, comme par les messages reçus de mon guide, je perçois ce « trésor » comme la désignation de ce superbe et puissant pouvoir que nous possédons tous à l'intérieur de nous : **La possibilité de modifier, par la force et l'énergie générée par l'esprit, la réalité physique qui nous entoure** !

Chacun dispose de l'outil nécessaire à la manifestation de ce pouvoir, seules manquent souvent la foi pour l'activer et la bonne façon de l'utiliser.

GRIMAULT (Jacques)
Chercheur et écrivain français, président de l'Association **La Nouvelle Atlantide**.

J'ai rencontré Jacques Grimault en 2012, peu après avoir découvert sur le net son film documentaire « *La révélation des pyramides* » réalisé par Patrice Pouillard. Après avoir échangé par mail, nous nous sommes enfin rencontrés et nous avons rapidement sympathisé. Nous nous sommes vus à plusieurs reprises, chez moi, chez lui, à Paris, à Rouen, à Clermont-Ferrand. Je regrette que ce contact soit rompu depuis quelques mois.

J'avais promis de m'exprimer sur ma perception du clash survenu en septembre 2016 entre l'auteur et le réalisateur. Plus d'un an s'est désormais écoulé. Ami des deux hommes et passionné par leurs recherches qui sont aussi les miennes depuis longtemps, je reconnais avoir souffert de leur séparation mais, n'en connaissant pas la source réelle, je ne veux pas, hier comme aujourd'hui, me prononcer sur des raisons et motifs qui n'appartiennent qu'à eux. Comme dans mes recherches, j'acte les faits et me moque des opinions.

J'ai beaucoup appris au contact de Jacques Grimault. Je possède plusieurs de ses livres, livrets, dvd, dont certains qu'il m'a offert. J'ai souvent bavardé avec lui, suivi plusieurs de ses conférences. J'admirais et j'admire toujours sa grande érudition mais je constate que, pour la seconde fois dans mon existence, je dois à nouveau m'éloigner un peu d'un « sachant » dont la fréquentation m'a tiré vers le haut.

La première fois, en 2002, ce fut mon contact avec un physicien-chercheur qui m'abandonna soudainement, me traitant alors de « gourou de troisième zone » après avoir aimé, validé puis repris à son compte les résultats de mes intuitions mathématiques. Cet homme aussi, sans qu'il le sache, m'a fait pourtant grandir dans ma modeste compréhension de la physique moderne.

Au plan personnel comme professionnel, je me suis toujours tenu éloigné des conflits. J'ai constaté depuis, de loin, avec stupeur et distance, les attaques acharnées émanant d'inconnus masqués du Net dont furent victimes Jacques Grimault et ses soutiens. Ces destructeurs, prétendument sceptiques ou zététiciens, voués au culte de la matière, n'ont aucune perception de l'invisible qui nous cerne et nous gouverne. Par peur et par habitude, ils se raccrochent aux dogmes et paradigmes posés par les autorités scientifiques du moment, oubliant combien de fois, au cours des siècles, ces dogmes avaient déjà bougé.

J'ai été, moi aussi, récemment mais à moindre niveau, l'objet de leurs critiques. Sans me connaitre, sans m'avoir jamais lu, ils ont jugé à l'emporte-pièce un article partiel que j'avais posté à la forme interrogative, sans considérer que j'expérimentais là un domaine dans lequel je reconnaissais pourtant ne posséder aucune expérience. C'est ainsi, c'est leur façon de procéder : Démolir pour exister ! Les forces de l'esprit, auxquelles je crois avec conviction, leur montreront un jour la fausseté de leur chemin. L'existence leur renverra un jour, comme un boomerang, le mal qu'ils sèment ici et là.

Si je reste désormais fidèle et attentif aux travaux de Patrice Pouillard qui sait mon amitié, je n'en demeure pas moins également, de loin, fidèle et attentif aux travaux de Jacques Grimault. Leur différent n'est pas le mien mais ma recherche rejoint la leur. Travailler et chercher au lieu de combattre, là est mon chemin.

Constatant sans doute le maintien non dissimulé de mon amitié pour Patrice, alors même qu'il m'avait proposé de participer à son prochain film, Jacques m'a soudain fermé sa porte, cessant tout contact, oubliant bien vite que je fus l'un de ses soutiens les plus sincères et fervents, au point de subir la blessure morale d'une condamnation pénale pour « *injure publique* » pour avoir simplement copié-collé dans le forum LRDP que j'administrais en son nom un de ses nombreux articles de fond dans lequel figuraient trois mots insultant un homme dont je ne connaissais ni l'existence ni le nom. J'ignorais alors que la loi sur la presse appliquait à un petit administrateur bénévole de forum la même rigueur qu'elle exigeait du rédacteur-en-chef d'un quotidien ayant pignon sur rue. J'ai ressenti cette condamnation, même mineure, comme une humiliation, une tache sur mon existence jusqu'alors vécue dans la droiture et l'honnêteté car les termes qu'il m'était reproché d'avoir reproduits n'étaient en rien nés de ma plume.

Sans rien oublier de cette rencontre avec Jacques, de nos échanges passionnés et passionnants, je suis donc retourné vers ma quête et mon écriture, comme avant, dans la solitude que j'avais si longtemps connue. Fort de cette triste expérience, je porte désormais une extrême attention aux mots que je publie.

GUÉRIDON
Voir OUIJA, SPIRITISME

Un **guéridon** est une petite table le plus souvent

ronde, parfois ovale ou carrée, à piétement central ou à trois, quatre ou cinq pieds et qui sert à supporter des objets légers, décoratifs ou non.

Si Allan Kardec devint au XIXe siècle le « pape du spiritisme », **Victor Hugo** en fut l'un des plus célèbres adeptes. Au mois d'août 1852, Victor Hugo, chassé de France par le coup d'état de Louis-Napoléon Bonaparte, se réfugiait d'abord en Belgique, puis à Jersey, où il louait, près de Saint-Hélier, une maison isolée dans

une vallée sinistre soumise aux tempêtes de la Manche. Dans son ouvrage « *Victor Hugo et le spiritisme* », le docteur Jean de Mutigny décrit ainsi les environs de la bâtisse : *Pour tout paysage, la mer, les ruchers dantesques, un dolmen et un cimetière voisin pour égayer le tout.*

Au cours de l'année suivante, l'auteur reçut la visite de son amie Delphine de Girardin, elle-même poétesse et égérie de la génération romantique. À cette époque, la pratique des tables tournantes, arrivée d'outre-Atlantique, avait déjà gagné toute l'Europe. À Jersey, où elle ne séjournera pourtant qu'une semaine, Delphine de Girardin convertit ses hôtes, d'abord sceptiques mais soudainement bouleversés par une séance où se serait manifesté l'esprit de Léopoldine, la fille du poète, morte noyée au cours d'une promenade sur la Seine.

Désormais, durant plus de deux ans, les séances de spiritisme se poursuivront dans cette maison, presque chaque jour et souvent plusieurs fois par jour. Peu de gens le savent mais les procès-verbaux de ces séances, généralement dressés par Hugo lui-même, ont été publiés chez Folio classique sous le titre : « **Le livre des tables : Les séances spirites de Jersey** ». Il en ressort que Victor Hugo, sa famille et quelques invités, n'ont cessé de dialoguer avec des défunts souvent célèbres, parfois très anciens, parmi lesquels nous retrouvons Chateaubriand, Dante, Racine, Marat, Charlotte Corday, Robespierre, André Chénier, Shakespeare, Luther, Molière, Aristote, Lord Byron, Galilée, Platon, Napoléon 1er et Louis XVI.

J'ai expérimenté personnellement la communication spirite avec le guéridon, tout récemment et beaucoup plus modestement, en juin 2017, à l'intérieur du superbe **Château de Fougeret,** près de Poitiers. Pour mon épouse et moi, il s'agissait vraiment d'une découverte.

Invité à donner une conférence aux visiteurs du château, j'ai osé, plus tard dans la soirée, solliciter Véronique, la propriétaire, pour qu'elle m'organise une petite séance de guéridon pendant que ses invités étaient occupés sur d'autres ateliers. Cette activité spécifique n'étant pas prévue au programme du week-end, elle accepta avec enthousiasme mais nous demanda la plus grande discrétion afin de ne pas gêner les activités en cours dans les deux niveaux du château.

Nous nous installâmes donc, sans bruit, dans une petite pièce inoccupée, près de la cuisine, dont nous avions refermé la porte. Nous étions quatre. Sitôt assis, chacun posa ses mains sur la table, en veillant à mettre ses pouces ensemble et l'auriculaire en contact avec celui des voisins.

L'amie de Véronique ouvrit la séance en annonçant notre présence et notre intention respectueuse. D'une voix légère, contrôlée, elle invita ensuite un esprit présent à se manifester. Rapidement, alors que nous ne faisions qu'effleurer sa surface du bout de nos doigts, la petite table se souleva lentement d'un côté avant de retomber tout aussi lentement. Une conversation difficile débuta avec l'esprit présent. Si le oui et le non étaient obtenus facilement (un coup ou deux coups), donner un prénom s'avéra plus fastidieux.

Je ne détaillerai pas davantage cette simple présentation d'une aussi vieille pratique. Je dois cependant préciser que nous fûmes tous les quatre surpris de la douceur et du silence avec lesquels le guéridon se souleva, se déplaça ensuite, comme si l'esprit qui nous répondait avait lui-même compris que nous devions rester discrets. Nous clôturâmes cette brève séance par de vifs remerciements adressés aux esprits présents.

GUERRE

Ce mot ne suscite *guère* mon enthousiasme. Le seul combat qui soit digne à mes yeux est celui, forgé de l'intérieur, mené pour extérioriser l'amour, le beau et le vrai, le bon et le juste. Là est la seule lutte, le vrai Djihad, susceptible de mener vers la victoire.

GUIDE
Voir SETH

J'écris et je parle facilement de mes guides et, plus particulièrement, de **Gilles** qui m'accompagne depuis bientôt vingt-cinq ans. Jamais pourtant Gilles n'a utilisé ce mot. Lorsqu'il s'adresse à moi, il me donne du « *frère* » et c'est ainsi, comme un autre frère ainé, que je perçois sa présence effective et affective. Pour être clair et franc, j'ai utilisé ce mot « *guide* » pour faire comme tout le monde dans ce domaine large de la spiritualité. Je l'ai utilisé également pour sa neutralité religieuse, l'expression « *ange gardien* » m'apparaissant comme trop marquée religieusement, presque galvaudée.

Ceux que je nomme mes guides, aux personnalités diverses, n'ont jamais éprouvé le besoin de s'affubler de noms à consonance hindoue ou asiatique. Ils n'ont pas non plus évoqué la hiérarchie des anges. Ils m'ont laissé libre de mes choix, de mes engagements. Ils se sont présentés simplement, sans hauteur ni mépris, comme des amis, des frères, pour m'inculquer ce qu'ils présentaient comme une initiation, un cours, que nul d'ailleurs ne m'imposait de suivre. Si je sais leur prénom, leur douceur, leur humour, j'ignore leur regard, l'ovale ou l'arrondi de leur visage, les conditions précises de leur existence passée ou présente. Comme chacun de nous ici-bas, chaque être, au-delà, semble disposer d'un savoir particulier, spécialisé, sans doute hérité de son passage dans la chair, poursuivi et amplifié ensuite.

Je fus conscient, dès le début, des remous intérieurs qui peuvent résulter d'une telle expérience mais j'y étais préparé depuis un quart de siècle. J'avais lu ces histoires effrayantes de possession démoniaque, ces récits d'exorcisme ou ces avertissements des prétendus « docteurs de la foi » sur les dangers de communiquer avec les esprits. Le diable a la puissance que nous lui concédons. Je lui ai refusé tout accès à mon âme. Mes joies ou mes chagrins, je les reçois de dieu, d'un dieu auquel je ne prétends conférer d'ailleurs aucune définition précise. Je le conçois modestement comme la source, l'énergie qui nous porte. Lorsque je m'y réfère, je préfère parler de « *plan* » divin, ce terme de plan conservant son double sens de **projet** ou de **champ** liant ainsi les deux conceptions du temps et de l'espace.

Chacun va où sa vie le mène. Attiré par l'inconnu, comme un aimant par le nord magnétique, je n'ai jamais fui ni négligé les réalités du quotidien. Je conserve mes pieds ancrés sur cette terre même quand mon regard se perd dans les étoiles.

GUILLEMANT (Philippe)
Ingénieur physicien français

Philippe GUILLE-MANT est un physicien français diplômé de l'École Centrale Paris et de l'Institut de Physique du Globe.

Titulaire d'un doctorat en Physique du Rayonnement et d'une habilitation à diriger des recherches, il est l'auteur de nombreux brevets et publications dans le domaine du chaos, des réseaux de neurones et de l'intelligence artificielle. Fondateur de deux entreprises de technologies innovantes licenciées par le CNRS, il a reçu plusieurs distinctions dont le Cristal du CNRS. En complément de son activité technologique, il mène une recherche plus fondamentale visant à réviser notre conception classique de l'espace-temps et à mettre en évidence expérimentalement l'influence du futur sur le présent.

Sa théorie ouvre **un véritable pont entre la**

science et la spiritualité via un modèle physique de la conscience. Elle révèle le lien fondamental entre la conscience et la gravité ainsi que **la différence cruciale entre le cerveau et la mémoire**. En prenant appui sur les résultats les plus indiscutables de la physique moderne, Philippe Guillemant nous explique pourquoi **la conscience doit obligatoirement faire son entrée en physique moderne.**

Je n'ai jamais rencontré ce monsieur mais j'apprécie beaucoup le message qu'il porte. Dès que je le peux, j'écoute avec plaisir et attention les conférences qu'il donne.

J'ai acquis, directement auprès de lui, son livre « *La physique de la conscience* » coécrit en 2015 avec Josselin **Morisson**, journaliste scientifique que j'ai eu le plaisir de rencontrer. J'avoue saisir et partager le sens de ses idées même si parfois certains mots, comme certains concepts, me restent encore difficiles à appréhender.

C'était sans doute la première fois que j'entendais un physicien parler ouvertement de **Platon**, de sa métaphore imagée « *Charrette, cheval, cocher* » pour désigner la trinité « *Matière, Energie, Information* ».

Cet homme de science, amateur et observateur

appliqué des beautés de la nature, s'est ouvert largement aux textes des Anciens, comprenant que leur vocabulaire, différent du nôtre, exprimait souvent les mêmes idées.

H

8ᵉᵐᵉ lettre

Géométrie *: Double carré*

Symbolique *: La lettre **H** symbolise une ascension, une élévation. Observez le **H** de la façade des cathédrales, lieux des liens entre l'**H**umain et le Divin, entre le Visible et l'Invisible.*

HANCOCK Graham

Écrivain anglais

Né à Édimbourg, diplômé en sociologie de l'université de Durham, Graham Hancock collabora comme journaliste à des titres prestigieux : The Times, The Sunday Times, The Independent, The Guardian. Il a acquis l'essentiel de sa notoriété en développant des théories innovantes, notamment sur l'origine des civilisations, en se fondant sur les anciens mythes, sur l'observation des monuments mégalithiques ainsi que sur l'étude des connaissances astronomiques et calendaires de peuples disparus. Le leitmotiv de son œuvre est la possible connexion de toutes les anciennes civilisations avec la « culture mère » d'une civilisation primordiale. Ses livres, tirés à plus de 5 millions d'exemplaires et traduits en 27 langues, ont suscité de nombreux grincements de dents auprès des scientifiques. En effet, souvent taxé de pseudo archéologue, Hancock, s'il admet volontiers ne pas avoir bénéficié d'une solide formation en ce domaine, présente lui-même ses thèses comme **un contre-pied aux positions dites "orthodoxes", qu'il perçoit comme une pensée unique, une doxa jamais discutée, ni par le système éducatif, ni par les médias, ni par la société en général**. Sur ce dernier point, je le rejoins totalement et me satisfais de savoir que nous sommes de moins en moins seuls à penser ainsi.

Après « *l'empreinte des dieux* » qui connut un grand succès, Graham Hancock vient de publier en septembre 2017 sa nouvelle enquête « ***Magiciens des dieux :*** *La sagesse oubliée de la civilisation terrestre perdue* » aux Éditions pygmalion.

L'éditeur résume l'ouvrage ainsi : Vers la fin du dernier âge de glace, il y a **12 800 ans**, une comète gigantesque s'est brisée en de multiples fragments au sein du système solaire. Certains ont frappé la Terre et engendré un déluge à l'échelle planétaire. Cet événement, que l'on retrouve dans bien des mythes à travers l'histoire, ne marquait que le premier passage de ces débris. Une seconde série d'impacts aussi dévastatrice que la première a en effet causé une inondation supplémentaire il y a environ **11 600 ans**. Selon **Platon**, c'est à cette date que l'Atlantide aurait été submergée par les flots.

D'autres éléments avancés dans ce livre prouvent qu'une société évoluée ayant vécue durant l'âge de glace a été détruite par ces cataclysmes. Mais certains de ses membres survécurent. Ces « magiciens des dieux » ranimèrent la flamme de la civilisation.

J'ai lu cet ouvrage en octobre 2017 avec un grand plaisir et une extrême attention. J'en partage à la fois les thèmes et les conclusions.

HASARD
Voir DESTIN

Comment voulez-vous que j'adhère à la théorie scientifique dominante qui prétend que nous sommes les fruits du hasard d'une explosion (Big bang) lorsque j'admire ces nombreuses perfections géométriques naturelles où les mathématiques se révèlent ?

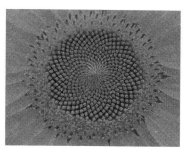 

Faut-il être aveugle pour ne pas supposer puis rechercher une intelligence, une intention consciente, une volonté, dans ces manifestations magnifiques de la nature ?

HATEM (Léon-Raoul et Frank)
Écrivains, métaphysiciens

J'ai eu le privilège de rencontrer chez eux messieurs HATEM, père et fils, le 23 août 2017. C'est une de mes belles rencontres de cette année.

Léon Raoul Hatem m'a gentiment exposé ses principes simples de manifestation et de création de l'énergie puis m'a démontré le fonctionnement de ses appareils. J'ai ainsi pu voir un moteur de 2 Kilowatts couplé à une série de cercles d'aimants allumer successivement une vingtaine de lampes de 400 Watts soit une production d'énergie multipliée par quatre. Comme d'autres avant lui, quels que soient les éléments probants qu'il apporte, ce vieux monsieur adorable voit l'enregistrement de ses brevets refusé systématiquement depuis 1955. Sa mésaventure n'est pas sans rappeler celle que vécut en son temps un certain Nikola Tesla.

Franck HATEM a repris les recherches de son papa et créé en 1985 l'Université Francophone de Métaphysique.

Au cours d'un échange récent sur les réseaux sociaux, Franck me présentait sa vision différente de la mienne, différente ou exprimée autrement. Je venais d'écrire que, pour comprendre notre univers, trois voies, trois approches étaient nécessaires : **Physique**, **Énergétique**, **Spirituelle**. La physique n'avait d'abord suivi que l'approche matérialiste, la physique quantique suit désormais l'approche énergétique, la science à venir ajoutera enfin l'approche spirituelle,

Franck me répondit ainsi : « *L'approche physique est un leurre qui a montré son inutilité pour comprendre. Elle est seulement utile pour avoir du pouvoir technologique sur la matière. L'approche énergétique est physique aussi, c'est la même chose, et tant qu'on ne sait pas ce qu'est l'énergie ce n'est qu'un changement de vocabulaire. Les quantiques ne comprennent pas davantage l'univers que les classiques : ils subordonnent la particule à l'acte d'observation mais n'ont aucune idée de ce que c'est que l'acte d'observation ni d'où il vient.*

Quant à la spiritualité, c'est une pratique relationnelle, ce n'est pas une philosophie, elle ne peut rien avoir d'explicatif. Selon moi il n'y a donc pas lieu de faire la synthèse des trois. Il faut partir de la synthèse elle-même et non de trois analyses ou façons d'observer. Il y a des années qu'il n'y a plus aucune zone d'ombre à la compréhension de l'univers dans tous ses aspects « physiques » et dans son origine à partir du néant à chaque instant, et c'est à la fois totalement scientifique et totalement spirituel puisque non seulement on a la certitude incontournable que tout est dans l'esprit, la compréhension du pourquoi de cet esprit, et la compréhension de la raison pour laquelle, bien que ce soit de l'esprit, on a l'impression que c'est matière atomique. Tout le monde a le droit de refaire le travail, mais ce qui serait cool, c'est de collaborer, ton livre est une occasion merveilleuse de travailler ensemble si tu veux. Un exemple d'amour. »

Malgré le respect et l'affection que je porte à Frank et à son père, je n'ai pas souhaité m'investir à ce moment précis dans un débat oral ou écrit, ou dans une collaboration de l'écriture.

Je me suis contenté de répondre que, pour moi, loin de toute considération religieuse et sans aucune prétention pour définir le divin ou tenter même de l'appréhender, **la SPIRITUALITÉ figure simplement la RECHERCHE d'une RELATION DIRECTE à L'ESPRIT**.

Lorsque cette relation s'établit, elle autorise un accès à la connaissance non limité par le mental mais son développement harmonieux suppose pour demeurer pérenne une recherche intérieure préalable et le développement de l'intuition.

Je préfère donc aller, seul, au bout de cet ouvrage déjà bien avancé. Le débat suivra sans aucun doute, puisqu'il s'avère nécessaire. Je rejoins toutefois une nouvelle fois Frank lorsqu'il m'écrivit le 7 décembre 2017 :

*« **La Science est une aventure spirituelle**. Elle aboutit lorsqu'on sort de la "matière" et qu'on comprend l'esprit. Cela veut dire passer de la Physique à la Métaphysique ».*

HERMÉTISME

Issu du nom d'Hermès Trismégiste, fondateur mythologique de l'alchimie, ce mot désigne l'ensemble des doctrines ésotériques qui sont censées constituer la révélation du dieu égyptien « **Thot** » que les Grecs appellent « **Hermès** » et les Romains « **Mercure** ».

On parle de philosophie hermétique. Les ouvrages alchimiques ou prétendus tels utilisant un langage symbolique codé, compréhensible seulement par les adeptes, par extension, on qualifie d'hermétique un texte, une doctrine incompréhensible, indéchiffrable, inaccessible pour tous, à l'exception possible de quelques très rares initiés. En fait, l'hermétisme montre la clé sans indiquer la porte ou désigne la porte sans en montrer la clé. L'essentiel est de comprendre que les deux sont réellement disponibles et complémentaires. Pour ma part, je n'ai jamais cherché à devenir un hermétiste et je demeure convaincu qu'il n'est aucun secret qui ne mérite d'être un jour connu et dévoilé.

HISTOIRE (notre)

Plus je me penche sur notre passé commun, plus je lis les écrits, j'écoute les conférences, des historiens dits « alternatifs », libérés du dogme officiel, plus j'ai le désagréable ressenti que l'on nous ment sur notre histoire, volontairement, par omission ou sous l'effet d'une forte dissonance cognitive.

Comme chacun de vous, j'ai appris les rudiments de notre histoire de l'humanité sur les bancs de l'école puis sur ceux du collège et du lycée. Cet enseignement se limitait aux grandes lignes. Aucun dossier ne fut jamais vraiment fouillé, soumis au questionnement, à une quelconque contradiction. Nous devions absorber collectivement les faits et les idées qui nous étaient livrés, présentés comme des vérités établies et définitives.

Je ne remercierai jamais assez le goût de la lecture qui me permit plus tard, dès la fin de ma scolarité, de relativiser le poids de cet enseignement en le confrontant à d'autres points de vue, certes moins diffusés mais tout autant étayés. J'invite mes lecteurs à découvrir à leur tour les nombreux ouvrages qui présentent cette autre vision.

HOLISTIQUE
Voir UN

Issu du mot grec ancien « *Holos* » signifiant le

Tout, le « holisme » se définit globalement par la conviction qu'un phénomène doit être perçu comme un ensemble **indivisible**, la simple somme de ses parties ne suffisant pas à le définir.

Par exemple, une vision holistique de l'être humain tiendrait compte, en même temps, de toutes ses dimensions physique, mentale, émotionnelle, familiale, sociale, culturelle, spirituelle. Une médecine holistique traiterait la personne de façon globale, le corps et l'esprit, et non pas seulement la partie physique affectée par les symptômes.

La vision holistique de notre univers a été étudiée et exprimée par divers physiciens tels le physicien américain David **BÖHM** (1917 – 1992), un proche d'Albert Einstein, qui écrivit :

« La nature a un sens et donc une conscience, et ce même au niveau de l'électron. Cette conscience est partout et en toute chose ».

Les idées de David Bohm, indépendamment du scepticisme de ses collègues les plus traditionalistes, ont profondément influencé la physique du siècle dernier et ouvert une porte à la physique du nouveau millénaire. Grâce aux contacts qu'il sut nouer avec des chercheurs d'autres branches du savoir, ses idées ont été accueillies avec beaucoup d'enthousiasme par les neuroscientifiques, les philosophes, les théologiens, les psychologues, les sociologues, les poètes et les artistes.

David Bohm avait peut-être pressenti qu'il existe une « *physique de l'âme* » susceptible de tracer un nouveau chemin pour notre humanité à la dérive.

HUMANITÉ

À l'époque déjà lointaine où je regardais encore, chaque soir, les informations internationales diffusées au journal télévisé de vingt heures, je ressentais fortement la triste évidence que l'Humanité au sens strict était sans aucun doute ce qui manquait le plus au genre humain.

Ma longue carrière au service de la Police Nationale m'avait déjà mené vers ce triste constat.

HUMILITÉ

L'humilité n'est pas une qualité innée chez les humains. Elle s'acquiert avec le temps, le vécu et elle va de pair avec une **maturité affective ou spirituelle**. Elle s'apparente à **une prise de conscience de sa condition et de sa place** au milieu des autres et de l'univers.

J'aime ce qu'en dit **Mathieu Ricard** :

« *La plupart des gens méconnaissent les bienfaits de l'humilité, car si la suffisance est l'apanage du sot, l'humilité est la vertu de celui qui mesure tout ce qui lui reste à apprendre et le chemin qu'il doit encore parcourir. Les humbles ne sont pas des gens beaux et*

208

intelligents qui s'évertuent à se persuader qu'ils sont laids et stupides, mais des êtres qui font peu de cas de leur ego. Ne se considérant pas comme le nombril du monde, ils s'ouvrent plus facilement aux autres et sont particulièrement conscients de l'interconnexion entre tous les êtres. »

L'humilité est selon moi l'une des conditions les plus utiles pour avancer et grandir au plan spirituel.

HUMOUR

Je ne conçois pas la spiritualité sans humour, sans « mots d'esprit » et j'ai fait mienne, très tôt dans mon existence, cette expression ancienne dont j'ignore la source : « *Une journée où l'on n'a pas ri est une journée perdue* ». Mon mantra personnel se conjugue donc sous la forme des trois HUM : « ***Humanité, Humilité, Humour.*** »

Si je sais sa tendresse, je peux également vous assurer que mon guide ne manque pas d'humour. Lorsque je m'énervais (souvent) face à ma propre incompréhension de ses dictées à caractère scientifique, lorsque je menaçais d'arrêter notre échange et de jeter mon pendule par la fenêtre, il me laissait souffler quelques minutes puis reprenait notre contact avec ces mots : « *Alors, es-tu calmé,* ***Caliméro ?*** »

Un autre soir, à la veille de l'une de mes conférences dans une association, alors que je sortais à peine d'une interview radio où j'avais évoqué le dossier « Alien Project », j'avais confié ces mots à mon guide : « *Après les momies peut être extraterrestres dont j'ai parlé ce soir, voilà que je vais parler demain de ma communication avec vous, je dois être fou !* »

Du tac au tac, Gilles m'avait répondu : « ***Oui... Nous aussi !*** »

À mon tour, je vous invite donc à dénicher, au sein des pages de ce livre, le mot inadéquat, l'intrus que, par humour, j'y ai déposé.

> *« Tout corps traîne son ombre*
> *et tout esprit son doute. »*
> **Victor Hugo**

I

9ème lettre
<u>Géométrie</u> *: La droite et le point.*

IFRES

L'Institut Français de Recherche et d'Expérimentation Spirite est une association loi de 1901 créée officielle-  ment en 1992, mais active depuis 1982.

Je suivais de loin ses travaux depuis plusieurs années mais je n'ai rencontré ses responsables, **Joël Ury** et **Laurie**, que tout récemment, à l'occasion du superbe congrès annuel de l'association « *Source de vie* » de Toulouse, fin octobre 2017, où nous étions conviés ensemble à donner une conférence.

Joël Ury est médium. Il a commencé à recevoir des messages de l'au-delà dès 1982, dix ans avant moi. Utilisant le moyen de l'écriture automatique, il reçut des données techniques, des schémas, des indications traitant d'une technologie encore inexistante pouvant et devant permettre de **recevoir** et **d'enregistrer des images venues de l'au-delà.**

Lentement, patiemment, l'équipe de l'IFRES, suivant les instructions originales venues de ces messages, commença donc à concevoir une machine, aujourd'hui bien connue, qu'ils baptisèrent légitimement « *cellule de contact* ». Plusieurs appareillages techniques, en évolution permanente, constituent ladite cellule ; entre autres, deux caméras, un brumisateur, un laser et tout récemment un système de strioscopie.

Depuis déjà vingt-cinq ans, l'IFRES procède très régulièrement à des expérimentations et publie sur son site (**www.ifres.org**) l'évolution des résultats des enregistrements d'images dont certaines sont spectaculaires.

L'équipe n'a jamais recherché le sensationnel, la mise en lumière. Au contraire, accompagnée de plusieurs collaborateurs scientifiques volontaires, elle procède sérieusement et discrètement, dans la durée, à une exploration scientifique d'un domaine passionnant et prometteur que la science institutionnelle a choisi de laisser de côté.

INFORMATION
Voir ESPRIT, TRINITE

Ce mot cache deux notions fort différentes selon qu'il est écrit au singulier ou au pluriel. Parlons donc dans un premier temps de cette masse ininterrompue de « nouvelles » qui viennent chaque jour inonder et occuper notre mental.

Les médias officiels, presse et chaines de télévisions, en réalité **les organes officieux du pouvoir financier**, nous « informent » au jour le jour, parfois à la minute, des prochaines fiançailles du prince Harry, du divorce d'une actrice célèbre, de la maladie d'un chanteur populaire. Entre les dizaines de pub enfantines et répétitives qu'ils nous imposent pour vendre leurs produits, ils nous offrent de superbes spectacles de téléréalité, des séries ou des films ou la violence est omniprésente. Ils n'ont rien inventé puisque les Romains de l'antiquité procédaient déjà de même en offrant au peuple « *du pain et des jeux* ».

La journaliste Christine **Ockrent** en parlait ainsi : « *Sur les chaînes nationales, on constate que le fait divers l'emporte parce que* **l'émotion prime sur l'analyse** : *à peu près tout ce qui paraît complexe est banni de l'information télévisée.* »

L'écrivain Bernard **Werber** insiste dans la même direction :
« *Sous* **l'avalanche ininterrompue d'informations insignifiantes**, *plus personne ne sait où puiser les informations intéressantes.* »

Si l'on aborde maintenant l'Information au singulier, je la perçois comme la somme des connaissances disponibles dans l'univers visible et invisible. Cette connaissance-là ne s'impose pas au mental, elle se cherche, elle se mérite, elle exige un effort de volonté et d'attention. Albert **Einstein** en parla ainsi : « *La connaissance s'acquiert par l'expérience, tout le reste n'est que de l'information.* »

INQUISITION

Alors que je suis né dans une famille et dans un pays aux vieilles traditions catholiques, alors que j'ai suivi enfant les cours alors quasiment imposés du catéchisme, je ne veux surtout pas oublier **cette honte chrétienne vaticane**, sectaire et violente, qui s'étala tout de même du XIIème au XVIIIème siècle, dans les pays de la vieille Europe occidentale comme dans les conquêtes portugaises et espagnoles de l'Amérique du sud.

L'inquisition avait été établie pour combattre l'hérésie mais elle pourchassa tout autant les Cathares, les protestants, les Templiers, et les homosexuels dénommés Sodomites. La dernière exécution par le feu fut celle de María de los Dolores Lopez condamnée au bûcher le 7 novembre **1781** à Séville.

En mars 2000, l'Église catholique a tout de même offert sa « repentance » officielle contre les excès de l'Inquisition, après avoir lancé une étude qui a donné lieu à la publication d'un document de huit-cents pages recensant les dommages causés par l'inquisition et dans lequel **Jean-Paul** II manifestait le repentir de l'Église romaine.

INTÉGRISME
Voir DOGMATISME, INQUISITION

Si beaucoup de mots terminant en « *isme* » m'indisposent depuis longtemps, notamment en idéologie politique, voilà bien l'un des rares mots, avec inquisition, commençant par le suffixe « *in* » dont les manifestations m'insupportent.

INTENTION

De mes vieux souvenirs de droit pénal sur les trois éléments constitutifs d'une infraction, il me revient qu'une infraction ne peut être retenue contre son auteur **en l'absence d'intention** même si le fait est avéré et dûment constaté.

Au plan spirituel, l'intention, pure, désintéressée, portée par l'amour, est également un élément nécessaire et incontournable pour qui souhaite établir une communication sereine avec l'invisible.

INTÉRIEUR

Je vous parle avec insistance d'ondes, de messages reçus, de recherche **intérieure**. Coïncidence amusante ? J'ai travaillé pendant plus de quarante ans pour le Ministère de **l'Intérieur** où j'ai, entre autres missions, dirigé pendant plusieurs années un service régional des **transmissions** chargé de **recevoir** et d'émettre des messages.

INTERNET
Voir TRAME

Le Net constitue la toile de l'information, une immense **trame** aux **fils** indénombrables, l'**e-toile** d'aujourd'hui.

Je ressens cette toile comme un écho, une réplique physique et matérielle de ce que certains appellent les « *annales akashiques* » du plan spirituel. Elle est la lumière terrestre de notre obscurité.

INTUITION
Voir FLASH

J'ai déjà beaucoup parlé de l'intuition dans mes livres précédents. Elle m'accompagne depuis l'adolescence et je me réjouis de sa présence fidèle. J'ignore son nom, son apparence.

Elle apparait soudain, souvent à l'improviste, comme une voix doucement murmurée mais claire. Je l'ai toujours suivie sans jamais avoir à le regretter. Mon écoute attentive et confiante est peut-être la cause et la raison de sa pérennité.

INVERSE

J'ai récemment ajouté ce mot car mon guide m'a rappelé sa présence nécessaire dans ce livre lors d'un bref contact le 14 décembre 2017 alors que son écriture était quasiment achevée.

Je me suis alors souvenu de son insistance à parler **d'inverse**, de **reflet**, de miroir, lors de nos premiers échanges traitant des nombres.

Par ce mot, Gilles ne souhaitait pas désigner la notion mathématique classique qui nous dit que l'inverse d'un nombre x est le résultat de la division de l'unité par ce même nombre. Par exemple, l'inverse de 2 est 1 sur 2 soit 0,5.

Gilles m'avait donné alors sa propre notion d'inverse en me dictant que **441** était l'inverse de **144**. J'en déduisis que je devais traduire « inverse » par « **reflet** ».

Il me revint d'abord l'exemple du **666**, nombre de la bête, qui est, **au sens de Gilles**, la somme de deux inverses : **234** et **432**. Je pensais ensuite à l'expression mathématique du Nombre d'or sous la forme :

$$\varphi - \frac{1}{\varphi} = 1$$

où Phi diminué de son inverse mathématique nous donne l'Unité.

Quand l'ego nous dit : « *Quand tout sera en place,*

tu trouveras la paix ! », l'âme nous dit **à l'inverse** :
« *Trouve la paix et tout se mettra en place !* »

J

10ᵉᵐᵉ lettre

JAMIN (Thierry)
Voir ALIEN PROJECT

Explorateur français, Président de l'Institut **Inkari** Cusco (Pérou)

Depuis 1998, le chercheur et explorateur français Thierry Jamin parcourt le sud-est du Pérou en tous sens sur les traces de la présence permanente des Incas en forêt amazonienne et de la cité perdue de Païtiti. Son organisation non gouvernementale, sans but lucratif, a pour mission principale la recherche scientifique, la protection et la mise en valeur de sites archéologiques existant sur le territoire national péruvien.

Depuis des années, l'Institut Inkari Cusco, jouissant d'une bonne réputation, notamment grâce aux découvertes réalisées par son équipe à Machu Picchu en 2012, est régulièrement contacté par des citoyens péruviens ayant découvert des ruines ou artefacts près de chez eux. D'autres encore le sollicitent pour obtenir une expertise concernant des objets anciens trouvés dans leurs champs. C'est dans ce cadre que son équipe a été contactée, à la fin du mois d'octobre 2016, par deux habitants de Cusco au sujet de mystérieuses momies découvertes quelques mois auparavant dans le désert du sud du Pérou. Cette affaire extraordinaire est désormais connue sous le nom d'**Alien Project** (Voir ce mot).

En annonçant mon intérêt, parmi tant d'autres sujets, pour cet incroyable dossier des « momies » de Nasca (Pérou), en affichant clairement ma confiance en l'honnêteté et la droiture de Thierry Jamin, j'ignorais que j'allais recevoir en retour les échos cinglants des attaques critiques des sceptiques et zététiciens anonymes qui fleurissent sur le Net comme si quelqu'un, amateur de troubles, les avait semés par poignées. J'ignorais que ce simple aveu d'intérêt éloignerait de moi certains contacts récents ou anciens. Après en avoir été blessé – *non mortellement, je vous rassure* - j'ai fait le choix de me désengager de certains groupes de discussion. J'ai choisi également de bloquer certains intervenants sur ma page FB.

Je conçois tout à fait que l'on puisse avoir des opinions divergentes sur certains sujets mais le civisme voudrait que l'on exprime ses désaccords sans violence, dans le respect de l'autre. Pratiquant le magnétisme et la médiumnité depuis 1993, je sais depuis toujours que certains n'y croient pas. Je l'accepte volontiers. Toute critique est légitime et recevable dès lors qu'elle émane de personnes ayant pour le moins étudié sérieusement les pièces du dossier. Je constate pourtant que beaucoup se manifestent sans avoir consenti à cet effort minimum.

Pour ma part, avant d'oser m'exprimer dans mes livres et conférences, j'ai lu, cherché, étudié, comparé, analysé des faits, pendant des décennies. J'ai vécu des expériences troublantes et persistantes pendant plus de deux décennies. Je les vis encore ! Je suis aujourd'hui convaincu que les rapports humains sur les réseaux sociaux seraient davantage sereins si l'anonymat était proscrit. Les abus émanent toujours des anonymes.

Sans prétendre connaitre la Vérité ultime, j'ai réalisé depuis longtemps que les certitudes nées de nombreux dogmes religieux, politiques, économiques, médicaux, méritaient une approche nouvelle, plus ouverte, de nouvelles investigations. Dans tous ces domaines, des pionniers agissent et je rends hommage à leur détermination, à leur courage face aux critiques de leurs pairs. Ce n'est pas à l'âge que j'atteins que je vais « rentrer dans le rang » en courbant l'échine. Tant pis pour celles et ceux qui ne me suivront plus. Chacun est libre de choisir ses croyances mais chacun, moi inclus, doit aussi accepter l'idée qu'il ne s'agit que de croyances que, peut-être, un jour, les faits démentiront. L'histoire des sciences est emplie de ces bouleversements.

J'ai vécu le plaisir de rencontrer Thierry dans une brasserie du 11ème arrondissement de Paris le jeudi 26 octobre 2017 et de passer une soirée en sa présence, en compagnie de **Dei Mian** et d'Alain **Bonnet**. J'ai pu bavarder avec lui, les yeux dans les yeux. J'ai pu ainsi confirmer mes premiers ressentis. C'est un homme honnête et droit, respectueux de la parole donnée, confronté bien malgré lui à un dossier clivant dont il perçoit l'importance en dépit du doute que, comme nous, il n'a jamais caché.

Ayant constaté la méchanceté et la violence des attaques dont il fait régulièrement l'objet, j'ai demandé à mes guides de le protéger.

Il me fut aussitôt répondu : « ***Rassure-toi, il l'est déjà !*** »

K

11ᵉᵐᵉ lettre

K (onde)
Voir FIL, M, 377

Cette lettre, peu fréquente dans notre belle langue, fut très souvent utilisée par mon guide Gilles lorsqu'il me dicta ses messages complexes qu'il désigna ensuite comme son « **traité** ». Comme on parle de segment AB en géométrie, il parlait alors du « **fil K** » après m'avoir précisé que je pouvais traduire le mot fil par le terme d'onde.

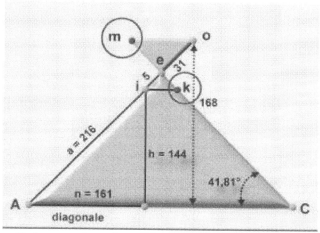

J'ai compris aujourd'hui que cette lettre désignait

pour lui ce qu'il appelle **l'énergie psychique**. La sonorité du K résonnait avec le mot constante.

KARDEC (Allan)
Écrivain français.

Instituteur, de son vrai nom Hippolyte Léon Denizard Rivail, né le 3 octobre 1804 à Lyon et mort le 31 mars 1869, Allan Kardec était un pédagogue français, fondateur de la philosophie spirite ou spiritisme. Son œuvre influence encore aujourd'hui fortement la culture et la vie publique brésilienne.

Allan Kardec s'intéressa d'abord aux recherches sur le magnétisme et l'hypnose. Il observa les réunions médiumniques qui se multipliaient partout en Europe. En 1853, l'académicien **Saint-René Taillandier** lui remit des messages retranscrits par des médiums. Kardec se lança alors dans une analyse des phénomènes supposés faire intervenir des esprits.

Après un travail de synthèse, il publia le 18 avril 1857 son œuvre majeure « *Le livre des Esprits* ». En 1858, il fonda la Société parisienne d'études spirites, ainsi que le journal « *La Revue spirite* ». Par la suite, il rédigea « *Le Livre des médiums* », devenu en sorte l'évangile selon le spiritisme.

Pour Allan Kardec, la compréhension de la philosophie spirite primait largement les expériences de communication avec l'au-delà. Les spirites de France différaient alors des spirites américains et anglais en ce que leurs « esprits » enseignaient la réincarnation contrairement à ceux des États-Unis et de Grande-Bretagne. Après sa mort en 1869, ses principaux continuateurs en France furent Gabriel Delanne, Leon Denis et l'astronome **Camille Flammarion** qui avait prononcé son éloge funèbre.

La doctrine spirite connut dans la seconde moitié du XIXème siècle une expansion et une popularité importante, notamment dans les milieux intellectuels, littéraires ou savants.

Ainsi, le photographe **Édouard Buguet** proposait à ses clients de prendre leur portrait en compagnie de l'esprit d'un être cher disparu. **Victor Hugo** affirmait communiquer avec sa fille décédée, Léopoldine, déclarant même que « *ceux que nous pleurons ne sont pas absents, ce sont les invisibles.* »

J'ai retrouvé un jour cette même idée exprimée dans un verset du Coran : « *Et ne dites pas de ceux qui sont tués dans le sentier d'Allah qu'ils sont morts. Au contraire ils sont vivants, mais vous en êtes inconscients.* » (Sourate 2, Verset 154)

L'écrivain **Alexandre Dumas** participait à des séances de tables tournantes et y côtoyait **George Sand**, **Victorien Sardou** et **Théophile Gautier**. L'auteur de Sherlock Holmes, **Sir Arthur Conan Doyle,** s'engagea en faveur du spiritisme et ouvrit rue Victoria, à Londres, en 1925 une librairie spirite « The Psychic Bookshop ». Il consacra la fin de sa vie à animer des conférences sur le spiritisme et sur le spiritualisme dans le monde entier et présida même le Congrès spirite mondial de Londres, en 1928.

En Europe, le spiritisme est demeuré un courant très minoritaire. En France, même si la tombe d'Allan Kardec demeure perpétuellement fleurie au cimetière du Père-Lachaise, le pays ne compte qu'une vingtaine de centres spirites. J'ai eu le plaisir de faire tout récemment une conférence auprès du « Centre d'Études Spirites » de Wattrelos (59). Au Portugal, par contre, chaque région possède entre deux et dix centres spirites. Au Royaume-Uni, plus de soixante Églises spiritualistes couvrent tout le territoire.

Selon l'historien Peter Winn, *« la plupart des brésiliens peuvent se dire catholiques, mais le spiritisme est la vraie religion du Brésil »*. Selon les chiffres publiés en 2007 par des sources indépendantes, le spiritisme selon Kardec regrouperait au Brésil plus de six millions de spirites pratiquants et plus de vingt millions de sympathisants.

Chaque ville d'importance possède au moins un centre spirite. Ces établissements organisent à la fois l'aide sociale, l'éducation et les contacts avec l'audelà, selon le modèle proposé par Allan Kardec, véritable gloire locale.

Élevé au rang de religion, le spiritisme influence profondément la société brésilienne. Ainsi, il existe une Association des journalistes spirites, une Association des magistrats spirites et une Association des médecins spirites. Certains hôpitaux psychiatriques font officiellement appel à des médiums pour aider les malades sous l'emprise d'esprits obsessionnels. Un musée national du Spiritisme se trouve à Brasilia. L'institut Culturel Spirite de Rio de Janeiro accueille les chercheurs et les scientifiques du monde entier qui analysent le paranormal.

Les députés brésiliens ont même voté en 2007 pour instaurer le 18 avril, jour de publication en 1857 du « livre des esprits » comme la « *journée nationale du spiritisme* ».

KÖNIG (Hans Otto)
Chercheur allemand, spécialiste de la Trans communication instrumentale audio et vidéo.

Hans a débuté sa recherche en 1974. Disposant de connaissances en électroacoustique et en physique, il n'a jamais cessé de faire évoluer son matériel afin d'optimiser la durée comme la qualité des communications qu'il reçoit. Il a conçu seul puis construit et expérimenté plusieurs systèmes techniques utilisant diverses gammes d'ondes sonores et visuelles.

Je venais d'acquérir son livre « **Nouvelles découvertes sur l'au-delà** – Une recherche scientifique sur les contacts avec l'invisible » publié en 2016 aux Éditions Trajectoire sans savoir que j'appartiendrais, avec mon épouse, au petit groupe de dix privilégiés invités à participer à son domicile d'Anvers (Belgique) le samedi 8 avril 2017 à une rare expérience de contact audio avec l'au-delà au moyen du « système infrarouge » qu'il a conçu et créé.

Nous étions, outre Hans et Anna Maria, trois Allemands, deux Belges et cinq Français.

Beaucoup connaissent déjà les résultats superbes obtenus depuis des décennies par Hans Otto en matière de TCI audio et vidéo.

J'ai souvent vu des images troublantes, celles de l'**IFRES** notamment, j'ai entendu de nombreuses voix, qu'il s'agisse de celles obtenues par le Père François **Brune**, Monique **Simonet**, Yves **Lines**, Marc **Montlahuc** et quelques autres, français ou étrangers mais c'était la première fois que je participais, en direct, à une telle expérimentation.

Hans et Anna nous ont reçu chez eux comme des amis. Nous nous sommes installés, confortablement, en cercle et nous avons écouté Hans évoquer ses décennies de recherches, de conception et de mise au point de ses appareils destinés au contact entre nous et l'invisible. Chacun de nous s'est ensuite brièvement présenté afin de créer un lien au sein du groupe. Enfin, nous avons ensemble pratiqué une longue méditation au cours de laquelle chacun regagnait calmement son monde intérieur, imposant silence au corps et au mental.

La tentative de contact semblait imminente. Hans utilisait son système infrarouge. Juste avant le début de l'expérience, après avoir sollicité son accord, je prenais une première photographie de son installation matérielle. Surpris par les effets de lumière que portait cette photo, je la montrais aussitôt à l'ensemble du groupe.

Plusieurs participants prenaient alors également des photos mais sans rien obtenir de spécial. J'en prenais donc une seconde, sans rien changer aux réglages de mon smartphone. Les effets de lumière étaient toujours présents mais ils avaient changé d'orientation !

La séance débuta. Le silence se fit. Hans avait allumé son système.

Nous nous placions tous en méditation légère. En face de moi, je surveillais discrètement l'écran de deux oscillateurs qui n'affichaient alors qu'une ligne lumineuse horizontale stable. Hans nous avait prévenus. Nous savions tous qu'aucun résultat n'était garanti.

Plusieurs minutes silencieuses s'écoulèrent. Intérieurement, je demandais à mon guide de me faire un coucou. Les oscillateurs s'animèrent soudain, fortement. De forts grésillements retentirent. Ils laissèrent soudain la place à un long brouhaha de voix graves mêlées, incompréhensibles. D'autres grésillements, plus ou moins forts, plus ou moins longs et puis soudain une voix claire s'exprima en allemand.

« Nous essayons de fermer le champ de contact. Champ de contact fermé avec Anna Maria W et Hans Otto König. »
Le silence était revenu, simplement troublé par moment par quelques grésillements des appareils.

Une autre voix, nette, lente, douce et grave, s'exprima ensuite en français : « *Mireille, **Padre Pio, sursum corda** ».* Mireille était parmi nous. Canalisant habituellement le Padre Pio, elle ne cacha pas sa surprise, sa joie et sa grande émotion. Nous étions tous heureux pour elle de la confirmation de son lien. Les deux mots latins « *sursum corda* » peuvent se traduire par « *hauts les cœurs* » ou « ***élevez vos cœurs*** ».

D'autres voix se firent entendre successivement, souvent en Allemand, parfois en Français, comme pour honorer notre présence inhabituelle.

« *Höre zu, wir nehmen die Kraft der Gedanken der Gruppe auf* »
Traduction : « *Écoutez, nous recevons la force des pensées du groupe* »

Dix-sept phrases furent ainsi reçues en quelques minutes. Je laisse à Hans et Anna Maria le soin de vous en livrer la globalité dans leurs publications personnelles. Je souhaite par contre vous faire connaitre celle qui suit car elle semble annoncer d'importantes révélations à venir :

« *Höre zu, Ihr werdet bald weitere Kontakte bekommen aus eurem Sonnensystem von anderen Planeten. Sie versuchen es seit einiger Zeit. Sie werden euch sehr wichtige Informationen geben können. Gibt Sie bitte weiter.* »

Traduction : « *Écoutez, **vous recevrez bientôt encore d'autres contact de votre système solaire**,
d'autres planètes. Ils essaient depuis un certain
temps. Ils vous donneront des informations très
importantes. Transmettez-les.* »

À l'écoute de ces mots, je n'ai pas pu m'empêcher
d'avoir aussitôt une pensée pour mon ami Thierry **Jamin** et son incroyable dossier des momies non humaines et peut-être non terrestres, découvertes fin
2015 au Pérou, en cours d'étude et d'analyse depuis
déjà un an. (Voir *Alien project*)

J'ignorais encore que la suite des messages reçus
me mettrait dans tous mes états, même si elle fut exprimée en allemand ! Une nouvelle voix, aussi claire
que les autres, s'éleva soudain dans la pièce :

« ***Gilles*** *grüßt **Christian**. Die Kontakte werden
immer enger* »

Traduction : « ***Gilles salue Christian. Les contacts deviennent de plus en plus étroits.*** »

À l'exception de mon épouse, personne dans l'as-
sistance ne connaissait mon lien si particulier avec
Gilles. Il fallut même que je m'en explique auprès du
groupe, notamment des allemands qui s'interro-
geaient sur la signification de ce mot « *Gilles* » difficile à prononcer pour eux. Ceux qui me suivent
depuis longtemps, ceux qui me lisent, savent que je
n'ai aucune réticence à exprimer mon doute, malgré
ma longue pratique du contact. À l'écoute de ces
quelques mots, des larmes sont venues qui n'avaient

pas le chagrin comme source. Entendre ainsi ces deux prénoms associés, les entendre en compagnie de onze témoins, sonna pour moi comme une consécration, une validation de ce que je vis depuis vingt-quatre ans, de ce que je porte seul et tente de partager au mieux autour de moi. Je me sens plus fort, plus confiant, plus serein depuis ces quelques mots.

Je n'en dirai pas plus sur cette expérience incroyable, sur ces moments heureux et superbes que nous avons vécus et partagés. Je remercie tendrement Hans et Anna pour ce magnifique cadeau. Nous n'avons pas eu le temps d'échanger en tête à tête sur sa technique d'utilisation des ondes, de leurs fréquences et résonances que Hans sait manifester et que mes messages m'invitent également à explorer. Il m'a tout de même confié son nouveau projet : **Obtenir une image holographique** de ceux qui communiquent avec nous ! Je regrette beaucoup de ne pas connaitre l'allemand pour échanger davantage avec lui. Il sait toutefois, comme je le sais, que nous nous reverrons si cela est utile.

Ses résultats me confirment que la réception d'images et de sons venus de l'au-delà est non seulement possible mais encore **perfectible** si, a minima, les scientifiques du domaine acceptent enfin de se pencher sérieusement sur ce dossier.

Au cours de cette expérimentation peu banale, j'ai ressenti en permanence la présence invisible et le travail d'une véritable **équipe technique s'évertuant depuis l'au-delà** de nos maigres perceptions à « *jongler* » avec le monde des fréquences pour se « *caler* » sur le système créé par Hans et permettre un contact audible pour nous.

La même voix a ouvert et clos la séance. Elle parlait d'ouverture puis de fermeture d'un « ***champ de contact*** ».

Selon les mots de mon guide, il nous sera bientôt possible également de les voir, si nous faisons l'effort de recherches nécessaire. Je me désole du désintérêt, au nom de vieux principes, du monde scientifique, de la critique facile des matérialistes. J'ose affirmer que les temps changent, que les paradigmes anciens se délitent. L'avenir dira si je me trompe.

L

12ème lettre
<u>*Géométrie*</u> : *Équerre*
<u>*Symbolique*</u> : *Le **L** figure une équerre posée au sol,
un angle droit.*

LÂCHER-PRISE

Lâcher prise, c'est **renoncer au contrôle** en faisant taire le mental, c'est **accepter la réalité** qui se présente, mais cette acceptation, consciente et volontaire, n'a rien à voir avec une quelconque soumission ou résignation qui laisseraient croire que nous sommes incapables et impuissants pour changer le cours de notre existence. Les excès d'émotion, le déni ou la fuite, constituent les adversaires de cette acceptation et empêchent le lâcher-prise, laissant au contraire perdurer puis se développer et s'amplifier les difficultés et les douleurs de l'évènement venu nous secouer.

On parle beaucoup de cette expression mais lâcher prise n'est ni facile ni évident. Je l'avais constaté dans ma pratique du pendule. J'étais rapidement arrivé à le contrôler dans ses mouvements, à le contraindre à me montrer une direction. Ce fut plus délicat lorsque je lui rendis sa totale liberté de mouvement, attendant qu'il réponde désormais à mes questionnements intérieurs. Avec patience et persévérance, j'y suis pourtant parvenu.

Encore une fois, un travail intérieur, un travail sur soi, mêlant humilité, confiance, volonté et intention, est primordial et nécessaire dès que l'on aborde le domaine de la spiritualité et quel que soit le seuil que l'on souhaite en franchir.

LECTURE

Lire est sans aucun doute le plus beau conseil que l'on puisse donner à ceux qui cherchent l'éveil spirituel. S'isoler des bruits extérieurs et découvrir l'expérience vécue par d'autres, par beaucoup d'autres, est le premier sentier utile à découvrir pour les débutants.

Je ne saurai conseiller un livre en particulier mais la lecture des nombreux témoignages d'expérience de mort imminente (EMI ou NDE) s'avère un excellent générateur d'espérance en même temps qu'un accélérateur de prise de conscience.

Pour les curieux, il existe, entre autres, un site internet d'accès facile contenant de nombreux ouvrages récents, anciens et rares, disponibles en téléchargement gratuit. Son adresse est la suivante :

http://livresatelecharger.terrenouvelle.ca

Livres à Télécharger

Ouvrages récents, anciens et rares

Pour celles et ceux que la lecture ennuie, ils ont aujourd'hui la chance de pouvoir, gratuitement, sans sortir de chez eux, écouter et regarder ces mêmes témoignages sur les vidéos disponibles sur le net. Pour ma part, j'ai connu cette époque, au début des années 70, où une seule librairie spécialisée permettait, dans les grandes villes, d'accéder à ces ouvrages.

LÉGENDE
Voir MYTHE

LENOIR (Frédéric)
Philosophe, écrivain, conférencier

J'aurais aimé croiser cet homme. Je suis autant que mon temps me le permet ses publications et ses conférences. Son regard est celui d'une vieille âme, ses mots sont chargés d'amour.

J'aime sa façon d'exprimer le chemin qu'il nous faut parcourir : « *Tout le chemin de la vie, c'est de*

passer de l'ignorance à la connaissance, de l'obscu-
rité à la lumière, de l'inaccompli à l'accompli, de
l'inconscience à la conscience, de la peur à
l'amour. »

LIBRE-ARBITRE
Voir DESTIN

LIGNE
Voir CANNE, COUDÉE, PIGE

Au Moyen-âge, les bâtisseurs de cathédrale utilisaient une « pige » constituée de cinq éléments arti-
culés dont les noms renvoyaient *symboliquement* aux
mesures du corps humain : *paume*, *palme*, *empan*,
pied et *coudée*.

Étonnamment, bien que leur coudée ne soit pas
divisée en « *doigts* » comme la coudée royale égyptienne mais exprimée en « *lignes* », elle mesurait
exactement la même valeur, soit, convertie dans le
système métrique, **52,36 centimètres**.

Le tableau ci-dessous détaille les valeurs connues
de ces cinq mesures :

Unité	Paume	Palme	Empan	Pied	Coudée
Ligne	34	54	89	144	233
Centimètre	7,64	12,36	20	32,36	52,36

En observant ces cinq éléments, je constate tout

d'abord qu'ils sont tous issus de la géométrie du **pentagone** comme l'illustre clairement le graphique de la page 246.

Ces cinq nombres sont liés à la fois au nombre d'or et à la célèbre « **suite de Fibonacci** » qui ne sera pourtant révélée qu'au treizième siècle alors que la plupart des grandes cathédrales ont déjà été commencées ou terminées. En effet, la suite 34, 55, 89, 144 et 233, que nous avons déjà évoquée dans les chapitres précédents, constitue une partie de cette suite mathématique célèbre.

La « **ligne** » utilisée comme base de ce système médiéval mesure **0,22472 centimètre**, une précision étonnante atteignant le dixième de micron. Une précision aussi grande, *impossible à mesurer à l'époque*, ne peut que traduire le résultat d'un calcul mathématique bien particulier.

Cette « ligne », qu'il m'arrive parfois de lire et d'entendre « **l'Igne** » comme une évocation du symbole du Feu, était donnée symboliquement comme exprimant la mesure d'un « *grain d'orge* ». Comme le blé, les grains d'orge se répartissent naturellement sur un épi. Une étude agronomique trouvée sur le Net m'indiqua que chaque épi d'orge supportait en moyenne 32 à 40 grains.

Ma tendre affection pour le son et la forme des mots m'avait peu à peu accoutumé à entendre puis à relever ce qu'ils peuvent exprimer au-delà de leur sens premier. C'est par ce biais étonnant, cette pratique peu conventionnelle mais si enrichissante, que le mot « **épi** » évoqua dans mon esprit, bizarrement, le produit des deux constantes **e** et **pi**.

Je m'aperçus alors que ce même produit, divisé par **38**, nombre moyen de grains d'orge sur un « **épi** », renvoyait la même valeur que la mesure de ladite « **ligne** ».

Une ligne = 0,22472

$$\frac{e\pi}{38} = 0,22472$$

La valeur de cette même « ligne » peut également être définie par l'équation suivante :

$$\frac{\varphi^2 + 3}{5^2} = 0,22472$$

Quand on le convertit en centimètre, ce nombre irrationnel, préalablement **sans dimension,** épouse quasi parfaitement la valeur de la mesure usitée comme base par les bâtisseurs. **Faudrait-il donc en déduire que le mètre et ses composantes étaient déjà connus en ces temps reculés ?**

À défaut de répondre efficacement par des données historiques à cette surprenante question, il m'est toutefois possible de vous livrer plusieurs « **faits mathématiques** », bien éloignés des simples opinions, qui me conduisent à considérer comme possible cette connaissance. Acceptez donc d'observer à nouveau avec davantage d'attention ces étranges mesures issues de notre Moyen Age. Prises individuellement, une fois oublié leur double rapport avec la suite de Fibonacci et le nombre d'or, ces unités ne sont guère bavardes mais une simple multiplication les contraint à parler davantage :

- o 5 **empans** de 20 cm donnent 100 cm soit **1 mètre**.

- o 5 **palmes** de 12,36 cm donnent **0,618** mètre soit **l'inverse du nombre d'or en mètre**.

- o 5 **pieds** de 32,36 cm, soit le périmètre du pentagone inscrit dans le cercle, donnent 161,8 cm soit **le Nombre d'Or en mètre (1,618 m)**.

- o 5 **coudées** de 52,36 cm donnent 261,8 cm soit **le carré du Nombre d'Or en mètres (2,618 m)**.

- o 6 *coudées* de 52,36 cm donnent 314,16 cm soit **la constante Pi exprimée en mètres (3,1416 m)**.

Si j'ajoute à ces cinq unités de mesure une sixième unité, la **Toise**, autre célébrité de l'époque, le constat s'amplifie encore. La Toise mesurait **864 lignes** ou **six pieds** soit, après conversion, **194,16 centimètres**.

Encore une fois, **la conversion de cette grandeur en mètre**, et non dans une autre unité, s'avère surprenante car **1,9416** en mètre exprime simplement **le rapport des deux constantes Pi et Phi**.

$$\frac{\pi}{\varphi} = 1,9416$$

Nous voici donc confrontés à **six faits mathé-matiques** qui semblent montrer avec évidence et insistance **la connaissance du mètre** plusieurs siècles avant sa détermination officielle.

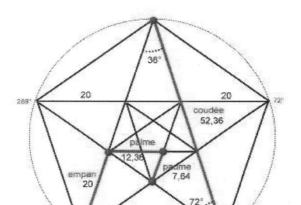

LA PIGE DES BATISSEURS DE CATHEDRALE

Je reviens maintenant à la valeur mathématique exprimée par la « *ligne* » en la présentant sous un autre angle : Observons donc le rapport du nombre d'or (Phi) sur la Ligne, soit :

Phi / ligne = 1,6180339 / 0,22472 = 7,200

Si ce nombre **7,200** se lit en coudées, il vaut alors **3,7699** mètres soit ma constante **K** que je vous ai déjà présentée longuement et qui manifeste, entre autres, le rapport de π^2 **sur** φ^2 ou la même « toise » élevée au carré.

Si l'origine temporelle du choix de cette vieille unité de mesure reste difficile à identifier, sa longévité peut encore surprendre. Étonnamment, en effet, une ligne, valant exactement 2,256 mm, est toujours utilisée occasionnellement en horlogerie pour préciser le calibre d'un mouvement. Dans un tout autre domaine, la longueur des bouchons de vin est toujours calculée en lignes, une unité de mesure hors du système métrique.

Si, autrefois, on mesurait en lignes, au moyen d'une pige portable, aujourd'hui, on s'informe… **en ligne**, sur son portable, car il faut, en tout, de la mesure avant de bien « **piger** » !

LUMIÈRE
Voir TÉNÈBRES

Le Nouveau testament, dans sa version originale grecque, nous dit : « *o theos phos estin* », qui se traduit par « *Dieu est lumière* ». De nouvelles paroles, récentes, expriment autrement la même idée, comme ces paroles du guide de **Guy Faverdin** reçues le 29 juillet 2017 :

« *Prenez conscience que tout ce qui vous est nécessaire est **en vos cœurs**. Vous cherchez la lumière au-delà de votre regard d'humain, alors que **la source est en votre âme.*** »

M

13ème lettre
Géométrie :
Symbolique : *Phonétiquement prononcé « Aime ! »,
le **M** est fondamentalement associé à l'Amour. Sa
forme semble représenter deux êtres qui se donnent
la main ou deux **1,** dont un inversé, qui se regardent
dans un miroir.*

M (fil)
Voir FIL, K, ONDE, TRAITE

Cet article sera ardu pour ceux qui ne connaissent
absolument pas mes recherches, qui n'ont jamais lu
les nombreux extraits des messages de Gilles que j'ai
publiés dans « *Homme et Ange Noués* » sorti sur
Amazon en mai 2016.

Je vous livre donc un résumé sommaire de ces informations venues d'ailleurs. Alors que j'avais osé
solliciter une preuve scientifique de la vie après la
mort, Gilles m'annonça d'abord clairement le défi :
« *Tu as demandé une chose difficile, tu auras une
tâche difficile !* ». Il me précisa ensuite : « ***Vous dis-
posez aujourd'hui des connaissances et des savoirs
techniques nécessaires pour nous voir et nous entendre !*** ». La suite, me parvenant sous forme de dictées à caractère scientifique, fut beaucoup moins
drôle.

Limitant ses confidences au seul domaine des ondes, Gilles indiqua que ses vibrations, très rapides, ne sous sont pas perceptibles. Il m'invita à les **enregistrer** d'abord au moyen de **deux caméras filmant dans l'ultraviolet**, à regrouper ensuite les « fils » (ondes) ainsi captés au sein d'une « **trame** » dans un système informatique puis à **les filtrer et les ralentir** pour nous les rendre enfin perceptibles.

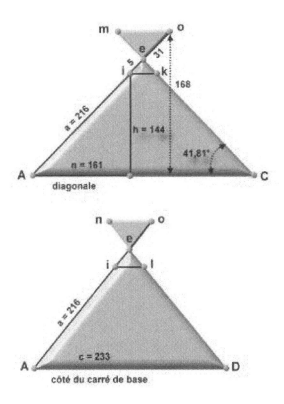

Il insista sur le fait que **nos caméras étaient trop**

lentes et que **le balayage de fréquence devait augmenter**.

Plus nous avancions dans nos échanges et plus ses communications devenaient synthétiques et ardues. Il commença donc à utiliser fréquemment des sigles tels que BAI, CAI, DAI, K, KI, M, censés désigner des angles, des « **champs** » et des ondes dont je ne parvins à comprendre la première signification que lorsque je traçais la géométrie pyramidale vers laquelle il m'avait délicatement conduit (cf. graphique précédent).

Avec insistance, feignant d'ignorer mes difficultés d'interprétation, mon guide m'invitait depuis longtemps à chercher, trouver et enfin comprendre « *le fil M noué au fil K* ». Il m'avait d'abord signifié que **K** était une onde et **Ki** sa résonance. Il me dicta plus récemment : « *Ce fil K est l'unique force, c'est l'énergie psychique dont M est la source !* »

Depuis la réception et l'enregistrement de ces messages du printemps 1993 à l'hiver 1995, je ne vous cacherai pas le temps que j'ai passé, sans le compter, pour tenter de « traduire » les mots et les notions qui m'étaient donnés. Mon horizon s'est soudainement débouché partiellement, grâce à la géométrie, quand

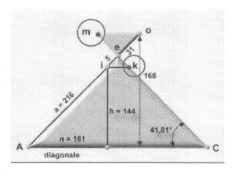

j'ai tracé cette pyramide d'étude faisant apparaître deux points précis nommés **K** et **M**. Mon horizon s'éclaira davantage lorsque je considérai la graphie des majuscules de ces deux lettres.

Comment le K, accolé au I, devient M par inversion de son centre. L'angle de réfraction du K pivote de 180 degrés comme si la lumière revenait vers sa source. Selon Gilles, le fil K est une onde et le segment KI sa résonance. Notre univers apparent ne serait que la résonance d'une onde source.

Il m'apparut encore plus clair lorsque je constatais que le rapport de mesure des hauteurs K et M, soit le rapport de **7/6**, me conduisait à **un nouveau rapport** entre **les trois célèbres constantes** que sont **e, pi** et **phi** et la modeste **suite mathématique** que constituent **les trois chiffres 5, 6 et 7,** symboles pour moi de **la trinité « Matière, Energie, Information ».**

$$M = \frac{7}{6}k = \frac{7}{5}\pi = e\varphi$$

Considérant les années passées à chercher, je ne prétendrai pas que j'avance avec assurance mais les fruits de mon intuition me surprennent toujours dès lors qu'ils s'appliquent dans des domaines qui me sont étrangers. Pendant des mois, avec insistance, Gilles me dicta sans cesse de nouvelles précisions :

« *Le fil M est un moyen de communiquer. De ce traité sur le fil M nouveau, tu vérifieras la vérité scientifique.*

De fil M nouveau viendra une nouvelle foi. Ce fil M arrimera lien avec divin plan. Il liera nos deux mondes. Il montrera que nous sommes vivants. Il portera l'espoir. Il réitérera pour les siècles à venir la quittance de l'esprit. Il vous prouvera la fidélité de l'âme.

*C'est un moyen de filmer simple mais tout à fait nouveau. Le fil M révélera que **vos films ne figent pas tout**.*

*Ce Fil M montrera que **la vie des défunts n'est pas rigide. Vous vous croyez libres alors que des fils vous entravent.** Fil M nous refile fil alors que nous sommes libres.*

Réel, mon fil M notifie. Illusion, monde fils ! »

Je ne peux qu'avouer ma grande perplexité, ma désillusion, mon découragement parfois, face à de tels messages. Pourtant, patiemment, j'ai poursuivi ma quête et la poursuis encore.

MAGNÉTISME

Le magnétisme fait partie de ces énergies mysté-rieuses dont on observe les effets sans en connaître les causes mais, comme il ne semble pas exister d'ef-

fets sans cause, nous devons admettre que le magnétisme est une réalité sans avoir la possibilité d'expliquer d'où il vient ni comment il fonctionne.

Pour un guérisseur, le magnétisme, dont il constate chaque jour les effets bénéfiques, est une source
d'énergie universelle qui émane des corps vivants, des
minéraux et des éléments les plus divers qui forment
le Cosmos. C'est une force impalpable, non mesurable, non quantifiable mais qui se manifeste pourtant
dans beaucoup de domaines. Est-ce un fluide, une vibration, une onde ? Nul ne le sait vraiment.

Depuis plus de deux siècles, il règne à son sujet une
énorme confusion. Des centaines de livres en ont
traité, des milliers de débats, de colloques ont réuni
praticiens et chercheurs pour en parler, sans parvenir
à se mettre d'accord sur une explication simple, évidente ou simplement plausible. Il en va du magnétisme universel, comme du concept de Dieu. Il
appartient au domaine du dogme, de la métaphysique,
donc il se démontre mais ne se prouve pas. Les hypothèses les plus folles, les plus sérieuses, les plus far-
felues ont circulé à son sujet. On a dit de lui le
meilleur et le pire. La principale raison de ce désordre
est que le mot lui-même recouvre au moins deux principes différents que la plupart des commentateurs
confondent délibérément ou involontairement.

Le magnétisme, **branche de la physique** et objet
de ses études, est une force **mesurable**, **quantifiable**,
mise en équation, reproductible à volonté. Découvert
il y a plus de deux mille ans, la science d'aujourd'hui
le maîtrise et le connaît bien. C'est cette force jumelle

de l'électricité que dégagent les aimants. Cette force permet le bon fonctionnement de toute la technologie moderne, depuis les télécommunications jusqu'au lancement des fusées. Force fondamentale de la nature, elle régit l'interaction des atomes, la circulation des électrons, des quarks et de tous ces éléments infiniment petits que l'on découvre encore. Ce magnétisme-là est une force physique que l'on peut expérimenter et dont l'existence est prouvée.

Il y a ensuite l'autre **magnétisme**, le magnétisme animal ou vital. Appelé fluide vital, fluide éthérique, fluide céleste, magnétisme animal ou humain, etc., il représenterait selon le Docteur Franz Anton **Mesmer**, une énergie émanant des corps célestes, analogue mais beaucoup plus subtile que celle de l'aimant. Cette force s'exercerait par le moyen d'un fluide où baignent les êtres et les choses. Mesmer affirmait que l'homme peut concentrer ce fluide et en diriger à volonté le courant sur ses semblables. La pratique la plus courante consiste en un contact immédiat direct par le toucher ou l'imposition des mains, ou à légère distance par des passes au-dessus du corps ou des parties malades. Je sais aujourd'hui que cette thérapie peut aussi s'exercer par le regard, par la voix, par la simple présence. Ce magnétisme serait produit par l'émission et la focalisation de la pensée concentrée du magnétiseur.

Pour les scientistes purs et durs le magnétisme universel autre que le magnétisme physique des aimants, n'existe pas. Le magnétisme qu'il soit animal, humain, mental, est **une vue de l'esprit** pour ne pas dire une fumisterie. Pour les empiriques, il est le souffle même de la vie, l'énergie vitale par excellence.

Dans ce débat contradictoire, qui doit-on croire ? **Paracelse** qui écrit : « *L'homme a en lui une force magnétique sans laquelle il ne peut exister.* » ou bien faut-il suivre la conclusion du rapporteur de la commission nommée par le roi Louis XVI afin d'enquêter sur la réalité du fluide magnétique :

« *Le fluide sans l'imagination est impuissant, alors que l'imagination sans le fluide peut produire les effets que l'on attribue au fluide* ».

En 1784, la commission referma son dossier en affirmant que « *le fluide en tant que ses effets démontraient son existence, n'existe pas* ». Rappelons que des hommes aussi considérables que Benjamin Franklin, Guillotin (l'inventeur de le gillotine) et Lavoisier faisaient partie de cette commission.

Pour ma part, j'ai pratiqué ce magnétisme curatif pendant de longues années et sur un nombre conséquent de personnes. Je n'ai aucune explication rationnelle à donner sur son origine, sur sa source, mais j'ai constaté de nombreuses fois son efficacité sur des symptômes et des douleurs non traitées par la médecine classique.

Peu m'importe donc la réalité physique ou psychique du « fluide » que nous utilisons. **Son effet positif m'apparait plus important que l'ignorance de ses causes**.

MAL

Intuitivement, je lis et j'entends ce mot comme l'inverse de LAM - l'âme ! - soudain privée de l'énergie du **E,** l'Esprit, comme une polarité séparée de la source.

MALADIE

Dans ma pratique du magnétisme curatif, j'avais l'habitude de débuter mes rendez-vous par une discussion avec mon visiteur.

J'avais rapidement constaté que cet échange m'amenait discrètement des informations sur un mal-être, une blessure psychique, personnelle ou professionnelle, que la personne ne confiait jamais ou rarement. Je m'étais peu à peu convaincu que nombre de nos douleurs physiques trouvaient leur source dans une douleur psychique, ancienne ou récente, que l'on avait du mal à laisser s'exprimer, du « *Mal à dire* ».

Je fus heureux de lire que d'autres avant moi avaient eu cette approche, tel **Carl Gustav Jung qui écrivit :**

« Les crises, les bouleversements et la maladie ne surgissent pas par hasard. Ils nous servent d'indicateurs pour rectifier une trajectoire, explorer de nouvelles orientations, expérimenter un autre chemin de vie. »

MATHÉMATIQUES
Voir CHIFFRES, NOMBRE

J'ai abordé ce domaine, sans passion, du bout des lèvres, alors que je venais d'avoir quarante ans. Je l'ai abordé sans en connaitre les bases, le langage et les pratiques. Je suis toujours sorti nerveux, insatisfait et déçu des discussions que j'ai pu avoir avec de vrais mathématiciens. Ils ne comprennent pas mes approximations comme je ne comprends pas leur exigence de précision. Bien que les mathématiques soient considérées comme l'excellence en science, si je comprends et respecte leur pouvoir d'action sur l'usage de la matière, je cherche encore **en quoi elles se sont montrées utiles à notre connaissance de l'esprit**. Je me sens plus proche des physiciens dont l'approche accepte et utilise les valeurs approchées.

Aucun cercle de notre monde physique n'a jamais mesuré « deux pi », aucun rapport de dimension de nos objets matériels n'a jamais mesuré exactement « racine de deux » car la perfection des mathématiques ne s'applique pas à notre monde physique matériel imparfait. L'infinitude des décimales des nombres irrationnels ne me parle pas. Lorsqu'un architecte ou un géomètre détermine la mesure de longueur d'une voute ou la hauteur d'une façade, il utilise une calculatrice capable de donner les douze premières décimales des constantes mathématiques.

Je dois donc en déduire que le résultat qu'il obtient n'est qu'une approximation sans intérêt. Pourtant son bâtiment s'élève harmonieusement dans notre espace-temps. Si j'utilise les 39 premières décimales de pi, je peux tracer un cercle de la taille de l'univers observable avec la précision du diamètre d'un atome d'hydrogène. Où se situe vraiment la nécessité d'aller plus loin ?

Lorsque j'écris par exemple que le « doigt » de la coudée royale égyptienne, exprimé en centimètres, peut s'écrire sous la forme du rapport du **produit de pi par phi sur la constante e**, soit **1,87000**, j'obtiens déjà une précision de l'ordre du dixième de micron.

Seule l'exigence stricte des mathématiciens juge ce résultat imparfait, les physiciens s'en satisfont, les historiens s'en moquent.

MATIÈRE

Lorsque j'écris ainsi les deux mots « MAT-ière » et « LUM-ière », je perçois la présence du « **mat** » face au lumineux, le flou face à la clarté, le simple reflet face à la source.

Le physicien allemand Max **Planck** (1848-1947), prix Nobel de Physique en 1918 et l'un des fondateurs de la physique quantique, écrivit à la fin de sa vie :

*« Pour moi qui ai consacré toute ma vie à la science la plus rigoureuse, l'étude de la matière, voilà tout ce que je puis vous dire des résultats de mes recherches. **Il n'existe pas, à proprement parler, de matière !** Toute matière tire son origine et n'existe qu'en vertu **d'une force** qui fait vibrer les particules*

255

*de l'atome et tient ce minuscule système solaire qu'est l'atome en un seul morceau [...] **Nous devons supposer, derrière cette force, l'existence d'un Esprit conscient et intelligent. Cet Esprit est la matrice de toute matière.** »*

Une amie m'avait signalé que le mot « *mat* » signifiait « *mort* » en arabe, comme dans l'expression célèbre du jeu d'échecs « *échec et mat* ». J'ose alors imaginer la réflexion surprise de nos défunts qui, aussitôt franchie la porte de l'Ailleurs, doivent penser en souriant : « *Je vis toujours. Pourtant, j'étais mat hier* ! » Mat hier, certes, mais conscience toujours !

Les physiciens modernes confirment aujourd'hui ce qu'écrivait déjà **Origène** au IIIème siècle après JC : « *Comprends que tu es un autre monde en petit et qu'il y a en toi le soleil, la lune et les étoiles* ». Ils montrent que cette matière qui nous semble si solide et si stable est animée d'une agitation frénétique et permanente.

L'énergie et le mouvement sont partout, intenses, continus, dans l'univers que nous percevons, dans cette bague que je porte, dans l'écorce de l'arbre comme dans les minuscules particules qui constituent mon corps physique.

C'est donc **l'association « énergie - information »** de l'univers qui, selon les physiciens, structure la matière. Toujours selon eux, la matière ne serait donc que de la lumière condensée, de l'énergie en perpétuelle interaction.

MÉDIANE (la voie)

Modération exigée ! Des deux côtés de la balance, je retrouve le même excès. Les scientifiques matérialistes convaincus, aveuglés par les apparences, dénient toute existence à la spiritualité. La plupart d'entre eux n'ont même pas étudié le sujet !

D'autres s'engagent aveuglément dans la spiritualité avec la même obstination. Ils voient des signes partout, en tout ! Nos guides nous invitent pourtant sans cesse à suivre « *la voie médiane* », celle où « conscience analytique » et « conscience intuitive » cohabitent harmonieusement, donnant toute sa valeur à l'existence que nous devons mener ici-bas. Là est la vraie « communion ».

MEDIUM, MÉDIUMNITÉ

Diverses formes de médiumnité existent. La plus répandue – sans doute la plus connue - est la réception directe par le médium de messages psychiques, sonores et (ou) visuels émanant de guides ou de défunts, bref d'un plan de réalité différent et supérieur au nôtre. Cette médiumnité est souvent présentée comme un « **don** » reçu, rarement recherché, tout comme l'expérience de la NDE qui s'impose sans prévenir à des personnes qui ne l'avaient pas demandée.

Au rythme de mes conférences données depuis 2013 en France et en Belgique, j'ai croisé de nombreux médiums, hommes et femmes, amateurs et professionnels, jeunes et vieux, connus et inconnus.

Si j'ai assisté discrètement, dans le public, à leurs séances de médiumnité publique, prenant ainsi le temps d'étudier et d'observer la diversité de leurs pratiques, j'ai également eu le privilège de passer du temps en privé avec chacun d'eux. J'admire leur courage à se présenter seul(e), à une heure imposée, devant un public d'inconnus espérant tous recevoir un message privé de leurs défunts, sans savoir par avance si le contact attendu se produira vraiment. Je n'ai jamais osé me prêter à cet exercice.

La forme de médiumnité que je pratique est différente car je ne vois ni n'entends personne. Au moyen d'un pendule et d'un support alphanumérique tracé sur un cercle de carton, je reçois des messages que je note, lettre après lettre, mot après mot, phrase après phrase, à l'image de SMS qui me parviendraient d'un correspondant au numéro masqué.

Cette pratique présente certains avantages :

○ Elle est **contrôlable** : Je choisis la fréquence, le moment, la durée et le lieu du contact. Il ne s'impose pas à moi !
○ Elle est **reproductible**
○ Elle est **simple** à mettre en œuvre, sans matériel, sans rite particulier et en pleine lumière.

Je ne l'utilise jamais pour autrui car, d'abord, mon guide ne le souhaite pas et, ensuite, je sais pertinemment que les informations que je livrerais au demandeur seraient toujours génératrices de doute et sujettes à l'interprétation.

Mon objectif est donc simple : Donner à qui le souhaite une possibilité de tenter lui-même le contact avec ses proches et de se forger son intime conviction.

Lorsque l'on reçoit « soi-même » un mot d'amour ou un conseil de son cher défunt, la conviction et le ressenti s'accélèrent. Je ne prétends pas que tous y parviendront, ni même que tous s'y intéressent mais je suis persuadé, de longue date, que cette possibilité est naturelle et mérite d'être diffusée.

Cela ne limite en rien l'exigence des précautions nécessaires à mettre en œuvre avant toute tentative de contact, quelle que soit la méthode choisie.

La médiumnité n'est pas un jeu ! Si je ne crois pas au diable ou aux démons, je reste persuadé que ceux qui y croient doivent s'abstenir.

La connaissance et la multiplication de ce type de pratique peuvent servir à secouer encore davantage la solidité et la vraisemblance de la théorie scientifique matérialiste, déjà bien entamée, qui freine l'éveil des consciences.

MENTAL

On considère le mental comme l'ensemble des facultés psychiques développées par le cerveau. Le mental désigne donc notre **conscience analytique**, dont le fonctionnement ressemble beaucoup à celui, **binaire**, du processeur central de notre ordinateur.

MESURE
Voir MÈTRE, PIGE

Si « *Piger* » c'était argotiquement « *mesurer* », « *mesurer* » c'est « *comprendre* ». Agir avec mesure, c'est également suivre la voie médiane qui, spirituellement ou scientifiquement, conduit vers la sagesse.

MÉTAPHYSIQUE
Voir PHYSIQUE

La Métaphysique est la **science des Causes** tandis que la Physique est la **science des effets** apparents. La physique observe, mesure, reproduit les effets du visible quand la métaphysique se préoccupe de ses causes, invisibles.

MÈTRE
Voir COUDÉE, PIGE

Première unité de mesure du système métrique initial, le mètre, du grec μέτρον / métron, signifiant « mesure », a d'abord été défini comme la **10 000 000e partie d'une moitié de méridien terrestre**, puis comme la longueur d'un mètre étalon international, puis comme un multiple d'une certaine longueur d'onde et enfin, depuis 1983, comme « *la longueur du trajet parcouru par la lumière dans le vide pendant une durée d'un 299 792 458ème de seconde* »

L'unité métrique est **officiellement** née **à la fin du XVIIIème siècle** par la volonté des révolutionnaires français qui souhaitaient mettre un terme à la disparité des trop nombreuses mesures du Moyen-âge encore en vigueur dans les diverses régions du pays.

Il est donc totalement illogique et inconcevable de découvrir la présence de cette unité dans les mesures des bâtiments anciens. Et pourtant !

Plusieurs chercheurs « alternatifs » ont constaté cette présence sur de nombreux sites de la planète. Plusieurs articles de ce livre le montreront aisément.

MISSION
Voir DESTIN

Beaucoup parmi nous s'interrogent sur leur présence et leur rôle ici-bas. Alors que, moi aussi, je me posais depuis longtemps cette question prégnante, j'ai connu la chance et le privilège de pouvoir directement questionner ceux qui me guident. Leur réponse me parvint ainsi :

« *Ta mission tient en quatre mots :* **Porte-parole** *et* **trouble conscience** »

C'est surement pour coller à cette brève définition que j'avais décidé, dès mes premiers contacts, de ne donner aucune consultation médiumnique, publique ou privée, de consacrer mon temps à la recherche puis de partager mon expérience au travers de mes livres et de mes conférences.

MONDE (le)

Selon ce bref extrait de la lettre 8 du livre « *Les lettres du Christ* », ce monde et son inverse s'expliquent ainsi :

« *Vous qui ne croyez qu'au monde matériel, vous vivez entièrement sur le plan physique. Vous vivez dans la dimension qui manifeste exactement vos croyance.*

La science présente l'univers comme de la matière possédant de la conscience, mais la vérité est que **l'univers est de la CONSCIENCE ayant pris l'apparence de MATIÈRE** *après sa descente dans les fréquences vibratoires inférieures de conscience.* »

Cette figure du Monde, démon en verlan, constitue le 21ème et dernier des arcanes majeurs du jeu de tarots. Ce nombre et son inverse sont aussi particuliers que le mot lui-même. Quand 21² donne 441, son reflet, soit 12² donne le 144, désigné comme la « Nouvelle Jérusalem » dans le texte de l'Apocalypse.

MORT (la)

Quand son initiale est la **13ème** lettre de notre alphabet, la Mort est aussi l'Arcane **13** du jeu des tarots, baptisé l'arcane sans nom.

Au-delà de la crainte qu'inspire immédiatement ce mot, il est en réalité synonyme de renaissance, de passage et de transformation. Il met l'accent sur la nécessité de faire au plus tôt son deuil et de se détacher du passé pour aller vers un futur nouveau. C'est donc la carte de la crise et du changement nécessaires.

Lorsque j'entends l'expression « la mort du corps », j'écoute plutôt « **l'âme hors** du corps ». Si le son est le même, le sens est bien plus beau et porteur d'espérance. Mon guide Gilles m'en parla ainsi :

« La mort ne fait pas mal. La mort n'est qu'un passage entre mon monde et le tien. La mort n'est qu'une déflagration de l'être qui le fait monter en vibration. »

Cessons donc de la considérer avec crainte. Elle est certes inéluctable mais, comme le déroulé de la naissance conduisit le bébé d'un tunnel de matière à une lumière d'accueil, elle est, à l'inverse, une nou-velle « délivrance » et non la fin. Elle est retour et ex-pansion de conscience.

Cessons d'absorber ad aeternam les croyances d'autrui. En questionnant utilement notre guide inté-rieur, on obtient des réponses utiles et rassurantes.

MOTS
Voir ANAGRAMME

Littéraire de formation, initié très jeune au latin et au grec ancien, adolescent romantique bercé par les poèmes de François Villon, de Baudelaire, de Victor Hugo, curieux de la source des mots, j'éprouve à leur égard une immense affection. Je leur ai dédié un jour ce court poème.

Où naissent les mots
5 janvier 2012

Nul ne sait où naissent les mots,
de quel azur, de quel hasard…
Tombent-ils du bec des moineaux
lorsqu'ils sèment leur cri bavard ?

Chutent-ils des lèvres d'un ange
égaré entre terre et ciel,
seraient-ils le fruit d'un mélange
entre le songe et le réel ?

Sans le savoir, je les recueille

264

avec tendresse, éperdument,
puis je les couche sur ma feuille
où ils s'endorment, doucement.

Je partage cette tendresse avec un certain **Platon** qui écrivit que « *La connaissance des mots conduit à la connaissance des choses* ».

MOUNY (Guy Claude)
Écrivain français (1930 – 2007)

Colonel de réserve, commandeur de l'Ordre National du Mérite, Guy-Claude **Mouny** est un écrivain français, auteur de nombreux ouvrages traitant entre autres de la géométrie des pyramides de Gizeh, de l'existence d'une haute-technologie en Égypte ancienne, de l'énigme de Rennes-le-Château, des carrés magiques.

Comme moi, comme beaucoup d'autres aujourd'hui, il tenait absolument à réfléchir au « *comment* » et au « *pourquoi* » des choses, suivant ainsi une pulsion irrépressible qu'il devait absolument manifester. À la fin des années quatre-vingt-dix, alors que j'en étais aux balbutiements de ma propre recherche, appartenant au nombre de ses lecteurs, je l'avais contacté et, sur son aimable invitation, m'étais déplacé à Paris à la rencontre de cet homme. Il me reçut fort gentiment et m'écouta avec attention. Plus tard, il me fit la surprise, le plaisir et l'honneur de citer mon nom et mes intuitions dans quatre de ses livres, parmi lesquels :

o   « *Guizeh, au-delà des grands secrets* » publié en 1997
o   « *Grilles numériques et carrés magiques* » coécrit avec le Professeur Gérard Demarcq en 2001.

J'en souris encore aujourd'hui car il me désignait alors comme « *le spécialiste des sinus* » alors que mes connaissances dans le domaine de la trigonométrie étaient et sont toujours quasiment nulles. J'avais seulement appris à manipuler sur ma calculatrice du collégien ces trois touches qui portent les inscriptions « *Sin, Cos et Tan* » (pour sinus, cosinus et tangente).

Son attitude positive à mon égard, sa prise en compte des quelques éléments mathématiques dont je lui avais offert la confidence, furent pour moi un soutien fort et un vif encouragement à poursuivre mon chemin de recherche.

MUSIQUE

Voilà encore un univers où les ondes et les mathématiques s'affichent discrètement mais sans complexe !

À l'adolescence, je vibrais d'abord aux plaintes de l'harmonica de mon père, puis j'effleurais longtemps les cordes des guitares avant de m'arrêter aux touches noires et blanches des claviers. Incapable de déchiffrer une partition, modeste amateur, je laisse libre cours aux envies de mes doigts.

Éloignant les soucis, diluant l'amertume, la musique a le don d'éterniser le rêve, d'apaiser les colères et d'étouffer la peur. **Comme la poésie, la musique est un fil que les Anges de dieu ont tendu jusqu'à nous.**

Si j'ai désormais quitté le groupe pop-rock amateur **KTN** dont j'ai tenu le clavier pendant plus de dix ans et dont les musiciens m'avaient baptisé « *Christian clavier* », je passe toujours de merveilleux moments dès que je pianote à la maison, sur mes deux claviers.

Mathématiquement, le chiffre **7** que je rattache à l'Esprit se retrouve encore dans les **sept** notes fondamentales de la gamme, quand le nombre **12**, racine carrée du **144,** se manifeste également dès que l'on ajoute les dièses et les bémols.

Chaque note correspond à la fréquence d'une onde et leurs rapports sont étonnamment significatifs, notamment lorsque le **LA** est accordé en **432** Hz et non plus en **440.**

En effet, quand le **LA** affiche **432** Hz, soit **3 fois le 144**, le **RE** donne **288** Hz, soit **2 fois le 144**.

Note	Note selon la notation anglo-saxonne	Fréquence accordé au 440 Hz	Fréquence accordé au 432 Hz
Do	C	261,63 Hz	256 Hz
Ré	D	293,66 Hz	288 Hz
Mi	E	329,63 Hz	324 Hz
Fa	F	349,23 Hz	342 Hz
Sol	G	392,00 Hz	384 Hz
La	A	440,00 Hz	432 Hz
Si	S	493,88 Hz	484 Hz

Yannick Van Doorne 31-01-2010

Accolant phonétiquement ces deux notes LA RE, ma « folie intérieure » me fait entendre « *la RAIE* » évoquée par mon guide et dont le total donne **720**, ce nombre qui, exprimé en coudées, se traduit par **3,7699** hectomètres, valeur de **ma constante K**, addition de la hauteur et du côté de la Grande Pyramide.

L'addition des fréquences du **MI** (**324** Hz) et du **FA** (**342** Hz) nous renvoie au nombre de la bête, le **666**. Quelle in FA MI, cette bête !

La musique nous offre donc, elle aussi, les deux nombres les plus connus du texte de **l'Apocalypse** (144 et 666).

Où que je pose mon regard, quel que soit le chemin de mon observation, tout se mêle, s'emmêle, m'entrainant sans cesse vers **les mêmes nombres**, même si leurs valeurs s'expriment dans des domaines et des unités différents.

MYTHE
Voir LÉGENDE

Du grec « **muthos** » signifiant « *muet* », un mythe est présenté comme **une construction imaginaire** sensée expliquer d'anciens phénomènes cosmiques ou sociaux et surtout fondatrice d'une pratique sociale en fonction des valeurs fondamentales d'une communauté à la recherche de sa cohésion. Il est généralement issu d'**une tradition orale**, qui propose une explication pour certains aspects fondamentaux du monde et de la société qui a forgé ces mythes, et notamment la création de notre monde. Chacun a ainsi entendu parler de ces mythes célèbres : L'Iliade et l'Odyssée, les **Géants**, le **Déluge**, l'**Atlantide**…

Cette définition faisant référence à la seule imagination nous vient de ceux qui ne croient pas à la réalité des histoires contées par les mythes. D'autres, dont je suis, sont persuadés d'une base solide, de faits réels, leur ayant donné naissance mais victimes d'une difficulté d'interprétation venue de la méconnaissance et de l'incompréhension, difficiles à partager par ceux qui les ont vécus.

N

14ᵉᵐᵉ lettre

<u>Géométrie</u> :

<u>Symbolique</u> : *La forme du N semble montrer deux individus inversés, en contradiction. C'est la symbolique du Négatif. Le N est associé au M comme Noeud central de l'alphabet. La 13ème et cette 14ème lettre expriment deux antagonismes : "aime"(M) et "haine"(N) que l'on peut interpréter comme l'état de la matière incarnée séparée provisoirement de la conscience pure.*

NATURE

En vieillissant, profitant de l'extension de temps libre offert par ma retraite, je reviens vers la nature, honteux de m'être si longtemps éloigné d'elle pour écouter les cornes brumeuses et trompeuses de la ville.

Mon enfance pourtant avait coulé près d'elle. J'ai tant de souvenirs des longs moments agréables et insouciants passés dans l'eau fraiche mais claire de ses rivières, sur la verdure tendre de ses prairies couvertes de fleurs sauvages, sur l'épais manteau de neige qui recouvrait les causses, sur le tapis d'aiguilles de pin qui craquait sous mes pas d'enfant à cette époque où le smartphone, la tablette, le net et la télévision n'appartenaient même pas à notre imaginaire.

Les Anciens n'avaient qu'elle. Ils l'observaient, l'analysaient, étudiaient ses mouvements, ses bruits et ses silences, conscients de sa puissance et de leur filiation. Ils lui devaient tout. Ils en tiraient leur connaissance, un savoir dont quelques bribes seulement nous sont parvenues.

Nous, les modernes, tels des enfants gâtés se souciant peu de la santé de leur mère, persuadés de notre supériorité, nous l'avons exploitée, saccagée, partiellement détruite. Malgré les avertissements qu'elle nous envoie, malgré les messages d'alerte que nous donnent ceux parmi nous qui la connaissent et la respectent encore, nous persistons dans cette voie criminelle et suicidaire. Je crains que nous ayons à subir sa colère.

NDE (Near Death Experience)

Qu'est-ce qu'une expérience de mort imminente (EMI) ? Parmi les nombreuses définitions possibles, j'apprécie de vous donner la réponse de Jocelin **Morisson**, journaliste de formation scientifique, collaborant régulièrement avec de nombreuses revues et magazines (Inexploré, Le Monde des religions, Nouvelles Clés, VSD hors-série).

Jocelin considère que l'EMI « *est une expérience vécue et rapportée par des personnes qui ont frôlé la*

272

mort dans différentes circonstances, mais aussi par-
fois par des gens qui n'ont pas frôlé la mort, ce qui
pose un problème de définition ».

Les recherches et enquêtes menées depuis les années soixante-dix ont pu dégager plus de quinze caractéristiques communes rapportées par les différents
« expérienceurs » mais un modèle-type peut être dé-
gagé. Jocelin Morisson nous en propose un :

« *L'expérience type c'est une personne qui se re-*
trouve hors de son corps, perçoit son environnement
depuis un point de vue élevé, entend les conversa-
tions, puis elle est attirée par une lumière, elle a la
sensation de traverser un tunnel à grande vitesse,
puis se retrouve dans la lumière et peut rencontrer
des proches décédés, des êtres spirituels, un "guide"
ou ce genre de chose, avec lequel il y a un échange,
et elle peut revoir aussi toute sa vie défiler. Ensuite,
elle va atteindre une limite et va revenir brutalement
dans son corps ».

Quant aux conséquences, le journaliste émérite
qui a travaillé pendant plus de vingt-ans sur les expériences de mort imminente, affirme que « *ce qui est*
important c'est le sens que la personne elle-même at-
tribue à l'expérience : ils n'ont plus peur de la mort
et sont persuadés qu'il existe une après-vie. Ils sont
transformés en profondeur dans leur système de va-
leurs ».

Plus de trente millions de personnes dans le
monde affirment avoir vécu une expérience de mort
imminente. Pour ma part, sur ce sujet qui concerne

chacun d'entre nous, j'invite mes lecteurs à découvrir « **Faux départ** », le merveilleux film documentaire de Sonia **Barkallah** puis à écouter les témoignages ou à lire les ouvrages de Nicole **DRON** et de Jean **MORZELLE** que j'ai eu le plaisir de rencontrer.

NIEDBALA Jan
Écrivain, explorateur

Jan **Niedbala** est un jeune explorateur aguerri, amoureux de la nature et passionné d'archéologie, dont je suis avec plaisir les vidéos et les recherches. Il est le directeur et fondateur de Passion Explorers, une structure de guides encadrants et d'éco tourisme ouvrant au grand public l'archéologie alternative.

Il définit ainsi sa recherche : « *Faire des parallèles entre les anciennes constructions qui jonchent notre planète permet de comprendre qu'il y a eu peut-être un jour **une civilisation avancée** à une époque où nous pensons que l'homme n'était doté que de moyens matériels et intellectuels rudimentaires. Voilà notre enquête, notre mission.* »

Dans son ouvrage « *Le Guide Secret de l'Égypte ancienne* » publié en septembre 2017, il présente une autre facette de l'Égypte et livre des observations

étonnantes sur les sites antiques les plus exception-
nels de ce pays, **observations factuelles** qui pourraient **remettre en cause les dogmes et convictions**
établies sur le passé réel de cette civilisation infiniment mystérieuse.

Je n'ai pas encore connu le plaisir de visiter les
beautés de l'Égypte. Après l'avoir lu et écouté, c'est
avec **Jan** que j'aimerais les découvrir.

NOMBRE
Voir MATHÉMATIQUES

Nombreux, parmi celles et ceux qui me suivent
sur les réseaux sociaux, s'avouent non réceptifs et
même réfractaires face à la science complexe des
nombres. Pour la plupart, moi le premier, nous le devons aux modalités contraignantes de l'enseignement
que nous en avons reçu.

C'est à la quarantaine que mon intérêt pour les bâtiments les plus anciens m'a conduit d'abord vers la
géométrie puis, logiquement, vers les nombres et rapports qu'elle dessine.

NUREA TV
Chaine thématique du Net.

Ceux qui me suivent sur les réseaux sociaux savent déjà que j'éprouve une grande affection pour

Nora et **Guillaume**, créateurs et animateurs de cette jeune télévision libre du web lancée en 2016.

Constatant que notre approche curieuse et intui-tive de l'univers s'avère identique en de nombreux points, je reprends donc leurs propres mots publiés sur leur site :

« Considérons la réalité et les mystères qui nous entourent comme un immense puzzle ! Notre démarche a pour objectif de mettre en lumière toutes les pièces qui le composent afin que chacun puisse les assembler à sa guise et ainsi construire sa propre vérité.

Nora

Nulle volonté sur NURÉA TV d'imposer une vision des choses, bien au contraire ! Nous concevons notre rôle de média comme une passerelle, une interface entre celles et ceux, qui de par leurs recherches, leurs expériences ou encore leurs perceptions sont à

même de proposer des réponses éclairantes et cohé-
rentes aux multiples interrogations qui sont les
nôtres, et toutes celles et ceux qui comme nous se po-
sent des questions et cherchent à dépasser le cadre
souvent trop restrictif de ce qu'il est admis de croire
ou de penser.

Nous vous invitons donc à nous suivre dans cette
formidable aventure, à être curieux au-delà du rai-
sonnable et par-dessus tout à faire appel à votre libre
arbitre et à votre intuition pour cheminer à nos côtés
sur le chemin de VOTRE vérité. »

Guillaume

Depuis la sortie de mon premier essai au printemps 2013, j'ai eu la chance et le privilège, d'être
invité sur plusieurs radios et chaines thématiques du
net. Chez Nora et Guillaume, j'ai immédiatement ressenti l'impression agréable d'être accueilli « *à la maison* », comme un ami, bénéficiant d'une écoute
attentive et respectueuse, sans a priori et sans jugement. Chez eux, pour ces raisons, je n'ai pas hésité à

laisser parler mes émotions. Si je ne dispose pas toujours du temps nécessaire et suffisant pour écouter toutes leurs émissions, je sais aujourd'hui que mon avis affectueux et positif est partagé par la grande majorité, pour ne pas dire la totalité, de leurs intervenants.

Lorsque ma parole est sollicitée, je parle souvent des nombreux chemins d'ouverture à la spiritualité qui nous sont offerts ici et là. Mon chemin est personnel et n'a pas vocation à devenir un modèle. Si la lecture d'ouvrages d'hier et d'aujourd'hui constitue toujours la plus large des portes, la chaine de Nuréa TV m'apparait comme un seuil utile et agréable à franchir.

Par leur travail assidu, par l'ouverture qu'ils démontrent sans cesse, Nora et Guillaume sont devenus à leur tour des « messagers » du savoir, des « porteurs de lumière ».

Leur site - **http://www.nurea.tv/** - est riche de témoignages, de références de livres, d'articles, de vidéos de conférences et d'interviews. Pour cette richesse, comme pour leur approche sérieuse, humaine et souriante, je vous invite à les rejoindre et à les soutenir.

> « *L'opinion est quelque chose d'intermédiaire entre la connaissance et l'ignorance.* »
> **Platon** (La république)

O

15ème lettre
<u>Géométrie</u> : Cercle
*<u>Symbolique</u> : Il symbolise le SOLEIL, l'OR, le cœur. Le **O** est une plénitude. Il prend la forme du cercle, espace clos, symbolisant l'accomplissement.*

OBSCURANTISME
Voir DOGMES

Pour les courants intellectuels et politiques progressistes, héritiers de la philosophie des **Lumières**, l'obscurantisme est une attitude d'opposition à la diffusion du savoir, dans n'importe quel domaine.

À l'heure où l'on évoque beaucoup l'intégrisme d'une minorité des musulmans, je ne peux m'empêcher de regarder avec stupéfaction et distance l'histoire de la chrétienté qui fut la base de ma culture et de mon éducation.

Qui se souvient encore que le pape Grégoire IX refusa complètement l'accès à la Bible aux fidèles et **en interdit la lecture** au concile de Toulouse en 1229 ? Sous la menace des peines de l'enfer, par la torture et l'épée, on persécutait ceux qui possédaient une Bible dans leur langue maternelle ou des extraits de celle-ci.

« *Nous interdisons également qu'on autorise les laïcs à posséder les livres de l'Ancien et du Nouveau Testament. [...] Nous leur défendons avec la plus grande vigueur de posséder les livres précités dans la langue populaire. - Les habitations, les chaumières les plus misérables et même les refuges les mieux cachés de ceux chez qui l'on trouvera de tels écrits doivent être totalement détruits. Ces gens doivent être poursuivis jusque dans les bois et les cavernes, et quiconque les abrite doit s'attendre à être sévèrement châtié.* »

Les seuls textes qu'on avait encore le droit de lire étaient les Psaumes, et ce uniquement en latin, mais le peuple ne comprenait pas cette langue, pas plus que la plupart des prêtres.

En 1234, le concile de Tarragone décrétait encore que « *Personne n'a le droit de lire ou de diffuser l'Ancien ou le Nouveau Testament [...] faute de quoi [...] il sera accusé d'hérésie.* »

Au XVIème siècle, le Vatican persécutait encore avec une violence et une brutalité extrêmes les prêtres qui traduisaient la Bible pour permettre aux peuples de la lire dans leur langue nationale respective. Pour n'en donner qu'un exemple, le prêtre Luigi Giovan Paschale édita, en 1555, une Bible bilingue italien-français. Cinq ans plus tard, il fut cruellement torturé à Rome par la garde pontificale, qui lui fit subir le supplice de la roue avant de l'exécuter.

Certes, les paroles s'envolent mais les écrits demeurent. Comment peut-on, aujourd'hui comme hier, oser prétendre encore détenir la Vérité et interdire en même temps son étude et sa diffusion ? Le véritable savoir ne s'acquiert vraiment que par la réflexion, l'ouverture à la diversité des idées et le partage.

ONDE
Voir FIL, VIBRATION

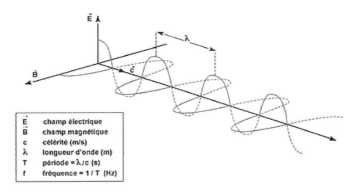

Les ondes sont présentes dans de multiples domaines de notre vie quotidienne. Nous les utilisons sans cesse, souvent sans les connaitre, dans nos moyens modernes de communication, radio, télévision, wifi, Bluetooth.

Les premières ondes à avoir été observées et analysées sont les rides à la surface de l'eau, par exemple celles que causent les gouttes de pluie tombant sur la surface d'un lac. La forme et la propagation de ces ondes, mais aussi leur atténuation au bout d'un certain temps, ont été étudiées par les scientifiques.

Une onde est dite périodique si la perturbation qu'elle propage se répète de manière identique à intervalles de temps constants. Les **ondes sonores** et les **ondes électromagnétiques** sont systématiquement périodiques. Comme tout phénomène périodique, une onde est caractérisée par sa **période**, sa **fréquence** et son **amplitude** mais elle est aussi associée à une autre grandeur : la **longueur d'onde** qui reflète une périodicité spatiale et pas seulement une périodicité temporelle.

Ce sont bien ces ondes, qu'il baptisait K ou M, que mon guide souhaitait me voir étudier. S'il a sans aucun doute apprécié mon intérêt, ma curiosité et mon investissement, il a dû être déçu de mon incompétence.

OPINION

L'*opinion* n'est qu'un avis personnel, un jugement, que l'on porte sur un individu, un phénomène, un fait. C'est une idée qui fait généralement l'économie d'une argumentation mais qui s'affirme parfois avec une grande conviction. Les opinions les plus dévastatrices sont celles affichées publiquement sous la forme d'un argument d'autorité par un personnage diplômé. C'est un cas fréquent dans de nombreux domaines où la théorie dominante défendue ne repose pourtant que sur une hypothèse.

Une nouvelle fois, je cède ma place à la plume inspirée de Platon : « *L'opinion est quelque chose d'intermédiaire entre la connaissance et l'ignorance.* »

ORGUEIL

Ce vilain défaut figure au nombre des sept péchés capitaux.

Attentif mais désabusé, j'ai assisté cent fois aux débats télévisés sensés opposer scientifiques rationalistes et tenants d'une foi. Ces « ébats » entre les nouveaux « marchands du temple », les marchands de temples nouveaux et quelques inquisiteurs scientifiques murés dans leur tour d'ivoire, atteignent des niveaux remarquables de médiocrité.

Face à tant de « mauvaise foi », de part et d'autre, j'ai souhaité me tenir informé de l'état réel de nos connaissances relatives à l'univers ou à la matière. Si je recule toujours devant les formules compliquées, je parviens toutefois à saisir la ligne principale des théories avancées. Je fus dès lors édifié de constater que l'on présentait toujours comme certitudes à nos enfants des théories mouvantes, écrites au conditionnel, et usant de « constantes » mathématiques dont la consistance rappelle plutôt le caoutchouc que l'acier le plus dur. Je ne fus pas surpris d'apprendre qu'une grande part des découvertes scientifiques majeures et innovantes ressortait du hasard, de la chance, de l'intuition et qu'une autre était due à l'obstination acharnée d'amateurs passionnés, « éclairés », hérétiques, qui s'étaient refusés à croire aux affirmations péremptoires des sommités de leur époque, enfermées dans leur dogme provisoire.

Constatant l'orgueil démesuré de ces prétendants à la « vérité unique », leur goût immodéré du pouvoir, le frein qu'ils constituent à la naissance de conceptions nouvelles, j'ai peu à peu pris confiance en mes guides et mis un bémol à la modestie de mon propre savoir.

ORIENTATION

S'orienter correctement, à chaque étape cruciale de l'existence, devrait constituer le but de toute vie.

Je lis toujours les textes dits sacrés avec une vision neutre, totalement éloignée des dogmes religieux. Ainsi ce passage de l'évangile de Mathieu :

« *Entrez par la porte étroite. Car large est la porte, spacieux est le chemin qui mènent à la perdition et il y en a beaucoup qui entrent par là. Mais étroite est la porte, resserré le chemin qui mènent à la vie, et il y en a peu qui les trouvent.* » (Évangile de Matthieu 7/13 et 14).

J'y vois encore une invitation à se tourner vers l'Intérieur plutôt que de persister à s'égarer dans les apparences extérieures ! L'intuition constitue l'un des meilleurs chemins. Disponible pour chacun de nous, elle n'exige qu'un silence du mental associé à une ouverture d'esprit consciente.

OUI JA
Voir PENDULE, SPIRITISME

Cette vieille pratique, interdite par l'autorité ecclésiastique, suscite une peur tenace reposant pourtant sur bien peu d'éléments factuels. Cette peur s'est encore amplifiée en France lors de la sortie du film « *L'exorciste* » en 1973 alors qu'aux USA, la tablette de oui jà faisait l'objet d'une vente normale et régulière, dans le rayon des jeux de société, depuis plus d'un siècle.

L'église chrétienne l'avait rapidement condamnée ainsi que beaucoup d'autres pratiques. Il suffit de lire l'extrême autorité de ce bref extrait tiré du catéchisme de l'église catholique :

« ***Toutes les formes de divination sont à rejeter** : Recours à Satan ou aux démons, évocation des morts ou autres pratiques supposées à tort " dévoiler "* *l'avenir. La consultation des horoscopes, l'astrologie, la chiromancie, l'interprétation des présages et des sorts, les phénomènes de voyance, le recours aux médiums recèlent une volonté de puissance sur le temps, sur l'histoire et finalement sur les hommes en même temps qu'un désir de se concilier les puissances cachées.* **Elles sont en contradiction avec l'honneur et le respect, mêlé de crainte aimante, que nous devons à Dieu seul.** »

J'ai brièvement découvert pour la première fois ce mode si décrié de contact, fin juin 2017, à l'occasion d'une de mes conférences puis de ma participation en curieux aux ateliers organisés régulièrement au **Château de Fougeret** (86) par les membres du Groupe de Recherche et d'Enquête sur les Phénomènes Paranormaux (GREPP). Quelques semaines plus tard, je participais à une expérience réelle et complète, dans la soirée du samedi trois septembre 2017, au domicile de mes amis Guy et Chantal **FAVERDIN**, présidant l'association « **Les Cygnes** » de Clermont-Ferrand, vouée à l'aide aux personnes endeuillées. Auprès d'eux, accompagné par mon épouse, j'étais totalement serein et confiant car je connais la rigueur et l'honnêteté de leur démarche, l'amour et la pureté d'intention qui guident leur pratique.

Ce soir-là, nous avons obtenu rapidement un contact avec mon père que j'avais, je l'avoue, intérieurement sollicité fortement lors de la brève méditation qui précéda notre séance. J'avais souhaité ce contact avec mon père car, comme à chaque fois, j'étais ressorti secoué, attristé, à l'issue de la courte visite faite la veille à maman, enfermée dans un EHPAD de la région toulousaine. Dès que Guy avait demandé si quelqu'un souhaitait s'adresser à l'un d'entre nous, la « goutte » m'avait clairement désigné. Voici les mots que nous avons alors reçus ensemble.

*« La vie compte tant sur cette terre pour vous. L'oubli est nécessaire mais ô combien frustrant pour nous aussi. Je savoure le moment de nos retrouvailles. Elle se prépare doucement et je l'accueillerai dès que le voile se lèvera. Aucune crainte pour elle… pour son retour à la **bonne maison** !* - Immédiatement après ces deux mots, *l*a goutte s'était aussitôt déplacée vers le symbole du soleil, pour signifier un sourire, un clin d'œil - *Sois serein et reste dans ta foi ! Clap de fin.* »

Si je fus personnellement heureux du message que nous reçûmes, nous étions tous en outre souriants après avoir constaté l'humour et la bonne humeur affichés par mon père et présents dans sa phrase « *son retour à la **bonne maison*** » reprenant notre nom de famille, ce nom que j'adore et que je regrette encore d'avoir caché par un pseudonyme lors de la sortie de mes premiers livres, dans le seul but de ne pas gêner l'institution Police à laquelle j'appartenais encore.

OVNI (phénomène)
Voir ALIEN, VIMANAS

Depuis 1940, les témoignages d'OVNI, plus ou moins sérieux, plus ou moins analysés, se comptent par millions sur l'ensemble de la planète. Ces Objets Volants Non Identifiés ne sont pas des délires d'hallucinés et les gouvernements le savent très bien.

Plutôt que de dresser ici un long et vibrant catalogue des observations les plus pertinentes, je vous invite, pour la seconde fois, à lire la synthèse précise et documentée offerte par **Jean Gabriel Greslé**, ancien pilote de chasse puis commandant de bord Air France, publiée en 2016 aux éditions DERVY poche sous le titre : « **Documents interdits : La fin d'un secret** ».

L'auteur y dresse un tableau édifiant des nombreux dossiers officiels récemment déclassifiés émanant notamment de l'armée américaine.

Je vous invite également à lire ou relire les conclusions du **rapport COMETA**, tout autant officiel, remis en **1999** au premier ministre Lionel **Jospin** et au Président Jacques **Chirac**. Cette commission, composée d'experts provenant pour la plupart de l'Institut des hautes études de la défense nationale, était présidée par le général de l'armée de l'air Denis **Letty**.

Son rapport, élaboré après trois ans d'études, fut

signé par cinq généraux, deux amiraux, deux ingénieurs généraux et un commissaire principal de la Direction de la Surveillance du Territoire (DST). Je vous livre ci-après ses stupéfiantes conclusions.

« Le problème des OVNI ne peut pas être éliminé par de simples traits d'esprit caustiques et désinvoltes. Depuis la parution du premier rapport de l'Association des Anciens auditeurs de l'IHEDN, il y a 20 ans, le CNES mène des études sérieuses, en collaboration étroite avec la Gendarmerie Nationale et l'Armée de l'Air principalement, ainsi qu'avec d'autres organismes d'état (aviation civile, météorologie, etc.) ; ces études recoupent d'autres recherches entreprises de manière plus ou moins discrète, à l'étranger, et pour l'essentiel aux Etats-Unis.

*Elles démontrent la **réalité physique** quasi-certaine d'objets volants totalement inconnus, aux performances de vol et au silence remarquables, apparemment mus par des intelligences. Ces objets volants impressionnent fortement, par leurs manœuvres, des pilotes, civils et militaires, qui hésitent à parler. La crainte de paraître ridicules, aliénés, ou simplement crédules, motive principalement cette réserve. Des engins secrets d'origine bien terrestre (drones, avions furtifs...) ne peuvent expliquer qu'une minorité de cas. En prenant suffisamment de recul dans le temps, on perçoit clairement les limites de cette explication.*

Force est donc de recourir à d'autre hypothèses. Certaines ne peuvent être ni confirmées ni infirmées. Elles ne sont donc pas scientifiques, et certes il est

bien difficile d'étudier scientifiquement des phéno-
mènes rares, fugitifs et aléatoires, alors que la
science se fonde avant tout sur des expériences et leur
répétabilité. Cependant, l'exemple des météorites
montre que ce genre de phénomènes peut malgré tout,
après des siècles de doute et de refus, finir par être
admis par la communauté scientifique.

*   **Une seule hypothèse** rend compte suffisamment*
des faits et ne fait appel, pour l'essentiel, qu'à la
*science d'aujourd'hui ; c'est celle de **visiteurs extra-***
***terrestres**. Émise, **dès 1947**, par certains militaires*
américains, elle est aujourd'hui mondialement popu-
laire, décriée par une certaine élite, mais plausible.
Des scientifiques (astronomes, physiciens, ingé-
nieurs, prospectivistes ...) l'ont suffisamment élabo-
rée pour qu'elle puisse être recevable – en tant
qu'hypothèse – par leurs pairs.

*   Différentes variantes plausibles du voyage d'une*
ou plusieurs civilisations, depuis un système solaire
lointain vers le nôtre, ont été mises au point. Une mo-
délisation des techniques magnétohydrodynamiques,
qui pourraient être employées pour le déplacement
des OVNI dans l'atmosphère, a été portée à un bon
niveau de développement. D'autres manifestations de
ces objets ont reçu un début d'explication physique
(pannes de voitures, faisceaux tronqués, etc.).

*   Les buts de ces éventuels visiteurs restent incon-*
nus, mais doivent faire l'objet d'indispensables spé-
culations et de mises au point de scénarios
prospectifs. L'hypothèse extraterrestre est de loin la
meilleure hypothèse scientifique ; elle n'est certes pas

prouvée de façon catégorique, mais il existe en sa faveur de fortes présomptions, et si elle est exacte, elle est grosse de conséquences. »

Alors que ce rapport, sérieux, utile et percutant, faisait l'objet d'un numéro spécial du magazine VSD, diffusé à 70.000 exemplaires, **il ne fut par contre repris sérieusement par aucun grand média**. Au contraire, Libération titra le 21 février 1999 : « *Ovni soit qui mal y pense* ». En juillet 1999, ce fut « *Frappes chirurgicales contre les Martiens* » pour Le Canard enchaîné. Enfin, le 5 août 1999, l'Express osa « *Ovnis : Un rapport délirant* », autant de titres révélateurs du désintérêt et de la dérision suscitée par le dossier.

Les deux principaux quotidiens nationaux, Le Figaro et Le Monde, sont demeurés totalement muets. Cette **omerta** organisée, voulue, déjà constatée aux Etats-Unis, semble sans cesse attachée à ce dossier comme si nos populations étaient, encore et toujours, jugées immatures et incapables de concevoir, de comprendre et d'accepter ses implications.

En mai 2010, une autre Commission dénommée PAN/SIGMA résumait, dans son rapport d'étape, l'action du COMETA en affirmant que :

« *L'hypothèse centrale proposée par le rapport COMETA ne peut pas, aujourd'hui encore, être prise en défaut et demeure parfaitement crédible* ».

Son président, Alain **Boudier**, déclara même :
« *Nous rejoignons les conclusions du rapport COMETA. C'est un rapport de très haut niveau. Ce qui*

est extraordinaire, c'est que COMETA est plus connu aux États-Unis qu'en France. »

P

16ème lettre

PALME
Voir CANNE, COUDÉE, PIED, PIGE, QUINE

Second élément de la pige ou canne des bâtisseurs de cathédrale qui en comptait cinq, la palme mesurait **55** lignes ou, après conversion, **12,36** centimètres.

Cinq palmes donnaient donc **0,618 mètre**, soit **l'inverse du Nombre d'or** dans cette unité métrique qui n'existait pas encore !

PARABOLE

Chacun a lu ou entendu parler des paraboles de Jésus. Ce mot parabole issu du grec παραϐολή signifiant « rapprochement, comparaison », désigne certes

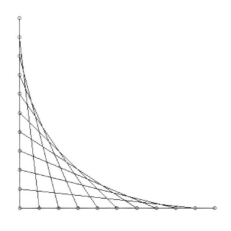

une manière détournée, obscure, de s'exprimer, une allégorie, mais c'est aussi, en géométrie, une courbe dont chaque point est équidistant d'un point fixe appelé « foyer » et d'une droite fixe appelée « directrice ». C'est enfin devenu, de nos jours, **une antenne de réception des ondes**.

Cette triple identification **mêlant, une nouvelle fois, le religieux, les mathématiques et les ondes** m'interpelle beaucoup sans que je puisse encore en démêler le sens profond.

PATIENCE
Voir VERTU

Comme une majorité d'entre nous, j'ai connu dans mes jeunes années la légitime **impatience d'être et d'avoir**, que ce soit au plan personnel ou au niveau professionnel. Lorsque la quarantaine arriva, la communication avec l'au-delà m'apprit peu à peu la patience.

Souvent, lorsqu'ils évoquent notre avenir, d'initiative ou en réponse à nos demandes, les guides ne nous donnent jamais de précision de date et se suffisent des expressions courantes telles que « *demain, plus tard, bientôt* ». Bêtement, au tout début de ces contacts, je prenais systématiquement au premier degré les mots de leurs annonces puis, lorsque le jour venait puis s'achevait, je m'étonnais et m'attristais de n'avoir pas vécu alors le changement qui m'avait été promis la veille avec le mot « demain ». Heureusement, cela ne dura pas. J'ai désormais compris.

PAUME
Voir CANNE, PIGE, QUINE

PENDULE
Voir OUIJA, SPIRITISME

Voilà bien un objet simple, modeste mais surprenant, dont l'utilisation déroute. Je l'ai découvert au printemps 1993 et le pratique désormais régulièrement depuis bientôt vingt-cinq ans. Les scientifiques qui se sont penchés sur cette pratique ne veulent pas admettre la possibilité de la réception d'informations surgies d'une conscience extérieure au pratiquant.

L'effet **idéomoteur**, ainsi qu'ils le dénomment, ne serait qu'un phénomène psychologique où un sujet exécute des mouvements musculaires inconscients.

Les scientifiques attribuent ainsi l'écriture automatique, la communication facilitée, certains tours de mentalisme, le « oui jà » et la radiesthésie à cet effet idéomoteur. Selon eux, Si certaines personnes l'associent à un phénomène paranormal ou à des forces surnaturelles, c'est surtout qu'elles ont du mal à admettre que leurs actions ne viennent que d'eux-mêmes, parce qu'ils n'en sont pas conscients.

Le terme idéomoteur a été employé la première fois par William Benjamin Carpenter en 1852 dans un document sur la suggestion où il explique que des mouvements musculaires peuvent être indépendants des désirs conscients et des émotions. Les essais scientifiques réalisés plus tard par le physicien Michael **Faraday**, le chimiste Eugène **Chevreul** et les psychologues William **James** et Ray **Hyman** ont démontré que beaucoup de phénomènes attribués aux forces spirituelles ou paranormales, ou à des énergies mystérieuses, peuvent être dus à l'effet idéomoteur. En outre, ces essais démontrent que « *des personnes honnêtes et intelligentes peuvent réaliser inconsciemment des mouvements musculaires qui sont conformes à leurs espérances* ».

Je ne nie absolument pas ces tentatives d'explication matérialiste. Je suis moi-même intimement persuadé que mon pendule n'est qu'un modeste objet matériel sans aucun pouvoir magique. Par contre, considérant le type de message et d'informations que j'ai reçus à travers lui, je ne peux pas adhérer totalement à leurs explications. Sans attendre leur expertise, je me suis personnellement interrogé, dès le début de ma pratique, sur la possibilité que les mots reçus proviennent directement de mon subconscient ou de mon inconscient.

Plusieurs épisodes marquants de mon existence ont pourtant étouffé cette tentative d'explication rationnelle. Je veux évoquer ici, sans pour autant les détailler, ces multiples occasions où les messages reçus m'annonçaient des évènements futurs dont je pus constater plus tard la justesse de prédiction, qu'il s'agisse de faits relatifs à ma vie privée ou à ma vie professionnelle.

PENSÉE
Voir PRIÈRE

Au sens large, la pensée est une activité psychique consciente par laquelle, **en réponse aux perceptions venues de nos sens**, nous élaborons des images, des sensations, des concepts, que nous associons pour apprendre, créer et agir.

Dans Le Sophiste, **Platon** définit la pensée comme le « *discours intérieur que l'âme tient en silence avec elle-même* ».

Dans le Théétète, il l'avait déjà définie comme le « *discours que l'âme se tient à elle-même sur les objets qu'elle examine* ». La caractéristique essentielle de la pensée est donc la **réflexivité** (« *avec elle-même* »).

Dans cet écrit où mes guides m'invitent à revenir sans cesse sur le domaine des ondes, il est remarquable de constater que le mot « *Réflexion* » désigne à la fois **l'action de réfléchir**, d'arrêter sa pensée sur quelque chose pour l'examiner en détail, et **le brusque changement de direction d'une onde** à l'interface de deux milieux. On parle alors de réflexion optique, de réflexion acoustique.

Lorsque je me penche sur les mots célèbres de René **Descartes** « *Cogito ergo sum* » soit « *Je pense donc je suis* », je ne peux que constater que, comme un métaphysicien, **il définit la pensée comme une cause et l'être comme son effet.**

PEUR
Voir POSSESSION

La peur est, sans aucun doute, l'émotion négative la plus répandue et la plus efficace pour éloigner les gens, mal ou peu informés, d'une pratique saine et sereine de la spiritualité. Elle m'apparait malheureusement aussi comme un outil dogmatique ! Beaucoup, même parmi les défenseurs actifs de la spiritualité, parlent de risques et sèment la peur dans un domaine où l'Amour et la quête de la lumière devraient seul être mis en avant.

Depuis des siècles, on vous parle de démons comme on vous parle de dieu et dans les deux cas on les « humanise ». Même affublés de cornes ou de sabots, ils conservent forme humaine. Je ne crois plus depuis longtemps à ces images d'un autre temps. Comme le disait François **Mitterrand**, « *je crois aux forces de l'esprit* ». Comme le disait **Gandhi**, « *Les seuls démons qui grouillent dans ce monde sont dans notre propre cœur et c'est là que doivent être menés tous les combats !* »

Certains prennent plaisir à nous effrayer en remet-

tant sans cesse sur le tapis de rares cas de « possession » en oubliant d'y opposer les millions de cas
d'expériences de mort imminente (NDE) qui ramè-
nent ces « expériences diaboliques » à des dysfonc-
tionnements d'esprits perturbés par une foi exacerbée.

Nous sommes ce que nous croyons. Nos pensées
sont dotées d'une formidable puissance créatrice dont
le conditionnement culturel et religieux se révèle une
grande source. Certains, persuadés que toute expérience spirite ne peut être que négative, vous persua-
dent que de « mauvais esprits » se plaisent à se faire
passer pour vos proches et que nos défunts ne peuvent
pas communiquer. Je n'adhère absolument pas à cette
vision d'un autre temps. C'est ici-bas que je croise un
maximum de mauvais esprits.

Dans la grande majorité des expériences de NDE,
ce sont bien leurs proches disparus que les « expérienceurs » rencontrent, c'est l'amour qu'ils côtoient !
Rares sont ceux qui croisent Marie, Bouddha, Jésus
ou Mahomet, bien au contraire, peu après leur expérience, la plupart s'éloignent de tous les dogmes, préférant une spiritualité sans église. Dans cette quête de
contact, la protection la plus utile est votre lutte contre
vos propres démons intérieurs. L'essentiel réside dans
votre pureté d'intention, votre désir d'amour et votre
soif de connaissance.

Je reconnais que ma propre pratique a été précé-
dée d'une longue étude de l'ensemble des phénomènes paranormaux et je concède que certains ne sont
pas prêts, au plan psychologique, pour entamer rapi-

dement ce type de communication mais c'est en éveillant leur conscience et non en les effrayant que nous les aiderons à avancer sur leur chemin.

J'attends depuis des décennies que l'on me montre enfin le cadavre d'un vampire, d'un loup-garou, d'un elfe ou, sur un autre plan, celui d'un pharaon dans le cœur de sa pyramide de pierre.

Allan Kardec et Victor Hugo, pour ne citer qu'eux, étaient des gens sérieux. L'amour et la pureté d'intention sont des voies royales pour avancer. Chacun d'entre nous dispose du libre arbitre nécessaire pour assumer ses choix de vie. L'après-vie constitue un niveau supérieur de conscience et non un retour vers une zone maléfique si, et seulement si, vous vous guérissez de vos peurs avant d'y poser un regard.

La peur est un efficace frein au contact. Un travail personnel, difficile mais nécessaire, permet d'identifier sa source afin de la dépasser. Lorsqu'on aborde le sujet de la mort, la majorité des personnes s'éloigne, ne voulant rien entendre. Quelques-uns, de plus en plus nombreux, écoutent enfin aujourd'hui, osant confronter leurs certitudes aux affirmations de l'autre. Très peu encore parlent sur ce sujet sans crainte.

Qui génère cette peur, où est sa source ? L'adversaire le plus visible, le plus facile à cerner, c'est l'autre, celui qui utilise cette émotion comme moyen de pouvoir et de contrôle sur nous mais l'ennemi le plus coriace, c'est « nous-même » ! Notre conscience s'est trop longtemps nourrie des affirmations religieuses, culturelles ou scientifiques, encombrée des acquis familiaux, sociaux ou éducatifs. Le premier pas nécessaire consiste à chercher en nous l'élément déclencheur de notre peur afin d'en identifier l'origine. Enfant déjà, nous étions effrayés par l'obscurité, le silence, les endroits tristes et déserts, les bruits nocturnes, les cimetières. Avec le recul, ces frayeurs étaient-elles justifiées ? Nous les devions à de vieilles traditions moyenâgeuses héritées d'une époque où, profitant de l'absence scientifique et de la non éducation des foules, les pouvoirs ecclésiastiques maintenaient leurs ouailles dans une obéissance inculte. Démons et autres êtres maléfiques peuplaient alors les bois et les ténèbres. Chez les musulmans, le Djihad ne doit être que la lutte interne que chacun doit mener contre ses propres démons internes mais parmi eux aussi, comme chez nous, des hommes de pouvoir, se prétendant religieux, utilisent les textes à des fins personnelles.

Prenant totalement à contre-pied la théorie dominante des matérialistes, je suis intimement convaincu que la conscience crée notre réalité perceptible, que nos pensées produisent une puissante énergie.

Il est surprenant de remarquer que les cas dits de possession se produisent le plus souvent au sein de famille très croyantes dont les rites religieux sont exacerbés. Croire au démon, c'est le créer et lui donner l'occasion de se manifester. Cesser de croire en lui, lui dénier toute existence, ramène à la sérénité. De mes recherches, de mes lectures, de ma pratique, est née une vision simple et naturelle liant l'avant vie, la vie et l'après-vie, reprenant un enseignement tiré de la bible « *il était, il est et il sera* ». En apprenant à connaître ces adversaires intérieurs que sont la haine, la colère, la jalousie, j'ai su forger peu à peu les armes qui les tiennent éloignés : Tolérance, sourire, compassion, partage. Là est l'unique chemin porteur d'espérance, ouvert à chacun.

Ainsi que me le dicta Gilles un soir : « *Le chemin est étroit et les passants sont rares mais aucun chemin ne mène aussi loin !* ».

PHYSIQUE
Voir MÉTAPHYSIQUE

PIED
Voir PENTAGONE, PIGE, QUINE

Quatrième élément de la pige ou canne royale, après les paume, palme et empan, le pied des bâtisseurs de cathédrales mesurait 144 lignes soit, après conversion, 32,36 centimètres.

Cette mesure métrique ne semble posséder aucune valeur remarquable mais il suffit de la multiplier par cinq, puisqu' il y a cinq pieds dans un pentagone sacré, pour retrouver **le nombre d'or,** exprimé en **mètres**.

5 pieds de **32,36 centimètres** donnent **1,618 mètre**

PIGE
Voir CANNE, LIGNE, QUINE

La pige était un bâton normé d'un pouce d'épaisseur et constitué de cinq tiges articulées correspondant à cinq unités anthropiques (paume, palme, empan, pied et coudée) ou subdivisé par des encoches délimitant ces unités.

Cette « *canne des bâtisseurs* » du Moyen Âge, appelée aussi **virga**, mesurant précisément **1,2472** mètre dans la totalité de sa longueur, était l'instrument de mesure typique du maître d'œuvre avec **la corde à treize nœuds** qui lui permettait de géométriser l'espace.

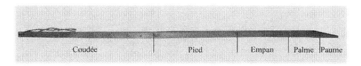

Symboliquement, les mesures utilisées dans la pige se réfèrent toutes au corps humain.

Unité	Paume	Palme	Empan	Pied	Coudée
Ligne	34	55	89	144	233
Centimètre	7,64	12,36	20	32,36	52,36

L'unité de base était la « **ligne** » (voir ce mot) correspondant au diamètre d'un grain d'orge, soit environ 2,25 millimètres.

On trouvait donc successivement la **paume** (largeur de la main) de 34 lignes ou 7,64 cm, la **palme** (distance entre l'index et le petit doigt tendus) de 55 lignes ou 12,36 cm, **l'empan** (entre l'auriculaire et le pouce) de 89 lignes ou 20 cm, le **pied** de 144 lignes ou 32,36 cm et la **coudée** (longueur de l'avant-bras) de 233 lignes ou 52,36 cm.

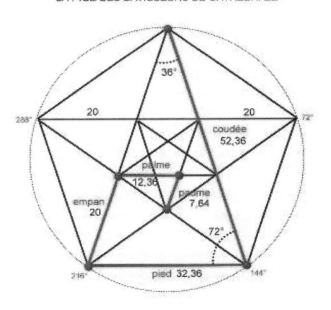

LA PIGE DES BATISSEURS DE CATHEDRALE

L'addition de deux unités consécutives donnait la suivante et on passait d'une mesure à l'autre en la multipliant par le **nombre d'or**. Le nombre de lignes de chaque mesure est extrait de la célèbre **suite de Fibonacci**.

Cet ancien instrument de mesure est à l'origine de l'expression « **piger** » pour « *bien mesurer* », « *comprendre* ».

On le retrouve également dans l'expression de la longueur d'un texte ; on parle alors de la pige d'un article de journaliste, devenu pigiste. En argot, le même mot désignait une année (J'ai 64 piges).

PLATON
Voir ANCIENS

Platon, né en −428/−427 et mort en −348/−347 à Athènes, est un philosophe antique de la Grèce classique, contemporain de la démocratie athénienne et des sophistes, qu'il critiqua vigoureusement. Il reprit le travail philosophique de certains de ses prédécesseurs, notamment **Socrate** dont il fut l'élève, ainsi que celui de Parménide, Héraclite et Pythagore, afin d'élaborer sa propre pensée, laquelle explore la plupart des champs importants, notamment la métaphysique et l'éthique, l'esthétique et la politique.

Il est généralement considéré comme l'un des premiers philosophes occidentaux, sinon comme l'inventeur de la philosophie, au point que **Whitehead** a pu dire :
« *La philosophie occidentale n'est qu'une suite de notes de bas de page aux dialogues de Platon* ».

Son œuvre, composée presque exclusivement de dialogues, est d'une grande richesse de style et de contenu, et produit, sur de nombreux sujets, les premières formulations classiques des problèmes majeurs de l'histoire de la philosophie occidentale.

Platon développe une réflexion sur les Idées communément appelée théorie des Formes ou théorie des Idées dans laquelle le monde sensible est considéré comme un ensemble de réalités participant de leurs modèles immuables. La Forme suprême est, selon le contexte, tantôt le Bien, tantôt le Beau.

Je n'avais qu'une vision générale de ses écrits. J'ai acquis récemment ses œuvres complètes afin de le découvrir mieux et davantage. J'y travaille encore. En attendant cette meilleure connaissance, je glisse ici et là, au cœur de ce livre, quelques-unes de ses réflexions toujours d'actualité.

POÉSIE

Sans que je sache réellement pourquoi, j'ai vécu, à la trentaine, une longue période de quelques années où la poésie accompagna mon existence de manière insistante.

Mon écriture en ce domaine se manifesta bizarrement. **Je n'écrivais pas des poèmes, je les recevais** ! Les vers me parvenaient, rimés et rythmés, à des moments où, déjà occupé, je ne les attendais pas. Je les enregistrais rapidement puis, après relecture, je leur donnais un titre.

Avec le recul, j'analyse aujourd'hui ces moments agréables comme un début de communication inconsciente avec le monde invisible. Celle que j'appelais alors ma Muse, n'était sans doute qu'une manifestation de l'intuition, un souffle de guide, comme une préparation, une initiation à ce que je devais vivre quelques années plus tard.

J'ai réuni ces poèmes, anciens ou plus récents, dans un petit livre que j'ai nommé « *Conjugu'amour* » publié sur Amazon en 2013. J'avoue les relire parfois avec l'étrange impression qu'ils ne sont pas de moi.

POLARITÉ
Voir DUALITÉ

Ce mot est défini comme l'état d'une structure possédant deux pôles. Inhérente au vivant, la polarité traduit son besoin d'ordre. Auprès de sa sœur, la dualité, on la retrouve **partout** au point que l'on peut parler de dualité polarisée.

POLITIQUE

Mon guide m'avait prévenu dès nos premiers échanges en 1993 : « *Ne te mêle jamais de politique, elle est diabolique !* » Non seulement je l'ai écouté sans que cela ne me coûte mais pire encore, plus mon âge grandit et plus je m'éloigne de ce monde élitiste, surfait, momentané et superficiel.

Il est regrettable que ses acteurs aient tant de responsabilités mais si peu d'influence positive sur les évènements que nous vivons. Le souhaitent-ils vraiment ?

POSSESSION
Voir SPIRITISME

Voilà encore un sujet clivant, générateur de peurs injustifiées et incontrôlées. Dans la théologie catholique, les anges déchus ou démons peuvent posséder le corps et l'esprit d'un individu contre leur consentement et modifier leur comportement. Bien que le Coran ne parle pas clairement de possession, certains versets expliquent toutefois certains comportements par une influence satanique sur les personnes.

Les partisans de la doctrine spirite considèrent comme possible l'influence d'un défunt sur un être humain sans pour autant admettre l'idée de possession. Selon leur doctrine, le diable et ses démons n'existent pas. Le défunt peut subjuguer, envoyer des idées à sa victime sans jamais la posséder réellement. La doctrine spirite préfère parler d'obsession, de fascination et de subjugation.

La psychiatrie considère les cas de possession et d'exorcisme avec une vision rationaliste. Selon elle, tous les symptômes constatés peuvent provenir d'une maladie mentale telle que la schizophrénie, la paranoïa ou bien la mégalomanie.

PRÉCESSION (cycle de)

Le cycle de précession des équinoxes est un cycle temporel très lent. L'Égypte ancienne ainsi que d'autres cultures bien plus anciennes, avaient remarqué ce phénomène naturel. Dans son livre « *Des Dieux, des tombeaux, des savants* », paru en France en 1952, l'archéologue C.W.**Ceram** signale que les astronomes babyloniens mentionnaient déjà la précession des équinoxes même si, faute de modèle héliocentrique, ils n'en soupçonnaient pas la raison. Tout récemment, le neuvième séminaire d'archéoastronomie organisé avec l'Observatoire Astronomique de Gênes, en Italie, le 31 mars 2007, a permis de faire le point des dernières découvertes concernant la mesure de l'équinoxe : La valeur actuelle du déplacement, confirmée par les astronomes en 2015, est de 50,2912788082" par an, soit environ **1 degré tous les 72 ans**, **soit la valeur donnée par Platon, il y a vingt-trois siècles**.

Selon ce cycle, **tous les 2160 ans** environ, au matin de l'équinoxe du printemps, le lever du soleil se produit dans **un nouveau signe du zodiaque**.

Selon l'astronomie, ce cycle est dû au lent mouvement angulaire que la terre maintient lors de sa rotation sur son axe.

On le qualifie de « *précession* » car les constellations vont dans le sens inverse des signes zodiacaux. Le temps nécessaire pour parcourir les 12 signes est de **25920 années** environ. On l'appelle aussi la « **Grande Année** ».

Au gré de ce cycle, nous sommes ainsi passés de l'âge du **Taureau** (4300 avant J-C) à l'âge du **Bélier** (2150 avant J-C). Nous quitterons bientôt l'âge des **Poissons** pour entrer dans l'ère du **Verseau**.

Dans le Timée, Platon parlait du nombre parfait désignant la Grande Année. Il écrivait :

« *Le nombre parfait du temps marque l'accomplissement de l'année parfaite, chaque fois que les vitesses relatives associées à chacune des huit révolutions connaissent leur couronnement, lorsqu'elles se retrouvent mesurées par le cercle du Même.* »

Selon lui, chaque planète (Lune, Soleil, Vénus, Mercure, Mars, Jupiter, Saturne) a son temps, mais il y a un temps commun, la Grande Année, au bout de laquelle les corps célestes reviennent à leurs situations initiales. Cette « grande année » a donc pour bases un jour de **72** ans, un mois de **2 160** ans et une année de **25 920** ans.

J'étais personnellement arrivé jusqu'à elle en suivant l'une de mes intuitions mathématiques partie des deux nombres célèbres de l'Apocalypse que sont le **144** (Nouvelle Jérusalem) et le **666** (Nombre de la bête), nombres qui m'avaient déjà mené vers **deux constantes mathématiques** : **Pi** et le **Nombre d'or**.

- o cosinus 144° + sinus 666° = **valeur mathématique du Nombre d'or**

- o L'addition des **144 premières décimales** de **Pi** donne **666**

Une simple soustraction de leur carré respectif me renvoyait en effet à cette **troisième constante** cosmologique que constitue « **Le cycle de précession des équinoxes** » donné pour **25920 ans,** puisque :

o   **(6*6*6)² - 144² = 25920**

Hormis les rares spécialistes, personne ne s'intéresse aujourd'hui à ce type de données qui semblait par contre passionner les anciennes civilisations. Nul ne semble s'interroger vraiment sur les modalités pratiques de la découverte d'un tel cycle par des populations disposant certes du temps et d'un sens remarquable de l'observation mais sensées ne maitriser ni l'écriture ni aucune science ou technique mathématique et astronomique.

Sachant qu'il fallait tout de même patienter soixante-douze ans pour constater un déplacement d'un seul degré, soit minimum deux générations, sachant la nécessité d'avoir déjà la perception et la connaissance mathématique préalable du découpage d'un cercle en 360 degrés, j'éprouve une grande difficulté à accepter l'idée que cette découverte d'une durée proche de 26000 ans ne soit que le fruit de l'observation quotidienne du ciel et d'une transmission orale.

En déplaise aux archéologues traditionnalistes, je préfère cent fois l'idée de l'intervention extérieure et de l'enseignement donné par une civilisation développée, terrestre ou exogène, telle qu'elle apparait avec insistance dans la majorité des mythes, légendes, cultures et traditions sur l'ensemble de notre planète.

Sur ce point - mais il n'est pas unique - j'adhère complètement aux thèses développées depuis des décennies par de nombreux auteurs et reprises dans leurs écrits récents par l'écrivain chercheur Graham **Hancock**, le philologue Mauro **Biglino** et l'historienne Bleuette **Diot**.

PRÉSENT
Voir AVENIR, TRINITE

« *Vivre l'instant* » est présenté comme la solution à tous les problèmes car vivre l'instant présent garantirait une vie satisfaisante par opposition à « *vivre dans le passé* » ou « *s'inquiéter de l'avenir* ». La célèbre locution latine « *Carpe diem* » extraite d'un poème de **Horace** et traduite « *Cueille le jour présent* » est connue pour être une des premières à représenter ce concept. Au XVIème siècle, **Ronsard**, s'adressant à sa belle, écrivait dans le même esprit : « *Cueillez dès aujourd'hui les roses de la vie* »

Dans les faits, le passé n'existant plus et l'avenir n'existant pas encore, seul le présent existe. C'est donc **le seul moment** à vivre en pleine conscience et avec la plus grande intensité.

PRIÈRE
Voir PENSÉE

La prière libère un pouvoir fantastique mais son nom et son usage sont pervertis depuis des siècles. La plupart n'y voient qu'une suite de mots, choisis ou imposés, qui doivent être prononcés en certains lieux et pas ailleurs. Il est temps d'avancer !

Notre univers n'est qu'un champ d'énergie ouvert à tous les possibles. Notre vie du moment n'exprime que l'un de ces possibles. Nous sommes une part de cet univers et, à ce titre, selon la définition d'un hologramme, la plus infime partie de nous en contient la totalité. Pour changer de possible, un échange est permis avec ce Tout qui nous contient.

La prière est l'un de ces moyens d'échange mais, pour être efficace, cette prière doit associer deux éléments : la **pensée** et **l'émotion**, exprimées ensemble par le cœur. L'univers comprend ce langage, lorsqu'il est clair, pur et réellement ressenti.

Pour multiplier ses chances d'agir sur le présent, cette pensée-émotion exprimée par le cœur doit être ressentie comme déjà exaucée. Il ne suffit plus de dire « *je prie pour que ma santé s'améliore* », il faut d'une part affirmer « *ma santé est bonne* » et d'autre part, le ressentir en même temps qu'on le formule.

Mon guide, depuis des années, me résumait ce savoir avec ces quelques mots qu'il me répétait souvent : « ***Prie et crois, tout est là !*** ».

J'ai réalisé bien tardivement que je savais prier mais que ma prière portait, non une certitude, mais une espérance. Face à une telle prière, limitée dans sa puissance, l'univers entend mais n'agit pas. Quoi qu'il en soit, je prie tous les jours mais en dehors des lieux et des pratiques institués par les religions et leurs églises.

PROTECTION

Depuis que je suis sorti de l'ombre, au printemps 2013, ce sujet sensible revient fréquemment dans mes échanges, parfois vifs, avec les internautes qui me font l'honneur et le plaisir de me suivre.

Victimes de leur conditionnement social, culturel et religieux, certains me reprochent de ne pas prévenir mes lecteurs des risques qu'ils encourent à imiter et reproduire ma pratique. En m'adressant ce reproche, ils me prouvent déjà qu'ils ne m'ont pas lu car mon premier livre « *communiquez avec vos proches disparus* » non seulement dispense clairement les avertissements nécessaires mais encore conseille les gens peureux et convaincus de la source de leur peur de ne même pas tenter le contact.

Copie de la page 106 titrée « AVERTISSEMENTS »

À l'attention de ceux, nombreux, qui me contactent régulièrement en évoquant leur peur comme leur doute, je dois insister sérieusement sur les trois points qui suivent :

- **Si vous vous effrayez de ce premier contact,** si le monde des esprits vous apparaît toujours comme une source possible de danger physique ou psychique, si vous craignez que votre expérience ne génère des conséquences négatives pour vous ou votre entourage, **reposez tout simplement ce**

314

livre et n'allez pas plus loin !

- **Si vous êtes toujours persuadé** que dieu est un vieillard sans âge qui se plaît à semer sur ses créatures, selon son humeur, des graines de bonheur ou des larmes de sang, **si vous êtes convaincu que le ciel est peuplé de démons cornus qui vous veulent du mal et d'anges ailés qui les combattent, vous n'êtes pas du tout préparé à expérimenter le domaine de la communication.**

- **Si vous agissez par amour, guidé par une intention pure,** un vif désir de connaissance, si vous faites confiance en la vie, en ceux qui vous aimaient, si vous êtes curieux et désireux d'en savoir davantage sur ce qui nous attend tous à l'issue de notre brève expérience terrestre, si vous voulez ressentir la joie que j'ai connue, poursuivez la lecture et lancez-vous.

Je l'écris donc une nouvelle fois : Si je peux exprimer mes convictions, partager ma longue pratique et conter mes expériences, il m'est par contre impossible de tenir la main de chacun d'entre vous.

Vos demandes nombreuses envoyées sur ma messagerie privée m'honorent et me font plaisir mais je ne dispose plus du temps nécessaire pour répondre à toutes vos sollicitations. De plus, j'ignore totalement les intentions réelles qui guident chacun de vous. Je ne peux qu'insister encore en écrivant que, s'il est aisé de tromper ma confiance, ou celle de tout autre humain, nul ne doit par contre espérer tromper nos guides sur sa pureté d'intention.

Comme il me fut dicté sous différentes formes : « *Chacun reçoit ce qu'il mérite !* » ou « *L'émetteur est le pivot de la qualité d'âme du récepteur* ».

J'invite donc chacun à analyser honnêtement ses motivations réelles avant de quitter la douce protection de la théorie pour l'aventure de la pratique.

PYRAMIDES

Comment puis-je justifier, expliquer, cette attraction ancienne, toujours vivace, que je ressens envers cette belle forme géométrique et ses nombreuses représentations matérielles disséminées partout sur la planète ?

Tout le monde connait les célèbres pyramides d'Égypte mais beaucoup ignorent que cette forme géométrique a été bâtie **partout sur la planète**. Nous sommes d'ailleurs nombreux à penser que d'autres pyramides anciennes sont encore à découvrir.

J'en veux pour preuve ces photographies de l'une des plus célèbres, la pyramide du soleil de **Teotihuacan** au Mexique.

Nul n'imaginait sa présence, nul ne pensait à sa beauté, lorsque fut prise en **1858** la photographie ci-dessous car des tonnes de terre et de végétation recouvraient entièrement ce qui paraissait alors une colline naturelle

316

En 1858

Pyramid of the Sun – Teotihuacan 1858

La voici encore telle qu'elle se montrait en 1960 puis telle qu'elle apparaît enfin aujourd'hui.

En 1960

Aujourd'hui

Mais revenons donc sur les terres d'Égypte. Construites environ vingt-cinq siècles avant notre ère **selon l'histoire officielle**, les trois pyramides d'Égypte du plateau de Gizeh suscitent toujours l'admiration.

Vous devez savoir **qu'elles suscitent également la controverse depuis le 5e siècle av. J.-C**. Les mêmes questions engendrent toujours aujourd'hui une multitude de polémiques et de combats entre les égyptologues officiels et les passionnés « amateurs ». Malgré les milliards de pages d'études consacrées au sujet, **on ne sait toujours pas avec certitude par qui, quand, pourquoi et comment** ces pyramides ont été construites.

L'affirmation officielle qui leur donne une destination de tombeau pour les pharaons n'est pas satisfaisante puisque aucun corps n'a été trouvé à l'intérieur ou au-dessous des pyramides. Aucune inscription hiéroglyphique, aucune peinture, aucun objet de culte ! Les dimensions mêmes du coffre (ou sarcophage) de la chambre dite du roi interdisent son passage dans le couloir ascendant !

Quand elle fut bâtie, la grande pyramide attribuée à Khéops était la construction la plus lourde jamais construite. Son poids est estimé à six millions de tonnes. Son record tient toujours aujourd'hui. Elle est constituée d'environ 2,3 millions de blocs de pierre d'un poids moyen de 2,5 tonnes chacun. Aucune réponse « consensuelle » n'a été trouvée jusqu'ici pour expliquer comment les ouvriers ont pu monter de tels blocs jusqu'à une hauteur de 146 mètres. Combien de temps a-t-il réellement fallu pour construire une pyramide comme celle attribuée à Khéops ? L'égyptologie officielle, s'appuyant sur les écrits de l'historien grec **Hérodote**, qui vivait au Vème siècle av. J.-C., soit plus de deux mille ans après la construction supposée, annonce catégoriquement une durée de **vingt ans** et ne veux pas en démordre.

Retournons donc à la source et relisons **les véritables mots** d'Hérodote, extraits de son livre **Histoire II** (124 -127) toujours disponible et accessible à la demande sur le Net dans les archives du Cndp.

« *On employait cent mille hommes à ce travail, renouvelés tous les trois mois. Quant au temps pendant lequel le peuple fut ainsi tourmenté, on **passa dix années à construire la chaussée** par où on devait traîner les pierres. **Cette chaussée est un ouvrage qui n'est guère moins considérable, à mon avis, que la*** *pyramide même* ; *car elle a cinq stades de long sur dix orgyies de large, et huit orgyies de haut dans sa plus grande hauteur ; elle est de pierres polies et ornées de figures d'animaux.*

On passa dix ans à travailler à cette chaussée, **sans compter le temps qu'on employa aux ouvrages de la colline sur laquelle sont élevées les pyramides, et aux édifices souterrains qu'il fit faire,** *pour lui servir de sépulture, dans une île formée par les eaux du Nil, qu'il y introduisit par un canal.*

La pyramide même coûta vingt années de travail. *Elle est carrée ; chacune de ses faces a huit plèthres de largeur sur autant de hauteur ; elle est en grande partie de pierres polies, parfaitement bien jointes ensemble, et dont il n'y en a pas une qui ait moins de trente pieds.* »

Je précise accessoirement que le mot « *orgye* » désignait une unité de mesure byzantine correspondant à une brasse.

Au-delà de ce détail, sans être ni Égyptologue ni matheux, je découvre dans ces lignes une durée totale du chantier estimée déjà à **plus de trente années, sans compter l'arasage de la colline et les travaux** souterrains dont je vous laisse deviner l'ampleur et la durée.

Puisque l'égyptologie officielle accorde sa totale confiance à Hérodote, poursuivons tout de même avec la suite de son propos **sur la même page** :

« *Chéops en vint au point d'infamie de prostituer sa fille dans un lieu de débauche, et de lui ordonner de tirer de ses amants une certaine somme d'argent. J'ignore à combien se monta cette somme ; on ne me l'a point dit.*

Non seulement elle exécuta les ordres de son père, mais elle voulut aussi laisser elle-même un monument. Elle pria tous ceux qui la venaient voir de lui donner chacun une pierre pour des ouvrages qu'elle méditait. Ce fut de ces pierres, dit-on, qu'on bâtit la pyramide qui est au milieu des trois, en face de la grande pyramide, et dont chaque côté mesure un plèthre et demi. »

J'avoue ma profonde méconnaissance des habitudes de la prostitution mais je vous laisse deviner le temps et le nombre de « *passes* » nécessaires pour obtenir le nombre de pierres utiles pour bâtir une pyramide, même petite. **Soyons donc sérieux** !

Lorsque je lis ce texte, je suis presque fier d'être devenu un chercheur dit « alternatif », un opposant aux théories dominantes reposant sur du vent. Au sein même des égyptologues français les plus sérieux, Jean **Leclant** (1920 – 2011), spécialiste de l'histoire et de la civilisation pharaonique, a lui-même déclaré, publiquement, que, **au-delà du cinquième siècle avant J.-C., leurs datations ne sont précises qu'à deux ou trois siècles près !** De ce roi Khéops, ils avouent ne rien savoir puisqu'ils ne détiennent de lui qu'une minuscule statuette de dix centimètres de hauteur découverte en 1903 par Flinders Petrie dans un temple situé à des centaines de kilomètres du plateau de Gizeh.

Écoutons donc plutôt ce que disait un autre ancien, **Diodore de Sicile**, historien et chroniqueur grec du premier siècle av. J.-C., contemporain de Jules César et d'Auguste (Bibliothèque historique, I, LXIII – LXIV) :

« On s'entend sur le fait que tous ces monuments l'emportent sur tous les autres monuments de l'Égypte, non seulement par la masse de leur construction et les dépenses qu'ils ont absorbées, mais encore par l'art que les ouvriers y ont déployé.

Il faut bien plus admirer les architectes *qui ont élevé ces monuments que les rois qui n'en ont fourni que les frais ; car les premiers sont arrivés à leur but à l'aide de leur génie et de leur talent, tandis que les derniers n'ont employé pour cela que leurs richesses, acquises par héritage et par des vexations de toutes sortes.* ***Ni les habitants du pays ni les historiens ne sont d'accord sur l'origine de ces pyramides ; selon les uns, elles sont construites par les rois que nous avons cités ; selon les autres, elles ont été bâties par d'autres****. »*

Philon de Bysance, scientifique et ingénieur grec de la fin du IIIème siècle av. J.-C., en parla ainsi :

« La construction des pyramides de Memphis est ***une tâche impossible****, leur description est au-delà de toute attente.*

*Ce sont des montagnes amoncelées sur des mon-tagnes, et la taille des blocs quadrangulaires est telle qu'il est difficile de concevoir leur transport, et cha-cun ne sait **par quels leviers des masses aussi impor-tantes ont pu être déplacées**.*

Les pierres de fondation, qui forment une base à quatre côtés, ont une assise enterrée égale en hauteur à la partie visible ; et peu à peu, l'ouvrage tout entier se resserre pour former une pyramide qui se termine en pointe. Sa hauteur est de 300 coudées, son péri-mètre de 6 stades. Tout l'ouvrage est ajusté et poli, si bien que la construction semble faite d'une seule et unique pierre. »

S'il est avéré que les Égyptiens des premières dy-nasties disposaient d'outils de base tels que le fil à plomb, le maillet en bois, des scies et des burins de cuivre, aucun outillage spécifique ne leur permettait par contre de forer, de tailler puis d'ajuster aussi pré-cisément les blocs de granite qui constituent par exemple la totalité de la chambre haute.

Nous savons que la grande pyramide de Khéops est exactement alignée en direction des quatre points cardinaux. Les mesures effectuées montrent une pré-cision au millimètre près, encore difficile à atteindre aujourd'hui.

Comment les Égyptiens sont-ils parvenus à un tel degré de perfection quand des architectes modernes nous expliquent qu'aucun outil actuel ne saurait par-venir à une telle précision ?

En 1980, une entreprise de construction japonaise estima que l'érection d'une réplique de la pyramide de Khéops, avec les moyens modernes, coûterait dix-huit milliards de dollars. Si le pharaon avait bien évidemment toutes les ressources du pays à sa disposition, certains historiens ont calculé toutefois que **la production annuelle** de blé dans l'Égypte ancienne n'aurait même pas suffi à nourrir tous les ouvriers présents sur le site pendant six mois, **même en oubliant le reste de la population !**

De nombreuses études nous expliquent et nous montrent que leurs dimensions, angles, surfaces et volumes, constatés par de nombreux chercheurs alternatifs, parmi lesquels Jacques **Grimault**, George **Vermard**, Mathieu **Laveau**, Howard **Crowhurst**, Quentin **Leplat** et bien d'autres, plus anciens, conduisent à **des rapports mathématiques** ramenant à leurs coordonnées géographiques, au rayon et à la circonférence de la Terre, à la vitesse de la lumière, à l'usage de constantes qu'ils étaient censés ignorer….

Sachant que les mathématiques, la géométrie et autres sciences nécessaires à de tels résultats n'étaient pas supposées connues dans l'Égypte ancienne, selon les enseignements délivrés par les égyptologues eux-mêmes, nous sommes totalement légitimés pour penser que les bâtisseurs de ces pyramides n'étaient peut-être pas les égyptiens de l'époque annoncée.

Il suffit d'ailleurs de constater que, contrairement à l'observation classique du développement progressif des savoirs et des techniques d'une civilisation, **ils**

n'ont plus jamais été capables de reproduire des monuments de cette taille et de cette qualité.

Pour celles et ceux qui souhaiteraient se pencher à leur tour sur ces étranges rapports mathématiques, je vous offre dans le tableau suivant l'ensemble des mesures, en coudées et en mètres, des trois pyramides du plateau de Guizèh.

LE PLATEAU DE GUIZÈH

LES MESURES PRINCIPALES		
KHEOPS	**coudée**	**mètre**
côté	440	230,384
hauteur	280	146,608
c + h	720	376,992
arête	418,56	219,1580
apothème	356,089	186,4482
diagonale	622,25	325,8101
demi périm	880	460,768
perimètre	1760	921,536
cercle ext	1954,856	1023,5626
cercle int	1382,3	723,77228
KEPHREN		
côté	411	215,1996
hauteur	274	143,4664
c + h	685	358,666
arête	399,42	209,1363
apothème	342,5	179,333
diagonale	581,241	304,3378
demi périm	822	430,3992
perimètre	1644	860,7984
cercle ext	1826,025	956,1067
cercle int	1291,1946	676,0695
MYKERINOS		
côté	200	104,72
hauteur	125	65,45
c + h	325	170,17
arête	188,7455	98,8271
apothème	160,078	83,8168
diagonale	282,84	148,0950
demi périm	400	209,4400
perimètre	800	418,88
cercle ext	888,568	465,2542
cercle int	628,3185	328,9876

PYRAMIDE (ma)

Personnellement, afin de tenter au mieux de déchiffrer les messages reçus de mon guide, j'avais, dans un premier temps, suivant son conseil, porté mon attention sur la géométrie pyramidale en dessinant la **pyramide d'étude** figurant sur la page suivante.

Je l'avais tracée à partir d'un simple triangle rectangle **HAN** dont la hauteur (H) valait **144** et l'hypoténuse (A pour Arête) **216**.

Suivant mon intuition, j'avais emprunté ces deux nombres au texte de **l'Apocalypse** :

- o **144** désignant la « *nouvelle Jérusalem* » (Chapitre 21, Verset 17)

- o **216** pour le « *Nombre de la bête* » (Chapitre 13, Verset 18) sous sa forme **6 fois 6 fois 6** ou **6³**.

- o **161** désignait la base **N** de mon rectangle. Je constatais bien plus tard que ce nombre pouvait être également interprété comme **la racine carrée** de la « grande année », le cycle de précession des équinoxes.

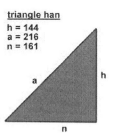

triangle han
h = 144
a = 216
n = 161

Ma pyramide d'étude

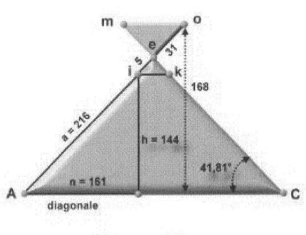

diagonale

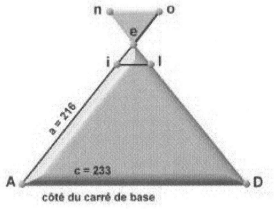

côté du carré de base

Bien plus tard, alors que je m'intéressais aux mesures réelles de la grande pyramide de Gizeh, j'avais constaté que **cinq coudées seulement** séparaient, en hauteur comme en largeur, ma pyramide d'étude et le vrai bâtiment.

	KHEOPS		MA PYRAMIDE		Écart
Unité	Coudée	Mètre	Coudée	Mètre	
Hauteur	**280**	146,608	**275**	**144**	+5
Côté	**440**	230,384	**445**	**233**	-5
Total	**720**	**376,992**	**720**	**377**	

L'addition de la hauteur et du côté donnait par contre le même résultat en mètres comme en coudées. C'est à ce moment que je commençais à surveiller ce nombre **377** (voir ce mot) ou sa forme plus précise **3,7699**.

Délaissant dès lors toute considération historique, suivant les conseils de mon guide, je ne portais mon attention que sur les tracés géométriques et les rapports mathématiques qu'ils induisaient (ou semblaient induire pour rassurer les sceptiques).

Habitué à jouer avec les constantes mathématiques, j'ajoutais à mon jeu **une constante fondamentale de la Physique** qui régit la force électromagnétique en assurant la cohérence des atomes et des molécules : la **constante de structure fine,** baptisée **alpha,** dont l'inverse vaut **137**. Cette constante de structure fine a longtemps été un objet de fascination pour les physiciens car **elle ne semble**

pas directement liée à des constantes mathématiques. Richard **Feynman**, l'un des fondateurs de l'électrodynamique, la comparait même au « *plus grand mystère de la physique : **un nombre magique qui va au-delà de la compréhension de l'homme.*** »

Plusieurs intuitions mathématiques me conduisirent pourtant vers des rapports usant de cette constante. La première formule me donna la <u>**hauteur**</u> de ma pyramide d'étude sous la forme d'un **nombre sans dimension** (sans unité de mesure).

$$\frac{137\,\varphi}{49\,\pi} = 1,44$$

Il me suffit **d'inverser** les deux constantes mathématiques pi et phi pour que la même division m'offre soudain **la <u>surface</u>** de son carré de base.

$$\frac{137\,\pi}{49\,\varphi} = 2,33^2$$

Si j'ajoutais à mon jeu la constante **e**, je trouvais la valeur du <u>**côté**</u> de son carré de base.

$$\frac{137\,\varphi}{35\,e} = 2,33 \;(\text{côté } \boldsymbol{\mathit{du\ carré\ de\ base}})$$

Enfin, cette dernière formule me renvoya une nouvelle fois à ce nombre **3,77** qui semble me poursuivre de son assiduité.

$$\frac{137\,\pi}{42\,e} = 3,77$$

Dans tous les cas de figure, je n'avais utilisé que les 3 constantes mathématiques e, pi et phi, la constante de structure fine et des multiples du **chiffre 7** dont vous connaissez désormais la symbolique pour moi. Seuls les physiciens pourront me dire ma folie ou l'intérêt éventuel de ces rapports.

49 = 7^2
42 = 7 * 6
35 = 7*5

Q

QUATRE

Ce chiffre symbolise pour moi l'Univers et les quatre éléments, auquel il convient d'ajouter l'éther pour le percevoir dans sa globalité visible et invisible, dans sa quintessence.

QUÊTE

La quête est une recherche patiente, passionnée et obstinée. La mienne a débuté à la fin de l'adolescence et ne s'est plus jamais éteinte.

Au fur et à mesure que les indices s'accumulaient, que le spirituel me poussait vers les champs de la Physique, grandit en moi la conviction d'une nécessaire relecture des textes qui fondent les bases de notre civilisation. Lentement, mais surement, l'union sacrée d'une spiritualité laïque et d'une science plus ouverte est devenue mon objectif.

Ceux qui balaient d'un revers de manche méprisant toute approche scientifique des textes anciens en prétextant la méconnaissance d'alors des domaines physique ou mathématique oublient qu'ils ne s'appuient que sur les conclusions de la théorie dominante actuelle relative à l'espace et au temps. Ce faisant, ils méprisent tout autant les théories d'avant-garde formulées par les théoriciens d'aujourd'hui que tout esprit curieux peut découvrir dans les publications scientifiques consultables dans leurs écrits comme sur le Net.

Je pense notamment, dans notre France si cartésienne, aux physiciens tels que Philippe **Guillemant** et sa « *physique de la conscience* », à Jean-Pierre **Garnier Mallet** et sa théorie du « *dédoublement du temps* », sans oublier Nassim **Haramein** dont je suis également les travaux.

Si l'on accepte, comme j'ose l'exprimer, le postulat de l'éternité de la conscience, une conception différente du temps et de son écoulement autorise l'idée de la présence au sein de textes du passé d'éléments destinés au lecteur du présent ou au chercheur de demain. Tant que l'homme persistera à se placer au centre de l'univers, il ne parviendra pas à en percevoir sa bordure. Sa superbe et son orgueil, comme l'aveuglement né de ses certitudes, demeurent les entraves à son développement spirituel. L'intégration de la dimension psychique à sa conception physique du monde constitue la meilleure voie et le challenge à relever pour les générations à venir. Même si demain je me retrouvais seul, je poursuivrais dans cette voie.

QUINE
Voir CANNE, PIGE

QUINTESSENCE
Voir ÉLÉMENTS, ÉTHER, VIDE

Issu de l'ancien français « *quinte essence* », ce mot désignait l'éther, le cinquième et le plus subtil des éléments de l'univers. Pour les philosophes anciens, elle assurait la cohésion, donc la vie, des quatre éléments que sont le feu, l'air, la terre et l'eau et pouvait désigner l'amour ou la lumière.

> *« Le corps ne peut subsister sans l'esprit,*
> *mais l'esprit n'a nul besoin de corps. »*
> **Érasme**

R

18ème lettre

RAI, RAIE
Voir MUSIQUE

Ces mots qui se ressemblent comme des frères, ont pourtant des sens différents. Masculin, un **rai**, du latin « *radius* » est un faisceau lumineux, un rayon, quand la **raie**, féminine, du latin « *riga* » désigne une ligne (Voir ce mot) ou un sillon.

Pour le physicien, une **raie spectrale** est une ligne sombre ou lumineuse dans un spectre électromagnétique. J'ai lu que les raies spectrales sont le résultat de l'interaction entre un système quantique et le rayonnement électromagnétique. Nous voici revenus dans l'univers des ondes que mon guide me pousse sans cesse à explorer !

Il insista souvent sur ce mot : « *Utilisez trois raies et vous nous verrez ! Fil M montrera nos illimitées raies. Il montrera que nous pouvons utiliser les raies. Mon fil M est* **super lumineux**. *Nous le freinons par paliers successifs. Vous recevrez nos raies, vous refilmerez nos violents rais ! Vous trivialiserez le vol de nos raies* »

En me dictant ces phrases, il semblait se préoccuper bien peu de mon incompréhension.

RÉEL
Voir VIRTUEL, VRAI

RÉFLEXION
Voir ONDE, PENSÉE

RÉINCARNATION

Ce sujet n'intéresse absolument pas les purs matérialistes pour qui la mort est une fin sans appel mais la possibilité de réincarnation a toujours suscité et suscite encore de nombreux questionnements parmi ceux qui croient en la survie de la conscience au-delà de la mort physique. Comme chacun de vous, je m'interroge. Lorsque j'ai sollicité mon guide à ce sujet, le premier novembre 1993, il me répondit ainsi :

« *La vie terrestre conditionne la vie usuelle de l'âme. La douleur physique libère car elle efface les*

338

*noirceurs de l'âme. Ce ridicule enfer que tu vois n'est que la conséquence de votre manque d'amour. Si l'homme, durant sa vie terrestre, ne goûte pas au fruit de l'arbre de la connaissance, il meurt idiot et **renaît** sans trivialité ».*

« ***La réincarnation éduque***. *Il nous situe quand nous mourons. Il mesure nos progrès triplement : Immédiatement il note justesse d'âme, rapidement il note qualité philo, enfin il note nos actes*. »

Gilles semble donc valider la réincarnation comme un parcours scolaire sur lequel nous cheminons, classe après classe, dans un but d'élévation. Il me précisa plus tard qu'il ne fallait y voir aucune idée de sanction, de punition.

J'ai retrouvé ces mêmes notions magnifiquement exprimées dans les paroles d'un autre guide reçues le 5 septembre 2017 par Guy **Faverdin** :

« *Nous savons combien est important l'appel du cœur que vous nous lancez et combien nos réponses sont attendues. Sachez que notre écoute est sans limite mais que votre compréhension des réponses que nous vous retournons sont empreintes de vos croyances et parfois superstitions. Mais nous savons tout ça, cela ne nous affecte pas, bien au contraire, car nous savons apprécier votre évolution à sa juste valeur.*

Nous savons mieux que vous quelles sont vos aspirations divines, comme le professeur qui connaît le *programme scolaire que son élève a demandé à apprendre. Mais nous savons aussi combien sont difficiles certaines leçons, que le courage et le travail sont les gages de réussite, mais nous savons par-dessus tout, que l'élève mérite la note que **sa** conscience lui accordera. Il n'y aura pas de mauvaises notes, parfois quelques-unes seront insuffisantes, mais le maître d'école sait que ce ne sont pas les punitions qui offrent le savoir, mais **les révisions des leçons mal apprises. Tel est le sens du mot réincarnation**.*

Acceptez l'idée, accueillez en vous cette ouverture d'esprit qui vous manque tant, et vos devoirs de classe seront récompensés bien au-delà de vos espérances. Nous ne vous surveillons jamais pour vous juger mais pour vous admirer. »

RELIGIONS
Voir DOGME, FOI

Ma religion personnelle n'a pas d'église, pas de lieux saints. Elle n'affiche ni dogme, ni rites. Mon âme et mon cœur s'adressent directement à elle, sans aucun intermédiaire, car son nom est Amour. Sa pratique est parfois difficile car nous côtoyons tous, chaque jour, des personnes dont le comportement les rend difficiles à aimer.

Oubliant des temps plus reculés, nous connaissons aujourd'hui sur la planète trois croyances dominantes. Mon guide Gilles utilise l'expression « *les trois sœurs* » pour désigner ces trois grandes religions monothéistes actuelles. Il n'est guère tendre avec leurs églises : « *Les églises trahissent dieu. Il meurt de nouveau par leur faute ! »*.

Que l'on considère l'une ou l'autre d'entre elles, les mêmes différences fondamentales apparaissent entre une religion partagée collectivement et la spiritualité vécue individuellement.

o **La religion soumet, la spiritualité libère** : La religion vous demande de suivre son idéologie et d'obéir à ses rites. La spiritualité vous demande simplement de suivre votre cœur et de sentir ce qui est juste pour vous.

o **La religion montre la peur, la spiritualité montre le courage** : La religion vous dit ce qu'il faut craindre et vous en montre les conséquences. La spiritualité vous fait prendre conscience des conséquences, mais ne veut pas que vous vous concentriez sur la peur. Elle vous montre comment vous positionner malgré la peur et comment continuer à faire ce que vous sentez être juste, malgré les conséquences qui peuvent en découler. Elle vous montre l'acte fondé autour de l'amour et non de la peur, et ainsi comment contrôler la peur, pour en tirer le meilleur.

o **La religion « prétend » enseigner la vérité, la spiritualité permet de la découvrir, à votre propre rythme** et selon vos aspirations. Elle vous permet de vous connecter avec votre Soi Supérieur et de comprendre avec votre propre esprit ce qu'est la vérité, car la vérité dans son ensemble est la même pour tous.

o **La religion sépare des autres croyances, la spiritualité les réunit**. Il y a beaucoup de religions à l'échelle mondiale et toutes prêchent que leur histoire est la seule et la bonne. La spiritualité met l'accent sur la qualité du message divin que les religions partagent et non sur les différences respectives de leurs détails historiques.

o **La religion crée une dépendance, la spiritualité rend indépendant**. Vous n'êtes réellement religieux que si vous assistez à des événements religieux, si vous vous conformez à des rites. La spiritualité vous montre que vous n'avez ni à dépendre ni à avoir besoin de quoi que soit pour être heureux. Le bonheur se trouve toujours au fond de nous-mêmes et nous sommes seuls responsables de notre bonheur. Nous sommes toujours là où nous devons être puisque le divin se trouve déjà en nous.

o **La religion met la répression en avant, la spiritualité met le Karma en pratique** : La religion dit que si nous n'obéissons pas à certaines règles, il y a une punition qui nous attend (purgatoire, enfer). La spiritualité nous permet de comprendre que toute action génère certes une conséquence mais cette réaction à nos actes sera uniquement la conséquence directe et proportionnée aux actes que nous avons commis.

○ **La religion demande de suivre le parcours d'un autre, la spiritualité permet de créer son propre chemin !** Une religion se fonde sur l'histoire qu'elle raconte au sujet d'un Prophète, de son voyage vers l'illumination et la vérité découverte, et vous demande de suivre ses pas. La spiritualité vous laisse faire votre propre voyage vers l'illumination et découvrir la vérité par vos propres moyens en suivant ce que votre cœur vous dit être vrai, parce que la vérité est Une, quel que soit le chemin que vous empruntiez pour y parvenir.

Les dogmes s'effritent peu à peu, même si les médias ne s'en font pas l'écho. Les millions de témoignages de NDE bousculent le postulat dogmatique déclarant, sans preuve, que « *le cerveau produit la conscience* ».

Les médecins tels Jean-Jacques **Charbonier** et le neurologue américain Eben **Alexander**, même s'ils sont encore peu nombreux, ne sont plus vraiment seuls mais la quête et son aveu sont encore discrets. Qui donc se complairait à avouer qu'il scie allègrement la branche qui le tient assis ? L'honnêteté, l'humilité et la patience nous montreront bientôt que les choses ont changé !

Les religions s'étiolent quand la connaissance grandit. L'eau du savoir nous a été donnée dans des flacons superbes mais les églises ont cru que l'adoration du flacon serait suffisante. Les messages anciens s'adressaient à l'homme ancien, non scientifique.

Persister à imposer ces messages, respectables mais immatures, m'apparaît trop souvent comme un déni injustifié de l'image de ce « père » éternel si souvent évoqué. Le divin n'a jamais changé ou disparu. Il n'était pas, **il est**. Il est « permanence », il est « *lumière et vie* ». Il est « *énergie* ». Pourquoi l'avoir figé ainsi dans des textes aujourd'hui millénaires ? Pourquoi ne pas élargir davantage cette vision étroite, vieillotte et sclérosée ?

L'homme scientifique, tout autant que le religieux, est également son œuvre. Les anges, guides, êtres de lumière, consciences évoluées, quel que soit le nom qu'on leur accorde, qui se manifestent auprès des médiums ou des témoins de NDE, sont aujourd'hui ses messagers, tout autant que les prophètes d'hier.

Il serait temps que scientifiques et religieux se parlent, que l'esprit et le corps s'unissent, que le mental analytique et froid apprenne enfin à se taire et à écouter. Une saine spiritualité, ouverte, naturelle, raisonnable et sereine, semble une voie royale pour une alliance nouvelle, souhaitable et nécessaire.

RÉSONANCE
Voir ONDE

La résonance est la propriété de certaines choses, une cave par exemple, à augmenter la durée ou l'intensité d'un son. Sa définition en physique désigne **l'augmentation de l'amplitude d'une oscillation**, sous l'influence d'impulsions régulières.

Mon guide pré-
tend que notre exis-
tence physique n'est
que la résonance
d'une onde source,
un simple reflet de la
vraie vie.

RÊVE
Voir SONGE

Chacun de nous rêve et chacun de nous, à son réveil, s'interroge souvent sur le sens à donner aux
images reçues, aux situations « vécues ».

Pour en parler bien mieux que je ne le ferais, je
fais appel aux mots et aux idées de deux célébrités.

En quelques mots pesés, efficaces, **Carl Gustav
JUNG** assène une évidence relative à sa perception
du Vrai et du Réel : « *Qui regarde à l'extérieur, rêve.
Qui regarde à l'intérieur, se réveille !* »

Dans ses « *pensées* », publiées en 1670, **Blaise
PASCAL,** mathématicien, physicien, inventeur, philosophe, moraliste et théologien, questionne chacun
d'entre nous :

« *La foi est différente de la preuve. L'une est
humaine et l'autre est un don de Dieu. Personne n'a
d'assurance, hors de la foi, s'il veille ou s'il dort, vu*

que, durant le sommeil, on croit veiller aussi ferme-
ment que nous faisons. On croit voir les espaces, les
figures, les mouvements ; on sent couler le temps, on
le mesure, et enfin on agit de même qu'éveillé. De
sorte que la moitié de la vie se passant en sommeil,
par notre propre aveu ou, quoi qu'il nous en paraisse,
***nous n'avons aucune idée du vrai**, tous nos senti-*
*ments étant alors des **illusions**, qui sait si cette autre*
moitié de la vie où nous pensons veiller n'est pas un
autre sommeil, un peu différent du premier, dont nous

nous éveillons quand nous
pensons dormir ? Et qui doute
que, si on rêvait en compa-
gnie et que, par hasard les
songes s'accordassent, ce qui
est assez ordinaire, et qu'on
veillât en solitude, on ne crût
les choses renversées ?
Enfin comme on rêve souvent
qu'on rêve, entassant un
songe sur l'autre, ne se peut-
il faire que cette moitié de la vie (où nous pensons
veiller) n'est elle-même qu'un songe sur lequel les
*autres sont entés, dont **nous nous éveillons à la mort**,*
pendant laquelle nous avons aussi peu les principes
du vrai et du bien que pendant le sommeil naturel ?

Tout cet écoulement du temps, de la vie et ces di-
vers corps que nous sentons, ces différentes pensées
*qui nous y agitent n'étant peut-être que **des illusions***
pareilles à l'écoulement du temps et aux vains fan-
tômes de nos songes... Il est manifeste que nous avons
été dans un degré de perfection dont nous sommes à

346

présent malheureusement déchus. L'incarnation montre à l'homme la grandeur de sa misère, par la grandeur du remède qu'il a fallu...

Ce n'est pas par les superbes agitations de notre raison, mais par la simple soumission de la raison que nous pouvons véritablement nous connaître ».

Je n'oserai ni contredire ni commenter ces deux auteurs puisque je me retrouve totalement dans leur analyse et dans leurs propos. Je me permets même d'ajouter que les grecs anciens considéraient le **sommeil** (*hypnos*), siège du rêve, et la **mort** (*thanatos*) comme **deux frères issus de la même source**.

RÉVÉLATION
Voir APOCALYPSE

Bien au-delà de la simple divulgation, le sens de ce mot qui nous intéresse, c'est la découverte soudaine **d'une réalité différente**, qui conduit à une prise de conscience. Nous sommes nombreux aujourd'hui à ressentir et prévoir **un temps rapproché** de révélation.

RITE
Voir DOGME, RELIGIONS

Le rite désigne l'ensemble des règles qui se pratiquent dans une église. Mon guide n'utilisa jamais ce mot sinon pour dénoncer « **l'immaturité de nos**

rites ».

Par contre, il m'invita à plusieurs reprises à « *ritualiser* » de façon nouvelle à partir des éléments qu'il me confiait. La ritualisation évoquée ne concernait ni des gestes précis ni des actions à entreprendre mais uniquement **le partage d'idées** par l'écrit et la parole.

S

19ème **lettre**

Symbolique : *Le **S** semble dessiner la **S**ilhouette **S**inueuse du **S**erpent, la **S**inusoïde d'une onde.*

SAINT

Selon cette belle expression de mon guide Gilles, *« Le vrai saint est celui qui vit sa foi sans nier ses doutes »*

SAM

Un soir de 1995, après m'avoir parlé une nouvelle fois de *« trame »*, de *« fils »* et de *« trois voies »*, Gilles me dicta soudain la courte phrase suivante qui, je l'avoue sincèrement, me fit sourire aussitôt :

« Il te faut lien SAM ! »

Une pensée mêlée d'humour et de désespérance avait rapidement traversé mon esprit : Si je dois vraiment travailler demain avec un américain, on n'est pas arrivés ! Je ne reçus aucun commentaire plus explicatif.

Deux jours plus tard, je tombais – par hasard, bien évidemment – sur un site technique du net qui traitait spécifiquement de techniques d'utilisation des ondes et présentait ce même sigle **SAM** sous la définition suivante :

Synchronisation, **Amplification**, **Modulation**.

J'adore cette manière originale de transmettre une information.

SCEPTIQUE

Mon domaine particulier de recherche et de réflexion, dès qu'il devient public, attire et suscite rapidement l'intervention des sceptiques. Je ne parle pas ici de la personne intelligente et raisonnable qui doute légitimement de la véracité du fait curieux et rare ou de l'hypothèse nouvelle qui lui sont présentés. Je parle de ces personnalités, souvent anonymes, pétries de certitudes, qui fleurissent sur le net, sous l'appellation de « sceptiques zététiciens », qui refusent et réfutent systématiquement toute nouveauté contrevenant à leur croyance et se manifestent le plus souvent avec arrogance et agressivité. Beaucoup de chercheurs alternatifs subissent leurs attaques qui visent bien plus souvent la personne que les faits qu'ils présentent. Nombre de mes amis en furent et en sont toujours victimes, que leur domaine d'investigation soit l'histoire, la médecine, l'architecture ou la science des anciens.

Les certitudes scientifiques qu'ils défendent, bec et ongles, s'effondrent pourtant parfois comme en ces temps, pas si vieux, ou l'Académie des Sciences affirmait péremptoirement que « *plus lourd que l'air ne volerait jamais* ». L'histoire des sciences fourmille de ces vérités contredites.

Leur reproche le plus fréquent est le suivant : Votre théorie ne fait pas l'objet d'une publication scientifique ! Ils feignent d'ignorer que ces publications scientifiques ne sont même pas possibles pour les scientifiques, mêmes avérés et reconnus, qui osent contredire tout postulat ancien devenu un dogme intouchable.

Leur second reproche vise l'absence de diplôme du chercheur alternatif ou la non concordance de ses diplômes avec le domaine qu'il étudie. Il y a longtemps, personnellement comme professionnellement, que j'ai constaté que les diplômes n'étaient ni une garantie d'intelligence supérieure ni surtout une garantie d'ouverture sur l'inconnu qui reste à explorer. La plupart des autorités scientifiques en place, à l'exception de rares domaines de pointe, demeurent installées sur un piédestal édifié sur une théorie ancienne devenue dominante et inamovible. Humainement, je comprends leur acharnement à ne pas scier la branche qui les porte.

Pourtant les domaines où œuvrent la plupart des chercheurs alternatifs ne sont pas des sciences exactes, qu'il s'agisse d'histoire, d'archéologie, d'anthropologie, de sociologie, d'ufologie, de médiumnité ou de spiritualité en général. Que peut-on leur dire ou leur conseiller si ce n'est de persister dans leur quête de vérité, de rester sourd aux sarcasmes de ceux qui croient savoir et d'éviter de tomber dans la fosse aux sceptiques.

SEPT
Voir CINQ, SIX, HUIT

Hier comme aujourd'hui, ce chiffre se manifeste partout et en tous domaines (contes et légendes, textes religieux, cinéma, durées de temps, sons, couleurs, astres, métaux, symbolisme…). Ceux qui me suivent savent l'importance que je lui accorde.

Quelques exemples de sa présence insistante :

- o 7 jours est la durée arrondie d'un quartier de lune
- o 7 palmes dans une coudée.
- o Les 7 péchés capitaux : luxure, avarice, envie, orgueil, paresse, gourmandise et colère.
- o Les 7 couleurs de l'arc-en-ciel.
- o Les 7 branches de la Menora
- o Les 7 Archanges et les 7 églises de l'Apocalypse
- o Les 7 têtes de la bête de l'Apocalypse.

- Les 7 jours, les 7 astres et les 7 métaux qui leur sont liés : mardi, fer et Mars, vendredi, cuivre et Vénus, samedi, plomb et Saturne, jeudi, étain et Jupiter, mercure et Mercure, lundi, argent et Lune, dimanche, or et Soleil.
- Les 7 femmes de Barbe-Bleue dans l'opéra-bouffe de Jacques Offenbach ;
- Les 7 nains dans le conte Blanche-Neige ;
- Les bottes de 7 lieues
- Les 7 notes de la gamme diatonique et, par conséquent 7 tonalités et 7 modes principaux.

Dans mon approche intuitive des mathématiques, j'ai associé ce chiffre **7** à **l'Esprit** ou à **l'Information** au sein d'une double trinité :

- **Une trinité spirituelle** :
5 = CORPS   **6** = ÂME   **7** = ESPRIT

- **Une trinité physique** :
5 = MATIÈRE **6** = ÉNERGIE **7** = INFORMATION

SERPENT
Voir ADN

Le mot « SERPENT » constitue l'anagramme du mot « PRÉSENT »

Dans l'antiquité, les serpents étaient liés à la fois à la sagesse et à la prophétie partout à l'est de la Méditerranée.

En Grèce, l'oracle de Delphes était appelé Pythie, nom dérivé du grand serpent (python) qui fut défait par le dieu Apollon ; à Sumer/Babylon, le dieu Enki, seigneur de l'eau et de la sagesse, était représenté sous la forme d'un grand serpent qui marche (dragon), comme le fut son fils Ningizzida dont l'image symbolique était un bâton entouré par deux serpents entrecroisés.

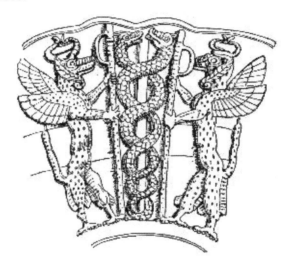

De nombreuses représentations anciennes, dans des cultures diverses partout sur la planète, reprennent l'image du ou des serpents pour évoquer les dieux. L'existence d'êtres humanoïdes, apparemment de type reptilien, ayant cohabité avec les hommes, révélée récemment au Pérou, rappelle une nouvelle fois cette possibilité de manipulation génétique et d'hybridation évoquée de plus en plus par les généticiens ou les historiens.

SETH
Voir GUIDE

Grace au rappel récent d'un ami FB, **Simon C**, que je remercie pour ce **signe**, je viens d'extraire de ma bibliothèque un livre que j'avais acheté et lu en **1995** à l'époque où mon guide Gilles me dictait encore ses messages complexes. Cet ouvrage, écrit en 1972 par la romancière et poète Jane **Roberts**, livre les messages qu'elle reçut d'une personna-  lité « *d'essence énergétique* » qui s'était présentée à elle sous l'identité de **Seth**.

J'ai retrouvé ou plutôt redécouvert dans ce livre la même méthode que Gilles utilisa avec moi, vingt ans plus tard, soit la tentative de diffuser un enseignement à caractère scientifique traitant de la richesse des **phénomènes d'onde** et de notre méconnaissance de cette richesse.

Le nom même de **Seth** m'interpellait car je l'entendais « **sept** », ce chiffre lié pour moi à l'esprit, à la source.

Si certaines données de ce livre semblent très actuelles, il faut se souvenir qu'il fut écrit il y a quarante-cinq ans.

Seth y décrit notre âme comme un « *soi multidimensionnel* ». Il parle de nos sens physiques comme de simples prolongements sensoriels de notre perception interne. Il insiste sur le fait que la Vérité que nous cherchons ne se trouve pas en passant d'un maitre à un autre, ou en allant d'une église à une autre, mais en regardant dans le Soi. Il nous dit que nous sommes davantage capables d'accéder à la connaissance quand nous rêvons que quand nous sommes éveillés.

Il nous dit, comme Gilles me l'exprima, que **nous sommes à l'origine du monde que nous connaissons**, par notre capacité de projeter extérieurement nos pensées et de leur donner une forme physique. Il s'exprime avec une grande clarté :

« *Vous engendrez les splendeurs et les terreurs de votre existence terrestre. Vous refuserez d'assumer cette responsabilité tant que vous ne prendrez pas conscience que vous en êtes les créateurs* ».

« Il n'y a pas de réalité objective autre que celle qui est créée par la conscience. La conscience, et elle seule, crée la forme. »

Afin de revenir au sujet de ce livre, la nécessaire alliance entre science et spiritualité, je redécouvre avec plaisir des mots de Seth que j'avais oubliés.

« *Vos savants font l'expérience de ce que les philosophes savaient depuis des siècles, à savoir que l'esprit peut influencer la matière. **Il leur reste à découvrir que l'esprit crée et forme la matière**.* ».

« *Chacun de vous, agissant inconsciemment comme un **transformateur**, change des **unités électromagnétiques** de très grande précision en objets physiques* ».

Devenant sans cesse plus précis, reprenant les termes de la physique des ondes pour redéfinir l'atome, la vitesse de la lumière et d'autres approches scientifiques, Seth nous explique alors que « ***L'intensité** d'un sentiment, d'une pensée ou d'une image mentale est l'élément déterminant de sa matérialisation. L'intensité est le **noyau** autour duquel les unités d'énergie électromagnétique se forment. Plus intense est le noyau, plus la matérialisation est rapide* ».

Je ne développerai pas davantage ici l'enseignement passionnant de Seth mais j'invite expressément mes lecteurs à le relire ou à le découvrir. Votre perception habituelle de la réalité devrait s'en trouver rapidement et positivement transformée.

SIGNE

Je veux parler ici des manifestations étranges, subtiles ou non, exceptionnelles mais parfois insistantes, que nous envoient nos défunts afin de manifester leur présence. Certaines personnes, excessives dans leurs croyances, interprètent systématiquement tout objet ou tout évènement mineur comme un signe venu d'ailleurs, d'autres n'en voient jamais. Ici comme ailleurs, la raison et la voie médiane s'imposent.

Personnellement, souvent en compagnie de mon épouse, j'ai connu la chance de recevoir quelques signes significatifs déjà évoqués dans mes livres précédents. Je vous conte toutefois ici la toute première expérience de contact que j'ai vécue avec mon petit-fils.

Sa naissance était prévue pour le vingt novembre de l'année passée. Un peu égoïstement, j'étais légèrement contrarié car je devais donner une conférence en Belgique le dix-huit du même mois et mon épouse m'avait prévenu qu'elle ne m'accompagnerait pas cette fois car elle tenait à être présente pour aider au mieux notre fille dès son accouchement.

Je fis alors une chose que je n'avais jamais tentée auparavant. Je m'adressais par la pensée à cet enfant, encore dans le ventre de sa maman, et je lui demandais de venir quelques jours avant la date prévue. Je lui expliquais pourquoi et le rassurais en lui disant tout l'amour qu'il recevrait à son arrivée.

Étonnamment, ce beau bébé est né le onze novembre, jour de la saint Christian, la fête de son papy. Ce même jour, juste après l'annonce de sa naissance, mon épouse trouva une petite médaille de la Vierge en argent curieusement posée sur le buffet de la cuisine. Nous étions certains que cette médaille avait été rangée, il y a fort longtemps, dans une vieille boite dans l'une des chambres mais elle n'avait rien à faire, en évidence, dans la cuisine. Nous avons remercié tous les deux notre « petit bonhomme » pour ces deux cadeaux offerts à ses grands-parents.

SIX
Voir CINQ, SEPT, HUIT

Dans la suite symbolique 5,6,7, j'ai choisi intuitivement d'associer le chiffre 6 à la **Conscience.**

SIX-CENT-SOIXANTE-SIX

Le fameux nombre **666** apparait dans le verset **13.18** du texte de **l'Apocalypse** :

« C'est ici la sagesse. Que celui qui a de l'intelligence calcule le nombre de la bête. Car c'est un nombre d'homme, et son nombre est six-cent-soixante-six. »

Sans me soucier le moins du monde des interprétations maléfiques qui entourent ce nombre, je l'ai observé pour ce qu'il est, **un nombre**. Le texte bref qui le porte ne pouvait pas être plus clair dans ses exigences puisqu'il demande successivement de la **sagesse**, de **l'intelligence** puis du **calcul**.

Ce nombre se prête effectivement à une approche mathématique.

○ Il est la somme de deux nombres « **inversés** », en reflet : **234** et **432**.

○ Le premier, **234**, est le résultat de la multiplication de **13** par **18** or c'est le **Verset 13.18** qui livre le 666.

359

- Le second, **432**, est d'une part le triple du **144**, mesure de la « *Nouvelle Jérusalem* » et, d'autre part, **exprimé en Hertz**, une **fréquence** du LA concurrente du 440 imposé.

- 432 est également le double de **216** or 216 égale **6*6*6**

- Le cosinus de 144 degrés est égal au sinus de 666 degrés et leur somme donne le **Nombre d'or**.

« *C'est ici la sagesse* », disait le verset.

SONGE

Le songe est une anagramme de la « GNOSE », comme si le rêve était porteur d'informations légèrement chiffrées qu'il nous revient de décoder lors du réveil.

Lorsqu'il s'endort chaque soir, chacun s'évade de son corps à la recherche de « **SON JE** », cet être véritable et complet dont la conscience incarnée n'est qu'un écho modeste.

SOURIRE

Chaque sourire que je reçois est un cadeau que l'on me donne. J'imagine chaque sourire que je donne comme un trait de lumière et d'amour. Nul ne devrait être économe en ce domaine.

SPECTRE

J'entends parler ici, non d'un quelconque fantôme ou d'une fugace apparition translucide, mais plutôt du **spectre visible de la lumière**.

Au cours de mes nombreuses lectures du texte de l'Apocalypse, j'avais été surpris de l'étonnante et précise description des douze niveaux de la « *Nouvelle Jérusalem* » (Apocalypse -Versets 21/19 et suivants). Chacune de ses douze assises était agrémentée, ornée, d'une pierre précieuse. À l'aide de mon vieux dictionnaire de Grec ancien, je recherchai la correspondance entre le nom des pierres et leur couleur. Quelle ne fut pas ma surprise de constater alors que l'ordre rigoureux de ces pierres semblait dissimuler **le spectre visible de la lumière** ! En effet, au-delà des quatre ultimes pierres de couleur **jaune**, **verte**, **bleue** puis **violette**, Jean évoque une place vide (*o plateia*) sur laquelle il constate l'absence de temple. Cette place vide correspondrait au tronc de la pyramide dont le pyramidion, comme le temple, est effectivement absent.

L'au-delà du violet, l'ultraviolet, n'est-il pas de fait invisible à nos yeux ?

J'ajouterai enfin que les termes de grec ancien qui s'approchent le plus du nom de « *Iérousalem* » sont les deux mots « *Iéros salos* » qui signifient « *puissante vibration* ». ».

J'adore les coïncidences lorsqu'elles se multiplient dans un texte sacré, sensé nous parler exclusivement de dieu.

« *Que celui qui a des oreilles entende !* » répète Jean à huit reprises. (Apocalypse 2.7 - Apo 2.11 - Apo 2.17 - Apo 2.29 - Apo 3.6 - Apo 3.13 - Apo 3.22 - Apo 13.9)

Je pourrais poursuivre ainsi plus longuement mais je crains de lasser. Mon objectif premier, mon rêve, est d'attirer, **d'éveiller l'intérêt de gens plus qualifiés que moi** mais que la formation suivie, la trop grande spécialisation, l'éducation reçue, les préjugés acquis, ont lentement éloigné des champs inexplorés de la conscience.

Les physiciens disposent aujourd'hui d'outils de plus en plus performants. L'atome et ses particules, l'infrarouge, l'ultraviolet, comme hier les microbes, ont jailli du néant, surgi de l'invisible où les savants d'hier ne les poursuivaient pas. **Rien ne se crée, tout se transforme**. L'hiver le plus glacial voit renaître un printemps. Cherchez et vous trouverez !

Où nait cet immense orgueil qui aveugle les hommes ? Quand 99 % de la masse de l'univers échappent à l'observation, quand des particules communiquent entre elles à une vitesse supérieure à la limite fixée par Einstein pour la lumière, **l'humilité s'impose** et le rêve conserve ses droits. Le non su d'aujourd'hui sera le savoir de demain, encore faudrait-il consentir à son étude.

SPHÈRE
Voir CUBE

Géométriquement, selon la formule mathématique en vigueur, une sphère d'un mètre de diamètre contenue dans un cube d'un mètre cube de volume occupe **52,36 %** de son espace, soit **0,5236 m³**.

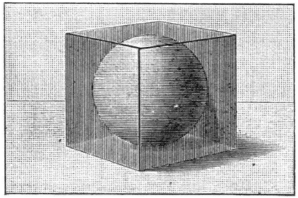

Nous rencontrons avec ces résultats une étonnante double relation avec les valeurs de :

- o **La coudée du Moyen-Âge** exprimée en centimètres : **52,36 cm**

- o **La coudée royale égyptienne** exprimée en mètre : **0,5236 m**

Tout aussi bizarrement, ces deux coudées, prétendument datées l'une de dix siècles et l'autre de plus de quatre millénaires, osent s'exprimer en **mètres** alors que cette unité de mesure, issue des mensurations de notre planète, ne devait officiellement voir le jour qu'à la fin du XVIIIème siècle, au lendemain de la révolution française. Voilà encore **un fait** qui ne semble pas perturber le moins du monde le calme académique des historiens et des archéologues.

SPIRALE
Voir ELLIPSE

 En mathématiques, une spirale est une courbe qui commence en un point central puis s'en éloigne de plus en plus, en même temps qu'elle tourne autour.

En géométrie, une **spirale d'or** est une spirale logarithmique avec un facteur de croissance de φ (phi) = 1,618 appelé nombre d'or. Une spirale d'or devient plus large par un facteur de φ pour chaque quart de tour qu'elle fait.

La forme de la spirale, **naturellement** présente dans le règne végétal (*vigne - volubilis - tournesol)* comme dans le monde animal *(escargots - coquillages),* est un motif simple que l'on retrouve fréquemment dans les représentations gravées par les peuples anciens

Selon les uns, le motif de la spirale pourrait avoir été inspiré par la simple observation des flux tourbillonnants de l'eau courante ou par la vision des remous qui se produisent lorsqu'un liquide s'écoule par une ouverture, vers le bas

Pour d'autres, la spirale renverrait à l'ordre cosmique de la croissance et de la décroissance du soleil et du jour selon le rythme des saisons : chez les Mayas, par exemple, dont la cosmologie se développe selon le motif de la spirale, le solstice d'hiver représente le point d'origine.

La spirale figurerait, en somme, les rythmes répétés de la vie, le caractère cyclique de l'évolution et la permanence de l'être sous la fugacité du mouvement. On la retrouve encore dans la forme imbriquée du Yin et du Yang qui ne cessent de s'engendrer l'un l'autre. La spirale a peut-être été aussi, à l'origine, un symbole spécifiquement féminin, rattaché au cycle lunaire dans sa croissance et sa décroissance perpétuelle.

La spirale fut également un élément important de la symbolique judéo-chrétienne : Elle représentait le souffle de la vie. Rotation et ascension, révolution et élévation, tels sont donc les mouvements qui semblent animer l'univers.

Le « *triskel* » de la tradition celtique, composé de trois spirales représentées dans un même graphisme, symboliserait, entre-autres, trois des quatre éléments (sauf l'air), le passé le présent  et l'avenir, ou les trois âges de la vie : jeunesse, âge mûr et vieillesse.

Une interprétation plus basique est encore possible à mon humble avis : La spirale pourrait n'être qu'une **simple représentation en deux dimensions** du fameux « **tunnel** » que l'âme du défunt emprunte lorsqu'elle quitte le corps physique pour rejoindre la lumière. Rien ne peut en effet s'opposer à l'idée que les premiers hommes aient eux aussi vécu, **bien avant nous**, l'expérience dite de mort imminente et qu'ils aient voulu exprimer ainsi **leur vision de ce passage** lors des hommages rendus à leurs défunts en gravant ce tunnel simplifié sur la pierre.

SPIRITISME

Voir Allan KARDEC, OUIJA, PENDULE

Sans évoquer les nombreux bûchers de la triste et sauvage inquisition, ce sujet encore « brûlant » mérite un développement. Le spiritisme est considéré, selon les sources, comme une superstition, comme une science occulte ou comme une doctrine. Il est fondé sur la croyance que certains phénomènes paranormaux sont le moyen pour des entités de l'au-delà appelées « esprits », le plus souvent des personnes décédées, de communiquer avec les vivants.

Ce mot s'applique ainsi, de manière large, à un courant disparate où les pratiquants, appelés spirites, communiquent avec ces esprits par divers moyens, qu'il s'agisse d'une médiumnité classique ou de l'utilisation de supports inanimés (guéridon, tables tournantes...).

Le terme de spiritisme désigne aussi par extension la doctrine spirite d'Allan **Kardec**, pseudonyme de l'instituteur Hippolyte Léon Rivail Denizard, inventeur du mot « spiritisme ». Pratiqué dans de nombreux pays sous des formes variées, c'est en Amérique latine et plus particulièrement au Brésil que le spiritisme connait son extension la plus importante. Parfois présenté comme une religion, il compte actuellement entre six et cinquante millions de pratiquants selon les estimations. Je me permets d'évoquer ci-après plusieurs méthodes, anciennes ou modernes, de la pratique spirite.

-   **Les tables tournantes**

Les participants se tiennent assis autour d'une table en bois. L'énergie des médiums permet aux esprits de produire des coups à l'intérieur de la table. Les coups permettent des échanges basés sur un code : un coup pour oui, deux coups pour non, par exemple.

Il s'agit d'une technique archaïque dont Allan Kardec disait déjà : « *Ce mode primitif et long se prête difficilement à des développements d'une certaine étendue* ». Bien qu'abandonné depuis un siècle, ce procédé représente un stéréotype attaché au spiritisme

-   **Le oui jà**

Les participants se tiennent assis autour d'une table sur laquelle est posée une planche marquée des lettres de l'alphabet. Sur la planche, on dépose un petit triangle en bois appelé « *goutte* » ou un verre retourné.

Les participants posent ou approchent un doigt de la goutte en le posant fermement ou parfois en l'effleurant. L'énergie supposée des médiums sert alors aux esprits pour déplacer l'objet vers les lettres, afin de constituer des mots et des phrases. Cette méthode est réputée demander beaucoup d'énergie au médium qui ressent souvent de la fatigue. Par conséquent, les pratiquants réguliers choisissent de l'éviter. Pour les religions monothéistes, le oui jà est toujours présenté comme une pratique malsaine et dangereuse.

-   **L'écriture automatique**

L'écriture automatique se pratique le plus souvent en solitaire. C'est une méthode très répandue aujourd'hui car devenir « médium écrivain » ne nécessite qu'un entraînement limité.

Le pratiquant s'assoit devant sa table, pose une feuille de papier devant lui et tient un stylo au-dessus de la feuille. Le but est de laisser les esprits influencer les pensées ou les doigts du médium. Au bout d'un ou plusieurs essais, il peut se produire deux types de phénomènes

- L'écriture automatique inspirée (ou intuitive)

Dans ce cas, l'esprit dicte des phrases au médium par la pensée et ce dernier les écrit directement, sans réfléchir. Le médium est incapable de dire ce qu'il vient de rédiger et ne prend connaissance du message qu'en le lisant. Le médium retranscrit ainsi des informations ou des histoires dont il n'a absolument aucune connaissance à titre personnel.

- L'écriture automatique mécanique

Dans ce cas, l'esprit écrit directement avec la main et les doigts du médium qu'il contrôle avec légèreté. Le médium voit sa main commencer à écrire des lettres, sans savoir quel va être le mot final. Il arrive que l'on reconnaisse le style calligraphique de l'esprit, qui correspondait à sa manière d'écrire lorsqu'il était vivant. Là encore les indications obtenues sont totalement étrangères aux opinions ou au savoir du médium.

- **L'incorporation**

L'incorporation est un phénomène devenu très rare aujourd'hui. Au cours d'une incorporation, un esprit viendrait, de façon temporaire, s'approcher très près d'un medium. Du fait de cette proximité, il pourrait communiquer certains aspects de sa personnalité. Considérée comme le plus haut niveau de la médiumnité, cette technique se pratiquait toujours en groupe. Le médium se relaxait totalement puis laissait un esprit s'adresser directement à l'assemblée, à travers lui. Le médium pouvait, soit rester conscient, on parle alors de « *transe partielle* », soit perdre connaissance, on parle alors de « *transe totale* ». Dans les cas de transe partielle, le timbre de voix pouvait correspondre à celui du médium, qui parle sous inspiration. Dans les cas de transe totale, la voix entendue correspondait à celle de l'esprit et non plus au timbre de voix du médium. De plus, l'esprit s'exprimait dans la langue qu'il connaissait. Il était ainsi possible que l'esprit parle à travers le médium dans une langue étrangère inconnue du médium.

Si j'ai occasionnellement et brièvement expérimenté le guéridon et le oui jà, si je connais bien, au travers de l'expérience vécue par mes amis, la pratique de l'écriture automatique, je n'ai par contre jamais assisté à une séance d'incorporation, pratique apparemment tombée en désuétude.

- **La Trans communication instrumentale**

La TCI (Trans communication instrumentale) est un sigle inventé dans les années 1980 par le physicien allemand, **Ernst Senkowski** pour désigner l'ensemble des moyens de communication avec des esprits faisant intervenir des appareils électroniques. Ce sont des objets usuels tels que les téléphones, les magnétophones, les téléviseurs ou des ordinateurs ou encore des tablettes, appareils photos ou caméra infrarouge. Ces derniers servent alors de supports lors d'expériences de communication avec l'au-delà.

Ces équipements sont tous **des émetteurs récepteurs d'ondes**. Ils présentent l'avantage de **permettre la conservation d'une trace** des enregistrements. Il semblerait que la présence d'un médium à proximité amplifie le phénomène. Les chercheurs en TCI ne souscrivent pas nécessairement à la doctrine spirite d'Allan Kardec et certains ne retiennent du spiritisme que son enseignement pratique.

Pour les personnes adhérant à l'une des religions monothéistes (Christianisme, Islam, Judaïsme), la Trans communication est toujours considérée comme **une pratique démoniaque** simplement mise au gout du jour.

La première opposition sérieuse était venue de l'Église catholique romaine. En **1861**, l'évêque de Barcelone avait ordonné un autodafé public pour faire détruire par le feu plus de trois cents ouvrages d'Allan Kardec, dont Le livre des Esprits. En **1864**, la Sacrée Congrégation de l'Index condamnait en bloc tous les ouvrages spirites.

Au début du siècle dernier, la position officielle du Vatican fut définie par le décret du 24 avril **1917** dont le texte est le suivant :

« ***Du Spiritisme****. En séance plénière, aux Éminentissimes et Révérendissimes Seigneurs Cardinaux, Inquisiteurs généraux de la Foi et des Mœurs,
on a demandé : s'il était permis, par des médiums,
comme on les appelle, ou sans médium, en usant ou
non d'hypnotisme, d'assister à quelque manifestation
spirite que ce soit, même présentant un aspect d'honnêteté ou de piété, soit en interrogeant les âmes ou
Esprits, soit en écoutant les réponses, soit comme observateur, même avec l'affirmation, tacite ou exprimée, de ne vouloir aucun commerce avec les Esprits
malins. Les Éminentissimes et Révérendissimes Pères
ont répondu **NON**, sur tous les points. Le 26 du même
mois, S.S. Benoît XV a approuvé la résolution des
Éminents Pères qui lui avait été soumise. »*

J'aurais aimé que ces **modestes** mais « *Éminentissimes et Révérendissimes Seigneurs Cardinaux* »
fassent preuve de la même fermeté pour dénoncer la
barbarie ignoble dont leur église s'est rendue cou-
pable pendant des siècles à l'encontre de tous ceux,
païens, cathares et protestants, qui n'adhéraient pas à
son dogme imposé.

Aujourd'hui, si l'Église catholique s'oppose toujours fermement à la philosophie spirite, notamment
à l'idée de réincarnation qui caractérise sa doctrine,
une déclaration publiée le 26 décembre **1996** dans le
numéro 52 de la revue italienne **Gente**, puis commen-
tée en français dans d'autres revues, apparaît pourtant
comme un superbe et surprenant **changement d'attitude** de l'Église catholique :

« *Pour l'Église catholique, les contacts avec l'Au-delà sont possibles et qui dialogue avec le monde des défunts ne commet pas de péché s'il le fait en s'inspirant de la foi* ».

Cette déclaration fut accompagnée d'une interview du père **Gino Concetti,** chroniqueur de l'Osservatore Romano, journal du Vatican, qui confirmait :

« *D'après le catéchisme moderne, Dieu permet à nos chers disparus qui vivent dans la dimension d'outre terre, d'envoyer des messages pour nous guider à certains moments de notre vie. À la suite des nouvelles découvertes dans le domaine de la psychologie sur le paranormal, l'Église a décidé de ne plus interdire les expériences de dialogue avec les trépassés, à condition qu'ils soient faits dans des buts scientifiques et religieux.* »

En France, cette déclaration, peu connue, notamment des croyants se disant chrétiens, a été néanmoins reprise dans les ouvrages du père **François Brune**, spécialiste de la communication avec les défunts.

Ma pratique personnelle de communication, au moyen d'un pendule et d'un support alphanumérique, ressort bien évidemment des activités spirites bien que, pour ma part, je préfère parler de spiritualité en général. Dois-je vraiment ajouter que **je me moque absolument de ce que peuvent en dire ou penser les « autorités » religieuses** ?

Personnellement, je suis persuadé que toutes ces

méthodes, anciennes ou modernes, ne sont que des aides psychologiques à l'établissement momentané de la communication. Le contact se fait directement d'âme à âme, **de conscience à conscience**. Le guéridon, le pendule ou le téléphone, m'apparaissent comme des modestes supports qui rassurent et canalisent l'attention de celui qui pratique.

Seuls importent vraiment la pureté de l'intention première, l'absence d'intérêt, l'amour et la confiance qui doivent nous guider, soit en résumé notre état psychologique et spirituel.

Le reste ne constitue qu'un amas de croyances, dont la plupart sont à combattre avec énergie avant même d'oser se prêter à l'expérimentation.

SYMBOLE

Ce mot, d'origine grecque, appartient à la même famille que les termes « parabole », « hyperbole » ou « diabolos » désignant à l'origine un « *diviseur* » mais traduit ensuite par « *diable* »

Seuls les préfixes changent : SYM pour « *avec* », PARA pour « *auprès de* », HYPER pour « *au-delà* » et DIA pour « *au travers de* », tous accolés au mot « *bolos* » qui désigne un jet, un lancer, donc… **un mouvement**.

J'interprète ce mouvement comme **une manifestation dans le monde matériel de l'énergie issue de l'esprit**.

SYNCHRONICITÉ
Voir COÏNCIDENCE, SIGNE

Carl Gustav JUNG a défini la synchronicité comme **l'occurrence simultanée d'au moins deux événements qui ne présentent pas de lien de causalité**, mais dont l'association prend un sens pour la personne qui les perçoit. C'est, en grande partie, grâce à ses expériences personnelles qu'il élabora la théorie de la synchronicité avec le physicien **Wolfgang Pauli**, père du « *Principe d'Exclusion* », l'un des concepts-clés de la physique moderne. Il disait :

« *Nous pouvons penser que nous suivons notre propre chemin et ne jamais découvrir que nous sommes, en grande partie, des acteurs sur la scène du théâtre de la vie. Il existe des facteurs qui, bien que nous ne les connaissions pas, influencent notre vie, particulièrement lorsqu'ils restent inconscients. J'ai souvent rencontré les phénomènes en question, et j'ai pu me convaincre de l'importance de ces expériences. Dans la plupart des cas, ce sont des choses dont on ne parle pas de peur de les exposer à des ricanements sans réflexion. J'ai été étonné de constater combien de gens ont eu des expériences de ce genre, et avec quelles précautions le secret en est gardé.* »

Nous vivons effectivement **tous**, un jour ou l'autre, ces expériences de synchronicité. Qui n'a pas pensé à un ami qui soudain appelait au téléphone ? Qui n'a pas reçu dans le déroulé d'un rêve la réponse à la question qui le préoccupait lors de son endormis-

sement ? À mon humble avis, ces coïncidences remarquables appartiennent au nombre des signes de
l'Ailleurs qui nous sont envoyés.

« *Le Temps est l'image mobile*
de l'éternité immobile. »
Platon

T

20ème lettre

Symbolique : *Le **T** est composé de deux barres : une verticale, supportant l'autre horizontale. Le schéma global forme une balance, symbolisant l'équilibre. La barre horizontale pourrait représenter le divin qui descend, contrôlé par la barre verticale désignant la matière.*

TAROTS

Véritable amateur éclairé des jeux de cartes depuis mon enfance, ayant successivement expérimenté la belote, le rami, le poker, le bridge, le buraco, j'ai longtemps pratiqué le jeu de tarots au cours de soirées joyeuses avec mes amis sans jamais rien connaitre de sa source et de son usage moins ludique.

J'aime beaucoup la dimension et le graphisme de ses cartes sans avoir jamais soupçonné le sens qu'il pouvait nous transmettre. Possesseur d'un joli tarot de Marseille, je n'ai jamais essayé de m'initier à la voyance par ce moyen, tout comme je n'ai jamais pratiqué l'astrologie. Il m'est arrivé de le regretter mais j'ai rapidement pris conscience des limites du temps qui nous est accordé.

TEMPLE
Voir ÉGLISE

Éloigné du monde des religions, je n'ai nul besoin d'un guide, d'un gourou, d'un prêtre, d'un bus ou d'un avion pour rejoindre mes lieux saints. Toujours accessibles, jamais profanés, **ils sont et demeurent en moi** !

Mon corps m'apparaît comme un temple laïque, animé et éclairé par la « conscience divine ». La foi, la confiance, la patience et l'intuition constituent les bases et les colonnes de ce temple. Tout le reste n'est qu'interprétations d'un symbolisme mal compris par les uns, exploité par d'autres en quête de pouvoir.

La source divine à laquelle je m'abreuve n'a jamais exprimé aucun interdit, aucune différence. Elle se moque de ma tenue vestimentaire, de mes pratiques alimentaires. Elle n'a rien à voir avec les traditions patriarcales qui, encore aujourd'hui, créations des hommes au profit des hommes, maltraitent les femmes et persistent à les soumettre à leur autorité.

Seuls comptent pour elle mes pensées, mes paroles, mes actes et leur concordance ! Vous êtes tous les bienvenues dans l'enceinte de mon temple. Aucune porte n'en limite l'entrée. Je ne peux que vous inviter à découvrir puis visiter le vôtre.

TEMPS

La nature du temps est une notion difficile à appréhender. Est-il une propriété fondamentale de l'Univers, ou plus simplement un produit de l'observation intellectuelle et de la perception humaine ?

Selon la théorie de la relativité, le temps est relatif puisqu'il dépend de l'observateur, et l'espace et le temps sont intimement liés.

Je reprends les mots imagés de Platon, posés en tête de ce chapitre : « *Le Temps est l'image mobile de l'éternité immobile.* »

TESLA (Nikola)

Nikola Tesla, né le 10 juillet 1856 à Smiljan dans l'Empire d'Autriche (actuelle Croatie) et mort le 7 janvier 1943 à New York, est un inventeur et ingénieur naturalisé américain (en 1891) d'origine serbe. Il a principalement œuvré dans le domaine de l'électricité, mais était également ingénieur mécanique.

Tesla a d'abord travaillé dans la téléphonie et l'ingénierie électrique avant d'émigrer aux États-Unis en 1884 pour travailler avec **Thomas Edison**, avant de collaborer avec George Westinghouse qui enregistra un grand nombre de ses brevets. Considéré comme l'un des plus grands scientifiques  dans l'histoire de la technologie, pour avoir déposé quelque **300 brevets** couvrant au total 125 inventions (qui seront pour beaucoup attribuées à tort à Edison) et avoir décrit de nouvelles méthodes pour réaliser la « conversion de l'énergie », Tesla est reconnu comme l'un des ingénieurs les plus créatifs de la fin du XIXème et du début du XXème siècle.

Ses travaux les plus connus et les plus largement diffusés portent sur l'énergie électrique. Il a mis au point les premiers alternateurs permettant la naissance des réseaux électriques de distribution en courant alternatif, dont il est l'un des pionniers. Tesla s'est beaucoup intéressé aux technologies modernes se focalisant sur l'électricité qui était le noyau de ses inventions. Il est connu pour avoir su mettre en pratique la découverte du caractère ondulatoire de l'électromagnétisme, théorisé par James Clerk Maxwell en 1864, en utilisant les fréquences propres des composants des circuits électriques afin de maximiser leur rendement.

De son vivant, Tesla était renommé pour ses inventions ainsi que pour son sens de la mise en scène, faisant de lui un archétype du « savant fou ». Grand humaniste qui aurait notamment aimé que l'électricité soit gratuite et accessible à tous, il resta malgré tout dans un relatif anonymat jusqu'à plusieurs décennies après sa mort. Son œuvre trouve un regain d'intérêt dans la culture populaire depuis les années 1990. En 1960, son nom a été donné au **tesla** (T), l'unité internationale d'induction magnétique.

Les théories de Tesla sur la possibilité de la transmission sans fil remontent à des conférences et des démonstrations qu'il a réalisées en 1893 à Saint-Louis dans le Missouri, au Franklin Institute en Pennsylvanie, et à la National Electric Light Association. Il met au point notamment la bobine Tesla vers 1891, puis entre 1895 et 1898 un transmetteur à amplification.

En 1900, il découvre le principe du radar, le met au point et, malgré des problèmes financiers, publie les bases de ce qui deviendra, presque trois décennies plus tard, le radar. C'est en effet en 1934 qu'une équipe française met au point et installe des radars sur des bateaux et sur des stations terrestres en utilisant des appareils conçus selon les principes énoncés par Tesla.

En juillet 1898, il déposait un nouveau brevet intitulé « *Méthode et appareillage pour un mécanisme de contrôle de navires et véhicules* » et, la même année, en décembre, au cours d'une foire dédiée à l'électricité au Madison Square Garden, il faisait la démonstration d'un bateau radiocommandé qu'il avait surnommé « *teleautomaton* ». L'appareil fit sensation au point que certains pensèrent qu'il était mû par l'esprit de Tesla ou piloté par un singe savant caché à l'intérieur du bateau.

C'est enfin au cours de sa conférence du 3 février 1892 devant l'Institution of Electrical Engineers de Londres que Tesla envisagea pour la première fois le concept d'énergie libre :

« *Dans quelques générations nos machines seront animées grâce à **une énergie disponible en tous points de l'univers**... [En effet,] dans l'espace, il existe une forme d'énergie. Est-elle statique ou cinétique ? Si elle est statique, toutes nos recherches auront été vaines. Si elle est cinétique – et nous savons qu'elle l'est –, ce n'est qu'une question de temps, et les hommes réussiront à connecter leurs machines aux rouages de la nature.* »

En lisant récemment « *Au-delà de l'impossible* » de Didier Van Cauwelaert, qui connait bien le sujet, j'ai beaucoup appris sur le mépris organisé, la raillerie, le vol et la violence que subit Tesla de la part des politiques, des lobbies industriels, du FBI et des militaires de son époque qui craignaient que ses découvertes avant-gardistes et son humanisme pacifique ne mettent définitivement à mal leurs pouvoir et leur puissance financière.

Je sais, et beaucoup savent, qu'il ne fut pas le seul à subir ce traitement odieux. Tous les prétendants à la découverte et au développement de l'énergie libre ont connu ces désagréments. J'ai une pensée affectueuse pour **Léon Raoul Hatem** qui a vécu et vit encore, depuis 1955, cette mise à l'écart. Comme d'autres, j'ai pourtant vu, il y a deux mois à peine, fonctionner ses appareils producteurs d'énergie. Comme par hasard, on refuse toujours d'enregistrer les brevets qu'il souhaite déposer.

La théorie du complot industriel et financier a encore de beaux jours devant elle.

TOISE
Voir CANNE, PIGE, 377

Je conçois cet article comme un nouveau clin d'œil adressé aux sceptiques matérialistes qui « *toisent* » sans aménité ceux qui, comme moi, supposent, devinent et cherchent une autre réalité au-delà des apparences matérielles.

La toise était une unité de mesure connue depuis la plus haute antiquité. Elle correspondait à la distance séparant la pointe des doigts lorsque les deux bras sont étendus. Comme dans beaucoup d'autres pays, la toise fut employée en France dans la définition légale des unités de longueur mais, historiquement, trois toises de longueurs approchantes mais différentes eurent cours légal en France.

La toise que je veux évoquer ici se rapporte à la « canne royale » des bâtisseurs de cathédrale. Elle valait cinq pieds ou **864** lignes puisque le pied comptait 144 de ces lignes (*voir ce mot*). Convertie en mètres, elle affiche donc **1,9416** mètre.

Ce nombre pourrait paraître quelconque, insignifiant et inutile s'il ne donnait pas :

- o **Le rapport de la constante Pi sur le Nombre d'or**,
- o **La racine carrée du nombre 3,77**

J'évoque plus loin l'insistance à paraître de ce dernier nombre au cours de mes patientes recherches. Seule la conversion dans l'unité métrique, sensée encore inconnue, affiche cette particularité.

$$\textbf{Pi} / \textbf{Phi} = 1,9416$$
$$1,9416^2 = \textbf{3,77}$$

TORAH
Ou Pentateuque

La Torah ou Thora est, selon la tradition du judaïsme, l'enseignement divin transmis par Moïse au travers de ses cinq livres ainsi que l'ensemble des enseignements qui en découlent. Elle est composée des cinq premiers livres de l'Ancien Testament : La Genèse, l'Exode, le Lévitique, les Nombres et le Deutéronome.

La lecture et la traduction moderne que nous en propose le philologue Mauro **Biglino** nous entrainent bien loin des enseignements religieux classiques jusqu'alors diffusés. Selon lui, ce texte, modifié et retouché par les théologiens successifs, ne parle **ni de**

dieu, ni de création, ni de péché originel. Il raconte l'histoire d'une alliance politico-militaire entre un être extraterrestre vindicatif et exigeant dénommé Yahvé et la famille de Jacob.

TRAITE

Mon guide utilisa souvent ce mot pour désigner le contenu global de ses messages à caractère scientifique. Je devais les recevoir et les enregistrer sans commentaire avant de reprendre nos échanges plus personnels.

Ces dictées, qui commençaient toutes par l'injonction « *Note !* », s'étalèrent sur environ dix-huit mois, entre le printemps 1993 et l'hiver 1994. Alors que je n'en comprenais ni le sens ni l'intérêt, Gilles me dicta :

« *L'ombre nourrit la lumière. La lumière jaillit de l'ombre. **Ces messages que tu juges peu clairs ne te sont pas destinés.** Ils s'adressent aux nouveaux savants qui prendront le temps de les lire.* ».

Il insista même lourdement face à mon incompréhension doublée parfois de lassitude :

« *Nos frères scientifiques t'apporteront la preuve que mon message dit vrai. J'utilisais unique fils pour dicter ce traité, j'utiliserai plusieurs pour le trivialiser. La qualité des messages allongés était la clarté. La qualité de ce traité « fil K lié DAI » est de porter vérité scientifique.* »

Pour me rassurer enfin totalement et répondre à mes fréquentes jérémiades, il se montra encore plus clair en me dictant :

« *Nous avons volontairement choisi un non-scientifique pour enregistrer ces messages. Aucun scientifique n'aurait accepté, comme tu le fais, de noter des éléments qui échappent à sa logique ou à sa capacité d'interprétation. Un scientifique aurait aussitôt voulu comprendre. Il n'aurait pas consenti longtemps à limiter son travail à prendre des notes.* »

Alors que le temps passait, que je m'efforçais d'analyser seul ces données complexes, Gilles insista un jour sur la patience nécessaire, envoyant au passage une pique à l'attention des scientifiques matérialistes : « *Ils rient aujourd'hui, ils tairont demain leur manque d'humilité !* »

TRAME
Voir FIL, INTERNET

Une trame est un ensemble de **fils** tissés, **noués**, entrelacés, formant une toile.

TRANS-COMMUNICATION INSTRUMENTALE
Voir IFRES, KÖNIG (Hans Otto), SPIRITISME

Voilà bien le domaine spécifiquement moderne du spiritisme qui, faisant appel à des appareils émetteurs récepteurs d'ondes, sonores et vidéo, mériterait un large investissement des scientifiques.

Il est regrettable que seuls, des amateurs éclairés et passionnés, guidés par l'amour et le don aux autres, se prêtent toujours à cette activité et à son étude. L'observation puis le conseil de physiciens seraient les bienvenus, d'autant plus que le sujet de la vie après la mort concerne chacun d'entre nous, scientifiques inclus.

Je ne suis pas le seul médium auquel sont transmis régulièrement des messages à caractère scientifique et technique. Je pense notamment à Joel **Ury**, président de l'IFRESS, à Hans Otto **König** et à d'autres avant nous.

Il serait bienvenu que des scientifiques à l'esprit ouvert acceptent de se pencher enfin sur les données que nous recevons, sans les comprendre pour ma part. Peut-être que certaines pistes de recherche, utiles pour tous, y sont dissimulées.

Je sais bien qu'aucun intérêt financier ne s'attache à ce dossier mais viendra un temps où l'intérêt spirituel dépassera l'appât du gain et du pouvoir. Je prie pour que ce temps ne vienne pas trop tard.

TREIZE

Ce nombre et son inverse présentent une particularité qu'ils ne partagent qu'avec le douze. Quand 12^2 donne **144**, son inverse, au sens de reflet, soit 21^2 donne **441**. Quand 13^2 donne **169**, son inverse, soit 31^2, donne **961**.

On retrouve ce nombre ici et là : On compte **13** cartes dans chacune des quatre couleurs du jeu de 52 cartes, la scène de la Cène réunissait Jésus et ses 12 apôtres. Enfin, la **corde à treize nœuds**, mesurant douze coudées, citée dans l'Ancien et le Nouveau Testament, s'avère un superbe outil permettant la création de nombreuses formations géométriques (carré, rectangle, triangle rectangle…).

TRIGONOMÉTRIE

La trigonométrie, du grec τρίγωνος, « **triangulaire** », et μέτρον, « **mesure** », est une branche spécifique des mathématiques qui traite des relations entre distances et angles dans les triangles et des fonctions trigonométriques telles que sinus, cosinus et tangente.

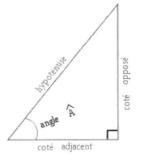

Les origines de la trigonométrie remontent aux civilisations de Sumer, de l'Égypte antique, de la Mésopotamie et de la vallée de l'Indus, il y a plus de quatre-mille ans. En Europe, la trigonométrie ne s'est vraiment développée que vers le milieu du XIVème siècle après la traduction en latin des œuvres de Ptolémée.

Aujourd'hui, les applications de la trigonométrie sont extrêmement nombreuses. Elle est utilisée en particulier en astronomie et en navigation avec notamment la technique de triangulation mais les autres champs où la trigonométrie intervient sont fort nombreux : **Physique**, électricité, électronique, mécanique, acoustique, **optique**, statistiques, économie, biologie, chimie, médecine, météorologie, géodésie, géographie, cartographie, cryptographie, etc.

Après m'avoir dicté ses messages complexes traitant de l'étude puis d'un usage particulier des ondes, mon guide Gilles m'avait invité très tôt à explorer ce domaine spécifique des mathématiques en précisant même que son propos visait **l'optique**.

Si je n'avais jamais étudié cette spécialité des mathématiques, ne disposant que d'une modeste calculatrice de collégien, j'appris pour le moins à appuyer parfois sur les touches sinus, cosinus et tangente qu'elle mettait à ma disposition.

En modeste amateur, j'avais entre autres pistes poursuivi mon observation des valeurs chiffrées contenues dans le texte de l'Apocalypse, dernier texte de la Bible, et j'avais rapidement observé que les « *notions de durée* » étaient fausses (3,5 ans, 42 mois, 1260 jours). Lorsque Jean écrivit, le calendrier romain existait depuis plus d'un siècle. Il ne pouvait donc pas ignorer que **3,5** années ou **42** mois comptaient 1278 jours et non **1260**. Il fallait donc chercher ailleurs une autre explication. Une fois encore, comme je l'avais pratiqué dans mon approche des nombres 144 et 666, suivant les conseils de mon guide, j'utilisai donc la TRIGONOMÉTRIE.

Quand je l'exprime en degrés, ce nombre **1260** correspond à une spirale de 3,5 circonvolutions (soit 3,5 fois 360 degrés) ou à 42 arcs de cercle de 30 degrés chacun. L'Apocalypse semble donc révéler les clés d'une surprenante conversion trigonométrique où :

- o Les **ANNÉES** (3,5) se font **CERCLES**
- o Les **MOIS** (42) se font **COUDÉES**
- o Les **JOURS** (1260) se font **DEGRÉS**

Si l'on rajoute le chiffre **7** (cité à plusieurs dizaines de reprises) à ces trois données numériques, on retrouve en effet une étonnante équivalence donnant le même résultat au moyen de quatre unités de mesures différentes.

Dans cette conversion reformulée, chaque coudée représente donc un arc de 30 degrés, un cercle de douze coudées dessinant le Zodiaque et ses douze signes, autre symbolique traditionnelle.

1260° = **3,5** cercles = **7 pi** radians = **42** coudées

Ainsi exprimées, ces mesures nous font passer du TEMPS à L'ESPACE. Coïncidence peut-être ? Oui, une de plus !

Ces trois boutons « sin, cos, tan » de ma calculatrice du collège dont je méconnais toujours l'usage m'avaient déjà révélé une belle surprise dès le début de mes recherches.

Alors que je m'intéressais aux rapports possibles

des deux nombres **144** et **666** désignant l'un, la « *Nouvelle Jérusalem* » et l'autre « *le nombre de la bête* », j'avais constaté - heureux hasard ou belle intuition – que le sinus de 666 et le cosinus de 144 renvoyaient la même valeur et que leur somme donnait le nombre d'or.

- o **sinus** 666 = **cosinus** 144 = 0,8090169
- o **sinus** 666 + **cosinus** 144 = **1,6180339**

TRINITE

Au sens littéraire, la trinité est la réunion de trois principes, trois institutions, trois symboles considérés comme formant un tout.

Pour se manifester, à la façon des cercles qui se forment à la surface de l'eau frappé par un caillou, l'Unité s'est faite dualité puis trinité.

On retrouve cette trinité sur tous les plans possibles et imaginables de notre existence, comme un signe, un appel, un rappel insistant, à la considérer à sa juste valeur. Elle se montre ainsi :

- o **Temporelle** : « *Passé, présent, avenir* ».
- o **Spatiale** : Les trois dimensions.
- o **Religieuse** : « *Père, fils, saint esprit* »
- o **Spirituelle** : « *Corps, âme, esprit* »
- o **Physique** : « *Matière, énergie, information* »
- o **Mathématique** dans la suite : « *Cinq, six, sept* » que l'intuition me fait superposer à la précédente.

o **Matérielle**, au travers des trois règnes « *minéral, végétal, animal* »

Dans chacune de ses expressions variées du réel, **la voie du milieu** semble la voie à privilégier (Présent, fils, âme, énergie).

Sur le plateau de Gizeh, les trois célèbres pyramides tracent également une double trinité : une **Trinité extérieure horizontale visible,** évidente, quand, au sein même de la grande pyramide, trois salles tracent une **Trinité intérieure verticale invisible** à qui ne cherche pas … **à l'intérieur.**

Plus humoristique ! Ce sigle CAE de la trinité « *Corps, Âme, Esprit* » peut se prêter à l'anagramme CEA pour « *Conduite sous l'empire d'un État Alcoolique* », cet état bien connu pour sa **modification provisoire des perceptions** comme si l'alcool, perturbant les récepteurs du corps, modifiait la transmission des informations émises par l'esprit et relayées par l'âme.

Selon la philosophie égyptienne, il y aurait **le visible**, **l'invisible** et **le caché**. Dans mon approche bien personnelle, cette trinité se superpose à la suite 5, 6 et 7 reprise par les constantes pi, phi et e.

J'entends alors « *le visible (pi), l'invisible (phi) et l'e caché* ». J'entends également « ***matériel, énergétique, spirituel*** » qui me semblent aujourd'hui **les trois degrés successifs nécessaires pour une bonne compréhension** de ces bâtiments autant psychiques que matériels.

Même dans mes écrits récents et dans ma géométrie pyramidale d'étude, j'use d'un triangle, donc d'une trinité, dénommé **HAN** où le **H** désigne à la fois la **Hauteur** et l'**Homme**, quand le **A** donne l'**Arête** et l'**Âme**, le N constituant leur **Nœud** ou leur lien. Il suffit alors de le lire « **lie N** ».

TROIS-CENT-SOIXANTE-DIX-SEPT
Voir K, M, TOISE

Mon guide Gilles m'avait entrainé, dès 1993, vers l'étude des ondes, de leur résonance, pour expliquer la réalité énergétique de notre univers et les liens possibles entre nos deux univers vibratoires. Il m'avait invité à effectuer des recherches mathématiques.

Lui accordant ma confiance, malgré mon étonnement, je m'étais plié à cette surprenante demande sans savoir le moins du monde vers quoi elle pouvait me mener.

De ces longues et patientes recherches dans ces domaines qui me sont inconnus, émana un jour **le nombre insistant 377** que je retrouvais, à peine dissimulé, parfois sous une forme plus précise soit **3,7699**, dans le texte de l'Apocalypse, dans les mesures des bâtisseurs de cathédrale, dans la grande pyramide comme dans celle, moyenne, dite de Khephren, puis dans une série de rapports mathématiques liant les trois plus célèbres constantes mathématiques que sont **e**, **pi** et **phi** (le nombre d'or). Permettez-moi de vous livrer ci-dessous quelques exemples de la présence surprenante mais manifeste de ce nombre :

- o L'addition de la "**coudée**" (233 lignes) et du "**pied**" (144 lignes) des bâtisseurs de cathédrale donne **377 lignes**.

- o L'addition du "**côté**" et de la "**hauteur**" de la grande pyramide donne **377 mètres**.

- o Le **144** désignant la « Nouvelle Jérusalem » dans l'Apocalypse offre le **377** dès qu'on le multiplie par **phi au carré**. Les deux nombres appartiennent à la **suite de Fibonacci**.

- o Les **3/5**èmes du **périmètre du cercle intérieur** de la base de la petite pyramide dite de **Mykérinos** mesurent **377 coudées**.

- o Dans la pyramide moyenne (de **Khephren)**, le rapport du **périmètre du cercle intérieur** de sa base sur son **apothème** donne **3,7699**

- o Le rapport de **pi²** sur **phi²** donne également **3,7699**

- o La dimension convertie en mesure métrique de la **Toise** du Moyen-âge, soit 864 lignes ou 6 pieds devenant 1,9416 mètre, donne la racine carrée de **3,7699** soit le **rapport de pi sur phi**

Ce nombre 377 se montre donc, selon l'objet de mon observation, en **lignes**, en **mètres,** en **coudées** ou sous la forme d'un **nombre sans dimension** au sein de rapports mathématiques. Ces rapports apparaissent dans le tableau ci-dessous.

$$\pi = \frac{5}{6}k \qquad \varphi = \frac{5}{6}\sqrt{k} \qquad e = \frac{7}{5}\sqrt{k}$$

$$\frac{e\pi}{\varphi} = \frac{7}{5}k \qquad e\varphi = \frac{7}{6}k$$

$$\pi/\varphi = \sqrt{k} \quad \textit{et enfin} \quad e\varphi + \pi = 2k$$

Récemment, au hasard d'une recherche sur le net, je le retrouvai une nouvelle fois, collé à une autre unité de mesure, dans une phrase traitant encore de la physique des ondes : « *L'impédance du vide mesure 377 Ohms* ».

Si je constate aisément sa présence à plusieurs niveaux, **je m'interroge toujours toutefois sur le sens que porte ce nombre**, sur la voie pratique et technique qu'il m'invite à explorer, sur son usage possible.

Si j'accepte par exemple de le considérer comme un élément appartenant exclusivement au domaine des ondes, il peut toutefois être employé de diverses manières et désigner, **selon l'unité choisie**, des valeurs très différentes dont je méconnais toujours l'intérêt, par exemple :

o   Une **fréquence** de 377 **GHz**
o   Une **longueur d'onde** de 377 **nanomètres**.

J'avais baptisé ce nombre avec la lettre **K** afin de mettre en évidence, sous un nom de constante, ses nombreuses apparitions et **ses rapports multiples avec les vraies constantes** connues que sont e, pi et phi.

Lorsque je le marie à mon triangle de départ baptisé **HAN** et quand j'ajoute le côté **C** du carré de base de ma pyramide d'étude, je ne peux qu'observer des évidences troublantes :

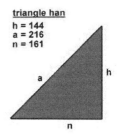

triangle han
h = 144
a = 216
n = 161

- o   C + H = **K**
- o   A + N = **K**

- o   **CH** et **AN** constituent le début et la fin de mon prénom.

- o   **HAN** est le sigle du titre donné par Gilles à mon essai « *Homme et Ange Noués* » publié en mai 2016.

Puissent demain, bientôt, de nouveaux flashs nés de mon intuition généreuse, de nouveaux messages plus clairs de mes guides ou les rencontres annoncées et espérées m'éclairer enfin davantage à son sujet.

3,7699 dans la grande et la moyenne pyramide

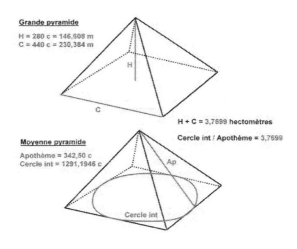

Grande pyramide

H = 280 c = 146,608 m
C = 440 c = 230,384 m

H + C = 3,7699 hectomètres

Cercle int / Apothème = 3,7699

Moyenne pyramide

Apothème = 342,50 c
Cercle int = 1291,1946 c

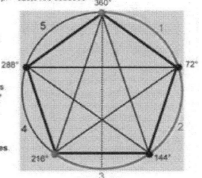

MON NOMBRE DANS LA PYRAMIDE DE MYKÉRINOS

- Côté du carré = 200 coudées
- Périmètre cercle inscrit = 200 pi = **628,3185** coudées

Le périmètre du cercle inscrit
du carré de base de **Mykérinos**
vaut **628,3185** coudées.

Issus du **pentagone**, les **3/5** èmes
de ce périmètre allant de 1 à **216°**
donnent **une nouvelle fois** mon
nombre, soit 376,99 **coudées**.

3/5 de 628,3185 = 376,99 **coudées**.

Observation : Si je divise ce périmètre par **2 phi**, j'obtiens ce même nombre sous
une forme différente, à savoir **la racine carré de** 37699.

397

TUNNEL
Voir NDE, SPIRALE, TÉNÈBRES

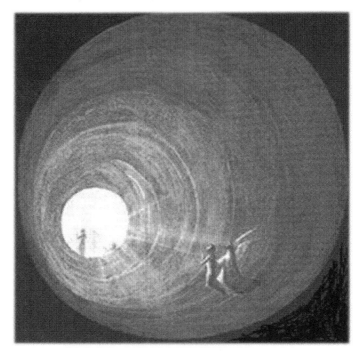

Ce magnifique tableau de Jérôme **Bosch** date de l'année **1486**.

Il n'est pas difficile de constater que ce tunnel menant vers la Lumière ressemble bizarrement aux descriptions précises et répétées que livrent les personnes ayant vécu une expérience de mort imminente (NDE, EMI). On retrouve non seulement la lumière au bout du tunnel mais encore les âmes, anges ou guides qui attendent, accueillent et accompagnent le défunt dans sa traversée.

On peut légitimement supposer que le peintre a, lui aussi, vécu cette belle et troublante expérience au point de désirer la retranscrire dans son œuvre, diffusant ainsi l'idée que, **naturellement, l'expérience de mort imminente et son témoignage accompagnent l'homme depuis la nuit des temps**.

Le tunnel pourrait n'être qu'un vortex d'énergie conduisant l'âme ou la conscience d'un niveau vibratoire correspondant à la matière au niveau spirituel supérieur. Mon guide me dicta un jour que *« la mort n'est qu'une **déflagration de l'être** qui le fait monter en vibration »*.

U

Nombre : *21ème* **lettre**

Symbolique : *Le **U** et le V sont liés dans leur origine latine. Pourtant, ils sont différents dans leur symbolisme. Le **U** est le symbole de l'Unité. Formé de droites et de courbe, contrairement au V, il signale son caractère androgyne. C'est un contenant, une sorte d'éprouvette où s'unifie, où se fait le mélange alchimique.*

ULTRAVIOLET
Voir AMÉTHYSTE

L'Améthyste, pierre précieuse de couleur violette, constitue le douzième et dernier niveau de la « Nouvelle Jérusalem » décrite dans le texte de l'Apocalypse. Sa couleur, frange supérieure de nos capacités visuelles de perception, désigne la limite entre le visible et l'invisible.

Mon guide m'invite à filmer dans l'ultraviolet au moyen de caméras rapides prévues pour cette gamme de fréquences. Un jour de novembre 1996, il me dicta la phrase suivante :

« *Écris le **rôle accélérateur d'UV**. Ici, nous voyons UV mais pas IR. On livre fils **clé d'alliance** ».*

UN, UNITÉ
Voir DUALITÉ, TRINITE

Le Un est, comme la république, indivisible. Et pourtant ! Il s'est d'abord fait **dualité pour se manifester,** la **trinité** m'apparaissant comme l'évocation de **son mode de fonctionnement**.

En acceptant l'idée que Tout est conscience, la dualité polarisée permet sa manifestation dans la matière physique par l'utilisation de l'énergie.

V

22ᵉᵐᵉ lettre
<u>Géométrie</u> : Triangle pointe en bas
<u>Symbolique</u> : *Contrairement au A, le V est un angle ouvert vers le haut. Les deux barres du V s'éloignent l'une de l'autre pour agrandir l'espace intérieur de façon géométrique. Ainsi, le V est un contenant, symbole du Verbe, le contenant de nos pensées. Le V en tant que contenant verra bientôt son contenu déversé dans l'ère portant son initiale : le Verseau, qu'il est possible d'entendre le « versement des eaux ».*

VAISSEAU

Ce mot désigne avant tout un moyen de transport. Dès que je l'entends, je pense aussitôt à ces navires majestueux qui se déplaçaient, toutes voiles dehors, sur le vaste plan des ondes marines. En médecine, on parle également de vaisseaux, qu'ils soient sanguins ou lymphatiques. En botanique, on décrit le vaisseau conducteur de la sève. En architecture, un vaisseau est un espace intérieur, le plus souvent allongé, d'un grand bâtiment, en particulier d'un bâtiment voûté. Quel que soit le domaine où il apparait, le mot suppose à la fois un **support** et un **mouvement**.

Pour employer différemment ce mot, mon guide me dicta un jour la phrase suivante : « *Le vaisseau de dieu utilise l'énergie psychique.* » ajoutant aussitôt que « *l'énergie psychique est l'unique force* ».

Adoptant soudain une approche plus mathématique, il précisa ainsi sa définition du dit vaisseau :

« *67 éléphants ne lui enlèveraient pas 1 feuille. Il se déplace 5677 plus vite que la lumière. D'autres vaisseaux l'accompagnent, 4566 fois plus légers* ».

Sans saisir vraiment le sens des mots, je percevais immédiatement que cette phrase faisait appel à **trois notions de la physique** : la **résistance** (1 et 67), la **vitesse** (5677) et la **masse** (4566).

Je reconsidérais donc avec attention chacun des quatre chiffres ou nombres qui venaient d'être ainsi livrés à ma réflexion : 1, 67, 4566 et 5677.

Je découvrais dans un premier temps qu'ils entretenaient un rapport entre eux, notamment **un rapport VITESSE / MASSE**, dès que je faisais appel, une nouvelle fois, aux principes de la trigonométrie :

$$\frac{1}{0,67} = \frac{\tan 56,77}{\tan 45,66}$$

Je découvrais plus tard que les deux grands nombres renvoyaient également aux mesures particulières de ma pyramide d'étude (page 333) puisque :

- o Le carré de la tangente de **56,77** degrés donne **la valeur du côté** du carré de base de cette

pyramide, soit **2,33**

- o Le rapport du carré de la tangente de **56,77** degrés sur la tangente de **45,66** degrés donne **la nouvelle valeur de ce côté** lorsque la pyramide n'est plus tronquée.

VAN CAUWELAERT
(Didier)

Didier **Van Cauwelaert**, né en 1960, Prix Goncourt en 1994 pour « *Un aller simple* », est un écrivain prolifique, auteur d'une trentaine de romans, d'essais, de plusieurs pièces de théâtre et spectacles musicaux.

**DIDIER
VAN CAUWELAERT**

AU-DELÀ
DE L'IMPOSSIBLE

PLON

Didier Van Cauwelaert a régulièrement pris position pour la communication avec les personnes décédées et une vie après la mort. Il a ainsi préfacé des témoignages de contact avec l'au-delà tels que : « *La vie de l'autre côté* » de Michèle Decker en 2004, et coécrit « *Karine après la vie* » avec Maryvonne et Yvon Dray en 2002. Il a encore repris ce thème dans son roman « *La Maison des lumières* », ouvrage dans lequel il pose ce principe : « *Le but de toute vie est de faire circuler l'information : par l'amour, l'intelligence, le conflit* ».

Je lis souvent et beaucoup mais très peu de romans. J'avoue même n'avoir jamais lu cet auteur avant que son livre « *Au-delà de l'impossible* », paru en 2016, ne me soit signalé et conseillé tout récemment par un ami toulousain, chercheur au CNRS. Selon lui, je devais être surpris de son contenu. En fait, je n'ai pas été surpris. **J'ai pris une claque** !

Voici, dans un premier temps, comment son éditeur présente cet ouvrage :

« Et si nous avions la preuve absolue que la conscience, après la mort, continue à transmettre des sentiments et des informations ? Et si cette preuve nous était apportée par les deux plus grands génies de la science ?

C'est l'incroyable aventure dans laquelle s'est trouvé plongé Didier van Cauwelaert, suite au succès des deux tomes de son Dictionnaire de l'impossible.

Avec ses enquêtes minutieuses, tout son humour, sa passion du merveilleux et sa distance critique, Didier van Cauwelaert nous livre une aventure à couper le souffle. Un véritable jeu de piste qui nous entraîne du savoir sans fin des civilisations disparues aux dernières découvertes de la physique, du mode d'emploi de l'espace-temps aux secrets d'une énergie inépuisable, non-polluante et gratuite qui, demain, pourrait être mise à la disposition de l'humanité.

C'est toute notre vision du monde et de l'avenir qui bascule enfin dans le sens de l'espoir, au fil des

confidences et des révélations en provenance (appa-
rente) d'Albert Einstein et Nikola Tesla – deux esprits
toujours libres que ni la censure des vivants ni le si-
lence de la mort n'auront réussi à faire taire. »

Suivant le conseil de mon ami scientifique, début octobre 2017, j'avais immédiatement commandé ce livre. Sitôt reçu, je le dévorai avec étonnement et plaisir. Dans ce livre témoignage, l'auteur nous confie une bien étrange expérience. Une amie médium l'avait contacté pour lui transmettre des messages reçus de deux défunts. Ces défunts s'étaient présentés à elle comme les deux génies scientifiques du XXème siècle, Albert **Einstein** et Nikola **Tesla**. Les messages qu'ils lui confièrent abordaient le plus souvent le domaine scientifique et se présentaient parfois agrémentés d'équations.

Au fil de l'avancée de ma lecture, bien que mon propre messager ne soit pas, lui, le reflet d'un homme scientifique célèbre, je fus toutefois surpris de découvrir successivement dans l'ouvrage un médium (*Geneviève*), un parolier (*Francis*), une historienne (*Bleuette*), enfin un médecin (*Jean-Jacques*), **que je connais personnellement**, puis **des éléments semblables à l'expérience que j'ai vécue**, que je vis encore, enfin **des convictions** que je partage depuis longtemps.

Je vous invite à découvrir ce livre. Si j'ai rapidement ressenti l'envie de tenter un contact personnel avec l'auteur, tant les synchronicités qu'il relève lui-même dans son ouvrage se montrent nombreuses et flagrantes, comme d'habitude, après réflexion, j'ai demandé à mon impatience de se calmer, abandonnant au temps et au destin la décision d'agir comme ils l'entendent.

Qu'un auteur de cette envergure ait été désigné pour devenir ici-bas un messager de l'invisible ne m'étonne guère. Cela me confirme dans ma conviction, forte et insistante, que **nous sommes à l'aube de vraies révélations auxquelles le plus grand nombre doit être rapidement préparé.** Où qu'ils soient, isolés ou reliés, célèbres ou inconnus, les « *porte-parole* » et les « *trouble-conscience* » remplissent déjà la tâche qui leur fut confiée. Vous m'en voyez réjoui.

VERROU
Voir CLÉ, SERRURE

Le verrou, pièce de serrurerie, est un système de fermeture constitué par une pièce de métal allongée, coulissant sur une platine de manière à s'engager dans une **gâche**, dont le mouvement est limité par un cran d'arrêt et qui fait fonction de **pêne.** Le verrou peut être actionné par une clé, une tige, un bouton.

Si j'ignore encore « **VERS OU** » mène cette possible ouverture, dès que je prononce son nom en verlan, j'entends clairement « **OUVERT** », comme une invitation discrète mais franche à traverser sans peur le seuil qui me fait face. Ne pas vouloir l'ouvrir serait

gâcher sa peine ! Avant de pouvoir accéder aux magnifiques paysages du monde spirituel, la peur, issue
des conditionnements que nous avons subis, est le
verrou le plus solide dont il faut triompher. Le travail
sur soi, la recherche intérieure et leurs trois enfants,
la connaissance, la confiance et la patience, en constituent les clés.

VIDE

Alors que j'hésitais à écrire sur ce mot, Gilles me
dicta : « *Le vide est le calice du fil M* ». Quand M
évoque l'esprit, ce mot calice, dans son sens dérivé
du Saint Graal, désigne une coupe évasée, un récep-
tacle ou, en matière d'ondes, un **récepteur**.

Le mot « vide » constitue l'anagramme du mot
« DIVE », vieille désignation poétique du divin.
L'immensité sombre de ce que nous nommons le vide
n'est peut-être que la source que nous cherchons obs-
tinément dans la lumière.

Ainsi que me le dicta Gilles : « *L'ombre nourrit
la lumière, **la lumière jaillit de l'ombre*** ».

VIE
Voir EXISTENCE

L'existence, matérielle, nait, s'écoule et passe
mais la vie, spirituelle, était, est et demeure. L'une est
fugace et l'autre est éternelle. L'existence est à la vie

ce que le Réel est au Vrai, une résonance, un simple reflet.

Par la trinité des lettres qui le composent, ce mot VIE semble désigner le contenant (le **V**) de l'Information (le **I**) portée par l'Energie (le **E**). L'information, comme l'énergie, ne peuvent pas s'éteindre. Seul leur contenant peut sembler disparaître ou se transformer, passant du corps mortel à l'âme incorruptible. L'apôtre **Paul** l'exprime à sa façon dans sa première épitre aux Corinthiens (15 :51-53) :

« *Voici, je vous dis un mystère : nous ne mourrons pas tous, mais **tous** nous serons changés, **en un instant**, en un clin d'œil, à la dernière trompette. La trompette sonnera, et **les morts ressusciteront incorruptibles**, et nous, nous serons changés. Car il faut que ce corps corruptible revête l'incorruptibilité, et que ce corps mortel revête l'immortalité.* »

Paul devient même plus précis : Le **corps céleste** sera incorruptible, glorieux et plein de force. Ce nouveau corps sera en harmonie parfaite avec l'esprit qui l'habitera et l'antagonisme entre la chair et l'esprit ne sera plus. Il précise bien que nous sommes **tous** concernés.

VIRTUEL
Voir VRAI

En nous menant discrètement mais très rapidement, par les progrès exponentiels constatés dans le développement de nos outils informatiques, vers une maitrise de plus en plus puissante d'une nouvelle réalité virtuelle, nos frères de l'invisible tentent peut-être de nous faire prendre conscience de la différence sensible entre le VRAI que certains perçoivent ou devinent et le RÉEL que nous expérimentons tous au quotidien.

À notre tour, nous sommes désormais capables de « **créer une réalité** » certes fausse mais quasiment palpable.

Comme un dieu aurait fait l'homme à son image, nous disposons aujourd'hui du savoir et des compétences techniques suffisantes pour créer des êtres, des objets et des lieux virtuels à l'image de notre monde réel et nous avons la pleine conscience qu'ils ne sont que des illusions.

Interrogeons-nous donc sur la réalité du quotidien que nous vivons ! **Ne serait-elle pas, elle aussi, une simple projection de l'esprit ?**

VOIES
Voir CHAMP

Qu'elle soit ferrée, routière, lactée, balisée ou non, la voie n'est qu'un chemin.

Mon guide me dicta un soir cette phrase : « *Il n'existe que deux voies vers la connaissance : Aimer ou souffrir !* » Ces mots sont durs à entendre pourtant, l'âge et l'expérience vécue permettent au plus grand nombre de réaliser **qu'un bien surgit presque toujours des coups, parfois violents, que l'existence nous impose**.

À l'occasion d'autres échanges, il me parla du double choix permanent qui, par notre libre arbitre, nous est offert au cours de notre existence incarnée entre **l'Amour** qui nous grandit et la **peur,** nourrie par le mental, qui nous fixe dans la matière et bloque notre avancée.

Plus tard, dès que nous abordâmes ensemble **l'étude des phénomènes d'onde**, Gilles évoqua alors non plus deux mais **trois voies** qu'il tenta de me faire visualiser et comprendre en me menant peu à peu vers l'étude de la géométrie pyramidale.

Parfois, il abandonnait ce mot « voie » qu'il préférait désigner alors par les termes de « **plans** » ou de « **champs** » afin de me ramener encore dans l'étude de la physique. Rarement, il utilisa le terme « **trivial** » qui se traduit certes par « banal » mais qui, étymologiquement, par son origine latine, signifie le « *croisement de trois voies* ».

Afin que j'identifie visuellement ces trois voies, plans ou champs, sur ma pyramide d'étude, Gilles utilisa les trois lettres qui formaient chacun des angles, soit par exemple **D**, **A** et **I** pour nommer le **plan DAI**.

Plan
DAI

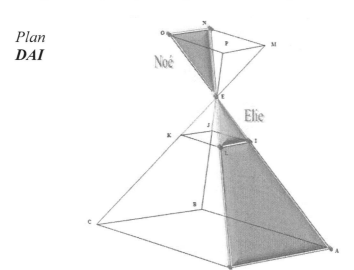

Il procéda ensuite de même pour les deux autres plans nommés **BAI** et **CAI**.

Ainsi m'apparurent enfin, géométriquement, les uns après les autres, ces sigles étranges tels que **NOÉ**, **ELI** ou **KI**, qu'il m'avait dictés sans que je sache et comprenne ce qu'ils pouvaient bien désigner.

Je suis bien conscient que ces notions succinctes et soudaines ne vous aident pas à me suivre. Je me permets cependant de vous en donner quelques ébauches afin de vous permettre de réaliser que cette géométrie fut pour moi une grande avancée.

413

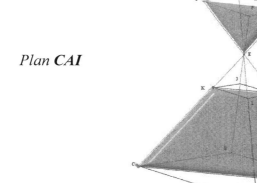

*Plan **CAI***

Je n'avais eu droit jusqu'alors qu'à des mots, des phrases et des sigles.

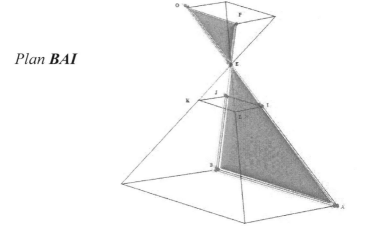

*Plan **BAI***

J'avais soudain sous les yeux des points, des droites, des carrés, des triangles et des angles permettant l'étude et la mesure à l'aide de cette **trigonométrie** que Gilles m'avait préalablement invité avec insistance à utiliser.

En ce qui concerne la fonction dévolue à ces trois champs, Gilles m'avait livré quelques indications dont je reconnais la difficulté d'interprétation.

« ***BAI vous venez vers nous***. *Tu le fais sans utiliser le traité de Gilles.*

CAI nous venons vers vous. ***CAI est la voie de l'esprit***. *Si CAI lie le fils,* ***DAI*** *lie Gilles, BAI lie le fils et Gilles.*

CAI est ***utopie***, *DAI est* ***réalité***. *Tu veux traduire mon traité ? Lie DAI, CAI et BAI limites ! »*

Une autre curiosité - encore une coïncidence - m'était soudainement apparue alors que j'observais plus attentivement le graphique de ce plan **CAI**.

J'avais alors remarqué que, **par le simple jeu de l'association des lettres devenant des sigles**, **la dualité onde / particule** semblait apparaitre au sein de la petite pyramide supérieure inversée ? Effectivement :

- o Le triangle supérieur **OEM** parait désigner par ses trois lettres les « **Ondes Électro Magnétiques** » (OEM) o Quand le triangle **NPE** qui lui est perpendicu-laire peut évoquer l'association trinitaire « **Neutron / Proton / Électron** ».

Une nouvelle fois, j'avoue combien je regrette ma méconnaissance de ces sujets. Constatant que les voies du seigneur me sont toujours impénétrables, je ne peux que partager les fruits de mon intuition. Je ne peux que m'en remettre aux mots rassurants de Gilles :

« *Note sans t'inquiéter ! À mes mots, n'ajoute rien, n'efface rien ! Laisse à lien scientifique l'explication scientifique. Note fidèlement mes messages, les liens savants les déchiffreront !* »

Faute de compréhension malgré mes tentatives, j'ai conservé ces messages tels que je les ai reçus et j'attends patiemment la ou les rencontres qui me sont annoncées.

VOLONTÉ

Associée à l'intention, la volonté devient une énergie puissante consciemment dirigée. Ainsi peut se manifester la force créatrice d'une pensée claire-ment formulée et vécue avec le cœur. Comme toute autre expression consciente, la volonté et l'intention peuvent se fixer sur un objectif positif ou négatif. Quelle que soit l'orientation choisie, la force de créa-tion sera la même.

Là résident à la fois l'intérêt de notre libre arbitre

et notre responsabilité à l'égard de nous-même comme à l'égard d'autrui. Comme le rayon infrarouge de la télécommande de notre téléviseur nous est invisible mais remplit la tâche active qui lui est assignée, nous ne percevons pas non plus la force et l'énergie des pensées que nous émettons. Nous devrions pourtant réfléchir à leurs possibles conséquences avant de les émettre trop rapidement.

VRAI (le)
Voir APPARENCES, RÉEL, VIRTUEL

Je sais bien qu'il est difficile de s'isoler, de fermer ses yeux, ses oreilles et son mental, mais c'est sans aucun doute la voie royale, la plus sure, la plus efficace, pour voir, entendre et comprendre le VRAI dissimulé derrière les apparences assénées par notre réalité extérieure.

Réserver quelques instants, chaque jour, à cette pratique, accessible à tous, éveille et nourrit L'INTUITION qui sait la réalité des choses.

« Le visible ne dit pas tout »

W, X, Y

23, 24 et 25ᵉᵐᵉˢ lettres

YIN, YANG
Voir DUALITÉ, POLARITÉ

Dans la philosophie chinoise, le yin et le yang sont deux catégories complémentaires, que l'on peut retrouver **dans tous les aspects de la vie et de l'univers**. Cette notion de complémentarité est propre à la pensée orientale qui pense plus volontiers la dualité sous forme de complémentarité.

Le Yin, représenté en noir, évoque entre autres, le **principe féminin**, la lune, l'obscurité, la fraîcheur, la réceptivité, quand le Yang, sur fond blanc, représente entre autres le **principe masculin**, le soleil, la luminosité, la chaleur, l'élan… Cette dualité peut également être associée à de nombreuses autres oppositions complémentaires telles que : souffrance / jouissance, aversion / désir, agitation / calme…

Les points aux couleurs opposées rappellent que ces deux concepts sont **liés**, se succèdent mutuellement et que l'un existe grâce à l'autre.

Pour passer du message d'hier à celui d'aujourd'hui, pour revenir de la tradition à la physique, **c'est l'interaction de ces deux forces qui crée le mouvement, l'énergie.** En optique, c'est l'alternance onde / corpuscule. En chimie, c'est l'acidité et l'alcalinité réunies.

*Les yeux de l'esprit ne commencent à être perçants
que quand ceux du corps commencent à baisser.*
Platon (Le banquet)

Z

26ème lettre

ZODIAQUE
Voir CYCLES, DOUZE, ÈRE

Le zodiaque, par sa représentation circulaire divisée en douze segments égaux, désigne le Tout. Par sa géométrie, il figure à la fois l'**ESPACE** et le **TEMPS**

L'espace et le temps sont tous deux ternaires, l'espace par ses trois dimensions, le temps sous sa triple forme « passé, présent, futur »

Quand l'Espace nous révèle les constellations et leur déplacement incessant et ordonné, le temps s'exprime dans le même mouvement circulaire, au travers du défilé des heures et des mois ou des signes et de leurs décans nés du lent parcours du Cycle de précession des équinoxes.

ZOROASTRE

Il y a plus de 3700 ans, en Perse, ancien nom de l'Iran, un certain Zoroastre, connu également sous le nom de **Zarathoustra**, qui n'avait jamais prétendu être un prophète, s'était contenté de donner à ses contemporains des directions de recherche spirituelle. Ses adeptes, encore aujourd'hui, considèrent que leur dieu n'a pas besoin d'adoration, **pas besoin d'intermédiaires**, et ne joue pas de l'ignorance des peuples.

Les zoroastriens admettent une vie après la mort et un jugement des âmes, chaque être humain étant jugé selon ses mérites. Dans leur doctrine, **chaque personne répond de ses actes** en vertu de la nature de son « *Fravahr* », l'équivalent du karma hindouiste. Ce mot, un des symboles de la doctrine de Zoroastre, désigne **l'esprit** de l'homme qui préexiste à sa naissance et qui perdure après sa mort.

Cette doctrine se résumait en une seule et belle maxime que j'essaie d'appliquer au mieux au quotidien de mon existence :

« Une pensée juste, une parole juste, une action juste ».

Les préceptes de Zoroastre sur la morale collective et les liens qui attachent les hommes restent **encore aujourd'hui d'une vibrante actualité**, alors que la plupart des religions que nous connaissons – et subissons - ne leur ont jamais accordé l'importance majeure qu'ils mériteraient.

Ainsi, les zoroastriens, d'hier et d'aujourd'hui, prônaient et prônent, entre autres, les beaux principes suivants :

o **L'égalité des hommes et des femmes**. On voit ce que les hommes en ont fait !

o **La préservation de la pureté de l'eau, de la terre, de l'air** et du feu. Nos écologistes s'en réjouiraient !

o **Un rejet total de l'esclavage et de la soumission de l'être humain**. Chacun doit vivre de ses efforts et pouvoir bénéficier de sa propre récolte.

o Un rejet de l'idolâtrie, de l'adoration de la pierre ou de tout autre lieu construit. **La véritable maison de Dieu n'est pas celle construite par l'homme**, mais son cœur et son esprit. **Le corps est le temple de l'esprit**.

o Aucune oppression ne pouvait être admise à l'égard des hommes et aucun mal ne devait être commis à l'égard des animaux.

Laissant chacun disposer de son libre arbitre, cette belle philosophie, antérieure à nos religions contemporaines, n'imposait ni dogme, ni rites. J'aurais aimé connaître et suivre cet homme-là, j'aurais aimé que ses principes humanistes caractérisent enfin notre monde actuel ! Nous en sommes bien loin.

> Il devient indispensable que l'humanité formule un
> nouveau mode de pensée si elle veut survivre
> et atteindre un plan plus élevé.
> **Albert Einstein**

ÉPILOGUE

Chaque fois que j'achève un nouveau livre, que son développement et sa naissance aient été ou non difficiles, je m'interroge toujours longuement sur la nécessité même de son existence, sur l'intérêt de sa publication. Celui-ci n'échappe pas à la règle. Je suis déjà le premier que sa forme interpelle. Mon guide a pourtant insisté pour que je la conserve. Je connais bien désormais sa technique d'approche : Souffler, montrer la piste, mais ne jamais livrer simplement la réponse ! Je ne pensais pas qu'il userait un jour de moi pour imposer sa méthode à mes lecteurs.

Cette alliance Science / Spiritualité que j'appelle de mes vœux a heureusement déjà commencé. C'est une totale évidence pour un observateur curieux mais, encore une fois, bien peu l'évoquent. C'est pourtant bien aux formidables avancées scientifiques, médicales, technologiques et informatiques, que nous devons la multiplication exponentielle récente des diverses formes de témoignage de contact avec l'invisible. Le nombre des expériences de mort imminente (EMI ou NDE) s'est accru, révélé puis imposé partout sur la planète suite au développement prodigieux des techniques médicales de réanimation. Ceux qui pratiquent la trans communication instrumentale, audio et vidéo, ont, pour leur part, bénéficié des progrès techniques fulgurants des appareils d'enregistrement aujourd'hui disponibles comme des logiciels informatiques de traitement de l'image et du son mis, parfois gratuitement, à leur disposition.

Il ne s'agit là pourtant que du triste constat d'une simple **alliance de fait** où la volonté de coopération du scientifique est totalement absente. Les tenants de la spiritualité ont profité et utilisé des moyens nouveaux que la science n'avait pas conçu pour eux. Les anciennes pratiques du guéridon, du « oui jà », du pendule, de la méditation, de l'écriture automatique, subsistent encore face au mépris, à l'ironie ou à la crainte, mais de nouvelles méthodes de contact avec l'au-delà de nos perceptions ont progressivement vu le jour. Je pense en particulier aux messages sonores et aux images reçus au téléphone, sur l'écran d'un téléviseur, d'un smartphone ou d'un ordinateur, sur une imprimante.

Au sein même de ce milieu scientifique, contrairement à ce que persistent à croire et à diffuser avec acharnement les sceptiques matérialistes, accrochés à leurs dossiers désormais poussiéreux, les vieux paradigmes ont déjà explosé ! L'ouverture d'esprit, silencieuse et discrète, a conquis du terrain.

Même si l'enseignement donné encore au-
jourd'hui à nos enfants affiche un retard certain avec
les avancées scientifiques les plus récentes, les Physiciens modernes « savent » désormais avec certitude
que :

- o L'espace n'est pas vide mais empli d'énergie.
- o La matière qui nous semble si solide n'est
  qu'une énergie en mouvement.
- o Ce mouvement est dû à une intelligence, une
  conscience.
- o Nos pensées et nos émotions agissent sur
  notre ADN.
- o Notre ADN, en réaction, agit sur la matière
  qui constitue notre apparente réalité.
- o Notre cœur émet des ondes électriques et magnétiques cent fois plus puissantes que celles
  émises par le cerveau.

Toutes ces données ont fait l'objet d'expériences
sérieuses et répétées, accessibles sur le Net. Quelques
scientifiques savent que ces données étaient déjà connues des « anciens » même si le mode d'expression
des idées était alors différent. Pourquoi ce silence de
leur communauté ? Pourquoi nos grands médias ne
relaient-ils jamais ces découvertes dont certaines datent déjà de plusieurs décennies ? Pour défendre des
positions bien assises ? Par orgueil, par peur, par fai-
blesse, par intérêt ?

Pour contrer leur silence, nous devons diffuser
ces connaissances au plus grand nombre afin que ce
monde change car nos consciences seront, individuellement et collectivement, les seuls artisans capables

d'initier enfin ce changement devenu urgent et néces-saire. La trame d'Internet, **l'e-toile** comme j'aime la nommer, en sera le vecteur efficace puisque les mé-dias classiques, aux mains des pouvoirs industriels et financiers, se ferment systématiquement à nos idées humanistes opposées à leur mainmise orgueilleuse, vénale et honteuse sur le passé, le présent et le devenir de notre société humaine.

Albert Einstein osa écrire : « *Toute personne qui est sérieusement impliquée dans les progrès de la science devient consciente de la présence manifeste d'un esprit dans les lois de l'univers. Un esprit large-ment supérieur à celui de l'homme en face duquel, avec nos modestes facultés, nous devons nous sentir humbles.* »

C'est de cette présence, manifeste pour nous, in-concevable pour d'autres, que je cherche sans cesse les traces, abandonnées discrètement dans les écrits et les bâtiments anciens ou surgissant, comme un écho, dans les découvertes récentes.

Allan **Kardec**, tout comme Victor **Hugo**, Théo-phile **Gautier**, Camille **Flammarion** ou Arthur **Co-nan Doyle**, étaient convaincus que le « spiritisme », entendu comme la communication, directe ou indi-recte, avec l'esprit des défunts, pouvait apporter la preuve scientifique de la vie après la mort. Je partage aujourd'hui cette même conviction. Je m'étonne, je ne supporte plus et je combats à ma faible mesure ces vieilles idées de noirceur et la crainte que certains ont systématiquement accolé à cette pratique, que d'autres propagent toujours. Toute communication peut être positive **dès lors qu'elle est menée par amour, sans peur, avec une intention pure et dans un sain désir de connaissance**. Le négatif peut effectivement survenir lorsque la pratique est menée par jeu, par intérêt ou, plus banalement, par des personnes n'ayant jamais cherché préalablement à développer leur spiritualité. Qui démonte un moteur sans posséder les bases de la mécanique ? Au-delà comme ici-bas, on reçoit ce que l'on donne ; pire, on reçoit ce que l'on mérite !

Si je devais me définir aux yeux d'un inconnu, j'utiliserais l'association des deux mots « *spirituel* » et « *rationnel* ». Bien avant vous peut-être, j'ai traversé des phases de doute mais il me fut dicté, très tôt, que « *le doute est un aiguillon qui nous fait progresser* ». Mon approche se veut donc à la fois avide et respectueuse des vraies avancées scientifiques mais critique envers le scientisme dominant, respectueuse des textes dits sacrés mais fortement critique envers les dogmes et les rites nés des interprétations religieuses.

Persuadé qu'une alliance, nouvelle et nécessaire, unira bientôt une science plus humble et plus ouverte et une spiritualité enfin laïque et raisonnable, je vous propose simplement de suivre le superbe sentier que j'ai suivi en renouvelant mon expérience de recherche intérieure. Il suffit souvent de se recentrer, de se repositionner, d'apprendre à s'aimer, de se percevoir à nouveau ou enfin comme un enfant de la nature, comme un élément important du Tout et non plus comme une pièce inutile du système corrompu que certains ont créé et nous imposent. Nos scientifiques nous suivront à leur tour, comme ils l'ont toujours fait, lorsqu'ils constateront la multiplication et la reproductibilité des phénomènes.

Puissent ceux qui manipulent et exploitent, depuis des siècles, les hommes autant que leur histoire connaître rapidement la fin de ce merveilleux monde politico-militaro-industriel et financier né de leur adoration, avide et sans bornes, du pouvoir et de l'argent. Même les études statistiques scientifiques et mathématiques, issues de leurs propres rangs, ont déjà programmé sa fin ! Puisse la petite flamme divine cachée au sein de leur être comme en chacun de nous se révéler, s'élever et leur montrer enfin, à la dimension de leurs actes, les conséquences de leurs choix.

Malgré le temps qui a coulé, en dépit de mes tentatives d'interprétation, j'ignore toujours la valeur réelle, l'intérêt, l'usage possible des données difficiles qui me furent dictées comme le sens et l'utilité des intuitions mathématiques que je perçois. Je constate simplement que **toutes se focalisent sur ce domaine des ondes qu'on nous invite à explorer différemment, sans objectif économique ou militaire.**

Modeste « porte-parole », je me satisfais de partager humblement ce que j'ai reçu, ce qu'on m'a donné. Si j'avais totalement traduit, assimilé et compris les messages complexes de mes guides, si je disposais déjà de la méthode technique à suivre pour la mise au point d'appareils de réception des voix et des images de nos frères de l'invisible, si j'avais les réponses à mes vieux questionnements, je vous les offrirais bien évidemment, sans la moindre hésitation, sans rien partager ici de ma quête mêlée de doute et d'espérance.

Croyez que j'ai bien souvent regretté la légèreté de mon bagage scientifique. Mes guides ont toujours su me rassurer en me disant, en me répétant face à mon inquiétude et mon air désabusé, qu'il « *appartiendra demain à de rares scientifiques liés à nous de trouver la formule qui jonglera !* » Ils m'ont sans cesse invité à la patience, à la confiance, m'assurant que je ferai les rencontres nécessaires quand le moment serait venu.

Alors que je m'impatiente souvent, déplorant encore aujourd'hui l'inutilité apparente de mon travail, l'absence de fruits de mes recherches, mon épouse m'amène avec justesse à remarquer **l'accroissement et l'accélération récente du nombre de mes contacts, la multiplication des expériences peu ordinaires que nous avons vécues ensemble au cours de cette année 2017.** En dressant avec elle la liste de ces rencontres, riches, variées, jusqu'alors inespérées pour la plupart, j'ai réalisé combien sa remarque était fondée.

Manquant encore de la clarté suffisante ou de la patience nécessaire, j'ai donc suivi une nouvelle fois mon intuition et les conseils de Gilles en vous livrant ici, dans l'ordre ordinaire de l'alphabet, les mots, les nombres et les noms qu'ils ont jugé utile de mêler, afin qu'émerge peut-être un jour, de leur union nouvelle, de leur sens secoué, ce savoir, cette lueur perdue, que **les Anciens semblaient connaître**, que nous avons oubliés.

Heureusement pour moi, cette obsédante envie d'une alliance nouvelle, génératrice d'un changement positif pour notre humanité, n'emplit jamais totalement mon esprit. Même si sa présence est quotidienne, assidue, ma spiritualité ne m'a jamais tenu éloigné des nécessités du quotidien, des joies et des chagrins de mon existence incarnée.

Au-delà d'elle, constatant l'injustice du monde que nous avons bâti, mes pensées et ma tendresse, même inexprimées, cheminent souvent vers les petits, les oubliés, les affamés, les privés du minimum. Même quand ma tête se perd dans les étoiles, j'ai toujours conservé mes pieds bien ancrés sur la terre.

Il est au-delà un grand livre dont nul n'a le pouvoir d'arracher une page. Mon nom, comme le vôtre, y sont déjà posés. J'en viens, vous en venez, nous y retournerons. Demeurez donc patients et déterminés, conservez votre confiance même si le temps d'ici-bas semble souvent trop long, trop dur. **Carpe diem**. Oubliez le passé sans craindre l'avenir. Je l'ai déjà noté dans un livre précédent mais je l'écris à nouveau : Demain sera aussi un aujourd'hui qui passe.

Je cesse donc ici ce message des lettres ; l'être qui veille en vous et les découvrira avec son cœur ouvert, les entendra peut-être bien au-delà des mots qu'elles ont dessinés.

J'achève cet écrit avec quelques mots empruntés à Jean **Prieur,** historien et philosophe, qui nous a quittés, il y a tout juste un an, à l'âge de cent-deux ans. Puissent les sceptiques matérialistes, les religieux dogmatiques et les esprits fermés, trouver enfin le chemin de leur âme en lisant du bout du cœur cet extrait de son livre « *Du monde des Esprits au monde de l'Esprit* » publié en 2002 aux éditions du Rocher.

Un défunt canalisé s'y exprimait ainsi :

« *Nous ne sommes pas des ombres. C'est vous qui êtes opaques, vous nous nommez les ombres et nous sommes lumière. Vous nous croyez vapeur et nous sommes substance. Vous nous croyez poussière et nous sommes des corps, **des corps de vibration et de grains de lumière**. Vous nous croyez couchés et nous sommes debout. Vous nous croyez néant et nous sommes la vie. Vous nous croyez déclin et nous sommes aurore. Vous nous croyez sous terre et nous sommes au-dessus, voyageant librement dans un monde sans limites. Vous nous croyez si loin et nous sommes si proches. Vous nous nommez les morts et nous sommes vivants, **plus vivants que jamais, plus vivants que vous autres**.* »

Adoptant la forme d'un alexandrin, mon guide **Gilles** m'avait exprimé cette dernière idée de manière plus concise : « *Vous nous prétendez morts, vous qui vivez si peu !* »

Je confie enfin les derniers mots de ce livre à ce superbe professeur, **Platon** dont j'aurais tant aimé suivre l'enseignement :

« *Mourir n'est pas mourir, mes amis, c'est* ***changer****. La vie est le combat, ma mort est la victoire. Et cet heureux trépas, des faibles redouté, n'est qu'un enfantement à l'immortalité.* »

FIN

Tableau de synthèse symbolique
de mon approche intuitive

RAPPORTS ET SUITES			
Chiffres	**5**	**6**	**7**
Constantes	π	k	eφ
Vitesse	Sublum	Lumineux	Superlum
Physique	Matière	Conscience	Information
Spiritualité	Corps	Âme	Esprit
Champs	BAI	CAI	DAI
Onde	KI	K	M
MESURES			
Hauteur	1,20	1,44	e/φ
Côté	π/φ	2,33	e
Haut + Côté	π	k	eφ
Diamètre	1	6/5	7/5

	Cercle 1	Cercle 2	Cercle 3
Diamètre	1	1,2	1,4
Périmètre	pi	pi² / phi²	e phi
Polygone inscrit	pentagone	hexagone	eptagone

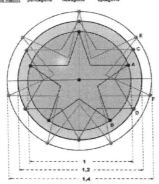

TROIS CERCLES CONCENTRIQUES

comme une onde qui se propage...
révélant les Constantes mathématiques.

- Les arcs AB, CD et EF sont égaux (0,8263).
Il y en a 5 sur le premier cercle, 6 sur le second
et 7 sur le troisième.

- Le nombre que j'ai appelé k, périmètre du
second cercle, a pour valeur 3,7699. C'est,
en hectomètres, la somme de la hauteur et
du côté de la grande pyramide. C'est aussi
et surtout le rapport de pi² sur phi² . C'est
enfin, sous sa forme simplifiée 377, un des
éléments de la "suite de Fibonacci".

On trouve donc exprimé ici un triple rapport
mêlant la suite de 3 chiffres (5,6,et 7) et les
3 plus célèbres constantes mathématiques :

pi / 5 = k / 6 = e phi / 7

- Si le premier cercle trace le pentagone, le
second trace l'étoile à 6 branches. Enfin, le
troisième exprime l'étoile à 7 branches ou
l'eptagone.

- En multipliant par 5/6 l'arc commun à ces
3 cercles, on obtient la Coudée.

"Homme et Ange Noués" - Amazon
Christian Cambois - 2016

436

Mon guide insiste pour que cette phrase et ces rapports apparaissent en exergue.

« K est L'ENERGIE PSYCHIQUE, KI sa RÉSONANCE, et M est sa SOURCE »

Lorsque **K** est égal à **3,7699**

$$M = \frac{7}{6}k = \frac{7}{5}\pi = e\varphi$$

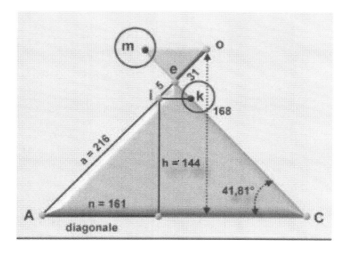

Conseils de lecture

LA BIBLE COMME VOUS NE L'AVEZ JAMAIS LUE : Les Dieux sont-ils venus des étoiles ? - Éditions Atlantes - 2014 -**Mauro Biglino**

LA PHYSIQUE DE LA CONSCIENCE – Éditions Guy Trédaniel – 2015 - **Philippe Guillemant** et **Jocelin Morisson**

CETTE CHOSE – Éditions First – 2017 – Docteur **Jean-Jacques Charbonier**

VIMANAS, l'incroyable technologie des dieux – Le temps présent – 2015 – **Fabrice Bianchin**

NOUVELLES DÉCOUVERTES SUR L'AU-DELÀ – Une recherche scientifique sur les contacts avec l'invisible – Éditions Trajectoire - 2016 – **Anna Maria Wauters** et **Hans-Otto König**

LA GENÈSE DE L'HUMANITÉ : Histoires secrètes des civilisations - Amazon - 2017 – **Bleuette Diot**

AU-DELÀ DE L'IMPOSSIBLE – Éditions Plon - 2016 - **Didier Van Cauwelaert**

RENCONTRES AVEC LE PEUPLE DES ETOILES. Récits amérindiens inédits – Éditions Atlantes – **Ardy Sixkiller Clarke**

PASSEPORT POUR LE COSMOS. Transformation humaine et rencontres alien – Éditions Dervy – 2016 – Docteur **John E. Mack**

DOCUMENTS INTERDITS : La fin d'un secret – Dervy poche – 2016 – **Jean Gabriel Greslé**

MAGICIENS DES DIEUX : La sagesse oubliée de la civilisation terrestre perdue – Éditions Pygmalion – 2017 – **Graham Hancock**

ILS ONT TANT DE BELLES CHOSES À NOUS DIRE – Amazon – 2016 – **Guy Faverdin**

LE SPIRITUEL EST-IL RÉEL ? – Dunod inter éditions – 2010 – **Charles Tart**

L'UNIVERS EST UN HOLOGRAMME –Pocket–1994 – **Michael Talbot**

GUIZÈH, AU-DELÀ DES GRANDS SECRETS - Éditions du Rocher – 1997 - **Guy Gruais** et **Guy Mouny**

LA SOURCE NOIRE – Grasset – 1986 – **Patrice Van Aersel**

DU MONDE DES ESPRITS AU MONDE DE L'ESPRIT – Éditions du Rocher - 2002 – **Jean Prieur**

L'ORIGINE DE TOUS LES CULTES - **Dupuis Charles-François – 1798**

L'ENSEIGNEMENT DE SETH – Éditions J'ai lu – 1973 – **Jane Roberts**

L'HOMME SUPERLUMINEUX – Éditions **Sand** – 1991 – **Régis Dutheil**

LE GUIDE SECRET DE L'ÉGYPTE ANCIENNE – Éditions Omnia Véritas – 2017 – **Jan Niedbala**

PLATON - Œuvres complètes – Éditions Flammarion - 2011

Table des matières

Printed in Great Britain
by Amazon